沿海城市轨道交通
工程管理实例

王建朋　诸葛磊　主编

中国建材工业出版社

北　京

图书在版编目（CIP）数据

沿海城市轨道交通工程管理实例/王建朋，诸葛磊主编．--北京：中国建材工业出版社，2024.4
ISBN 978-7-5160-3876-5

Ⅰ．①沿… Ⅱ．①王… ②诸… Ⅲ．①沿海—城市铁路—铁路施工—施工管理—研究—宁波 Ⅳ．①U239.5

中国国家版本馆 CIP 数据核字（2023）第 218087 号

沿海城市轨道交通工程管理实例
YANHAI CHENGSHI GUIDAO JIAOTONG GONGCHENG GUANLI SHILI
王建朋　诸葛磊　主编

出版发行：中国建材工业出版社
地　　址：北京市海淀区三里河路11号
邮　　编：100831
经　　销：全国各地新华书店
印　　刷：北京天恒嘉业印刷有限公司
开　　本：787mm×1092mm　1/16
印　　张：13
字　　数：300千字
版　　次：2024年4月第1版
印　　次：2024年4月第1次
定　　价：**99.80元**

本社网址：www.jccbs.com，微信公众号：zgjcgycbs
请选用正版图书，采购、销售盗版图书属违法行为
版权专有，盗版必究。本社法律顾问：北京天驰君泰律师事务所，张杰律师
举报信箱：zhangjie@tiantailaw.com　　举报电话：(010)57811389
本书如有印装质量问题，由我社事业发展中心负责调换，联系电话：(010)57811387

编 委 会

主　编：王建朋　诸葛磊

参　编：陈逸斋　童启立　魏　磊　朱益龙　何　山
　　　　　宋　华　钱旭波　杨桂伦　王　力　马春波
　　　　　邱　波　刘　腾　竺曙东　廖国兴　孟洪峰
　　　　　吴华达　赵　程　李金强　范昊宇　宋文超
　　　　　梁亦邱　李华清　吴鹏飞　蔡红涛　缪　伟
　　　　　胡竹炉　张　牛　王继忠　杨　雪　王海亭
　　　　　张　溢　李良涛　濮松权　陈天金　蒋　璠
　　　　　孙　亮　辛成龙　潘　涛　陈沈玮　刘宇奎
　　　　　沈　冬　姜　能　耿彦楠　王衍丰　纪庆幸
　　　　　金　宏　尹子豪　商鹏超　李　军　连鹏远
　　　　　王　鑫　方　涛

前言

轨道交通作为国家新基建的重要组成部分，在高质量发展中扮演着重要角色。东南沿海副省级城市宁波大力打造城市轨道交通工程精品，目前已有5条线路正常运营，其中2号线是连接机场、高铁和长途汽车站的运输纽带，其延长线是自高校教学园区沿着甬江北岸城区过甬江向北仑地界的延伸线。

作为本书的案例工程，2号线既有高架桥梁工程，又有地下盾构工程和车站；既有深厚淤泥质软土层，又有上软下硬岩土复合地层；不但穿越江北繁华市区、镇海炼化密集管线和连通出海口的甬江，还要兼顾与既有线的结合。2号线虽然是一条延伸线，却具备工程的复杂性和管理的挑战性，值得进行经验性介绍。

本书的编写者均来自轨道交通建设管理一线，全书从线路建设全面管理的角度，关注企业文化和思想建设、投资成本、勘察设计、招投标管理、征地拆迁、交通导改、数字化合约管理、工程收付款、计划调度、安全质量、环境保护、应急管理等多项具体工作。希望本书能够为同类工程建设管理者提供借鉴。

鉴于作者水平有限，书中难免存在不当之处，还望读者不吝赐教。

编 者
2024.1

目录

第1章　建设管理概述 ·· 001
  1.1　人力资源管理 ·· 001
  1.2　工程建设综合管理 ··· 004
  1.3　合约管理 ··· 006
  1.4　工程保障 ··· 007
  1.5　财务管理 ··· 011
  1.6　调度计划管理 ·· 016
  1.7　造价（计量）管理 ··· 017

第2章　线路工程概况 ·· 021
  2.1　线位情况 ··· 021
  2.2　主要数据 ··· 023
  2.3　工程重难点 ··· 024

第3章　创新勘察与设计 ··· 030
  3.1　勘察工作简述 ·· 030
  3.2　主要勘察课题 ·· 037
  3.3　线路总体 ··· 058
  3.4　设计重大变更总结 ··· 078
  3.5　建设工期节约与设计筹划 ·· 082

第4章　基坑工程实例 ·· 085
  4.1　案例1（红联站）·· 085
  4.2　案例2（聪园路站）·· 093

第5章　区间工程实例 ·· 101
  5.1　盾构工程概况 ·· 101
  5.2　盾构施工准备工作 ··· 105
  5.3　盾构掘进管理 ·· 122
  5.4　施工重难点控制 ··· 126

5.5 盾构施工后评价 ·· 132
5.6 高架区间 ·· 133

第6章 机电安装工程管理 ·· 138
6.1 设备区砌筑及装修 ·· 138
6.2 公共区装修 ·· 140
6.3 通风空调专业 ·· 141
6.4 动力照明专业 ·· 142
6.5 给排水及消防专业 ·· 144
6.6 弱电专业 ·· 145
6.7 车站机电安装施工界面 ·· 146

第7章 强化安全质量 ·· 151
7.1 监测监控管理 ·· 151
7.2 隐患排查治理 ·· 174
7.3 标准化建设 ·· 176
7.4 应急管理 ·· 179
7.5 质量管理 ·· 182

参考文献 ·· 198

第 1 章

建设管理概述

1.1 人力资源管理

自 2 号线二期开工以来，宁波轨道交通集团有限公司（以下简称公司）始终坚持以习近平新时代中国特色社会主义思想为指导，在市委、市政府和市国资委的正确领导下，树立正确用人导向，科学甄别干部德才和实绩情况，持续激励干部担当作为，努力打造一支堪当时代重任、高素质、专业化干部队伍，为轨道交通高质量发展夯实干部基础。

1.1.1 干部培养

根据工程建设发展实际需求，宁波轨道交通集团有限公司建设分公司（以下简称建设分公司）党委每年制定人才培养计划，通过组织开展干部管理能力提升、专业技术培训、员工综合类培训、新员工入职培训等活动，全方位提升员工的综合素质。西南交通大学、西安交通大学、同济大学、重庆大学等多家国内知名大学，都留下过建设分公司干部职工的学习足迹。建设分公司累计组织各类干部培训 450 余人次，干部晋升 71 人，职称晋升 111 人，各类人员引进 53 人，向公司和各分子公司输送干部 23 人。

1.1.2 团队建设

建设分公司党委大力支持和推动共青团活动，组织开展岗位练兵、技术比武等竞赛 60 余次，开展工会慰问、爱心捐款、志愿服务等活动 50 余次，开展"学雷锋日""青讲团""五四素拓""青年联谊"等团员青年活动 30 余次，显著增强了职工的责任感、使命感和荣誉感。建设分公司各部门员工多人次获得市级"青年文明号""青年岗位能手""市属国企工匠""重点工程立功竞赛模范集体"和"工人先锋号"等荣誉。

1.1.3 攻坚克难

全体员工恪尽职守、攻坚克难，为宁波争当"重要窗口"模范生不断输送建设力量。

1. 统筹有序保开通促生产

保通期间，建设分公司组织党员突击队多次奔赴一线施工现场，核查各项施工、技术、应急等准备情况，大力弘扬和传承"建设铁军"保通精神，完善保通协调机制，深化设计现场服务，努力践行"五结合四同步"建设理念，高质量建成投运多条线路。

2. 共克时艰战疫情抓复工

面对新冠病毒感染，建设分公司党委迅速行动，积极部署，一手抓疫情防控，一手抓复工复产，确保人员管理、场所管理、物资管理落实到位，抓牢信息报送、疫情督查、人员返岗等工作，有力地保障了项目部复工复产的顺利推进。

3. 环境整治助力文明城市创建

文明城市测评期间，建设分公司党委组织召开动员会、宣贯会，传达市委、市政府关于文明城市创建高标准、常态化要求，建立三级现场响应机制和属地项目部三级管理体系，通过积极动员、网格管控、严格奖惩、模范引领等举措，文明施工，周边环境大幅提升，成功助力宁波市高分夺取全国文明城市创建"六连冠"。

4. 建章立制确保管理管控规范

建设分公司累计制定完善管理规定、实施细则、操作手册等制度办法106项，签订合同1800多个，审核计量变更8000多份，开展专项检查、日常安全质量巡查5000余次，现场解决技术问题1000余项，消除各类施工隐患约20万条，各项工作运转通畅，管理效率和管控水平明显提升。

1.1.4 正风肃纪

公司党委深入推进党风廉政建设和反腐败斗争，着力抓好教育拒腐、监督反腐和制度防腐，营造风清气正的廉洁氛围，未发现任何违纪违规现象，政治生态趋稳向好。

1. 夯实教育引导，深化责任落实

通过中心组学习、党群例会、三会一课及微信、短信等载体，及时宣传贯彻上级党委、纪委精神，累计共推送条例解读、警示教育类微信50余篇，发送廉洁短信2100多条，开展日常廉洁谈话、任前廉洁谈话教育100余次。建立监管教育长效机制，每个部门配备廉政监督员、每个支部配备纪检委员，实现教育监督全覆盖。

2. 严格自查自纠，推进精细管理

及时开展违法违纪案例警示教育，及时开展各重要节点正风肃纪检查等上级规定动作，重点开展"精细管理"专项检查，全面检查各部门、各支部制度执行情况，并针对发现的问题进行专题研究分析，并做好督导整改。

3. 打造特色文化，建设清廉建分

建设分公司把廉洁文化建设作为抓党风、树新风的重要抓手，丰富内容、创新方式，打造独具特色的"清廉建分"廉洁文化品牌。累计开展廉政书画展、廉政诗词创作、廉洁讲座、廉政参观等活动15次，多项特色活动获得集团公司党委肯定，多人次在集团公司的廉政文化活动中取得好成绩。

近年来，宁波轨道交通面对繁重的生产任务和诸多的发展压力，坚持"围绕中心抓党建，抓好党建促发展"的原则，扎实开展"两学一做"学习教育，推动"不忘初心、牢记使命"主题教育常态化和制度化，坚持思想保障不松懈，高速发展不松劲，为轨道交通高质量发展提供坚强保障。

1.1.5 夯实根基

公司党委坚持把抓思想政治引领作为企业发展的基础性、首要性工作。

1. 深钻细研理论学习，重在入脑入心

坚持把学习习近平新时代中国特色社会主义思想作为首要政治任务，认真落实党委中心组和党员每月学习制度，每月下发党员学习计划，每半年组织一次专题研讨，每年开展党员读书月活动，加强方针政策的学习和理解，着力在把握精神、统一思想、指导工作上下功夫。

2. 吃透本真精神领悟，重在明晰遵循

主题教育期间党委中心组组织学习 9 次，深入党支部、项目部开展调研 50 余次，党员干部上党课 11 次，中层及以上领导干部完成专题调研 18 次，调研课题 20 条，并形成多篇调研报告；召开启动会、多次召开部署会、专题研讨交流会、民主生活会等专题会议，切实做到把问题找实、把症结找准、把措施谋实。

3. 因势利导培训讲授，重在引领导向

公司党委组织各类党务培训 10 余次，通过宁海梅花村党务工作情景演练、四明山党校现场教学、宁波舟山港穿山港区追寻总书记足迹等指导教学和党务培训，锻造了一支懂业务、能担当、善谋划、抓落实的优秀党务干部队伍。

1.1.6 规范强基

公司党委坚持加强基层党组织建设，充分发挥基层党组织在工程一线的战斗堡垒作用。

1. 突出重点，在基层治理上下功夫

建设分公司党委每年年初研究制订全年的党建工作计划，逐项落实重点工作内容，通过制定"两清单一项目"，明确年度党建工作要求，并逐级分解任务、落实责任。每季度开展支部工作检查考核，定期通报考评情况。修订完善党支部目标管理考核细则、党费使用管理细则等党建相关文件制度，编辑下发党员发展操作流程，各支部的"三会一课"制度、党员管理和党员发展等各项基础工作更加规范。

2. 广开思路，在载体创新上亮新招

在落实好"三会一课"、固定组织生活日等规定动作的同时，开展党员教育实践活动 30 余次，足迹遍布嘉兴南湖、樟村四明山烈士陵园、卓兰芳纪念馆、张人亚党章学堂等红色教育基地，党员干部的党性观念和宗旨意识稳步增强，全体党员干部开拓进取、建功立业的信念愈发坚定。

3. 严选严管，在队伍建设上求实效

严把政治审查关、教育培训关、程序审核关，提高新发展党员的质量。建设分公司党委新发展党员 13 名，累计 12 名党员荣获市级及以上党内荣誉，47 名党员荣获公司和建设分公司"优秀共产党员"称号。建设分公司现有党员 125 名，占员工总人数的 66%。

1.1.7 企业文化

建设分公司党委以"红色先锋堡垒"党建品牌建设为重点，始终坚持"一名党员一面旗"，激活每个"红色细胞"。

1. 深耕红色先锋堡垒建设

以"六有一好"为建设标准，把红色工地建设成为宣传党的政策、贯彻党的决定的重要窗口。培育的"红色先锋堡垒"遍及 50 多个项目部，接待外单位来访调研 30 余次，其中一个项目部荣获省"红色工地"建设优秀项目称号。红色品牌建设总体上呈现出"重点突出、点线结合、各放异彩"的新格局。

2. 推动红色国企行稳致远

建设分公司党委不断加强企业思想文化建设，牵头编写的《党建在工程管理队伍建设中的作用研究》一文，在市国资委国企党建工作课题调研评选中获得三等奖；参与撰写的《争创红色工地，全力跑出项目建设加速度》党建工作经验材料，获市委组织部批示；编写的《"党建引领"铸建"红色工地"促发展》一文，在市级重要刊物上刊登；每年编印《建分党建》《红色工地》等专刊，充分展现了建设分公司党员干部向上、向善、向美的良好形象，彰显了党在工程建设一线的组织力和号召力。

3. 提升建设宣传影响力和创造力

近年来，建设动态累计发布新闻2500余篇，公众号、媒体外宣170余次，各类重大节点突破、新技术新工法的成功应用等文稿在国内多家主流媒体刊登报道，有效提升了宁波轨道交通工程建设的创造力和社会影响力。

1.2 工程建设综合管理

1.2.1 综合部工作职责

综合部负责行政工作及外部工作统筹管理，负责后勤、宣传、文书档案管理工作，牵头做好法务管理、资产管理对接、社情（信访、舆情、智慧城管、和谐共建）工作、文明施工督查等工作。

1.2.2 管理工作难点及亮点

1. 新闻宣传部分

自从2015年10月30日2号线二期工程开工建设以来，建设分公司紧紧围绕2号线二期工程开展新闻宣传工作百余次，生动展现了宁波轨道交通建设者的良好风貌。

一是及时做好宣传引导，反映轨道交通建设稳进提质、大干快上新局面。2号线二期工程建设以来，建设分公司以党的十九大、二十大精神为指引，心往一处想，劲往一处使，完成2号线二期工程抢建设等宣传工作，全面展现宁波轨道交通大干快上的势头，谱写稳进提质新篇章。

二是随着二期建设全面攻坚，分公司进一步聚焦氛围营造，强化宣传保障，把目光投向轨道建设提速放量成效，投向和谐共建的角角落落，宣传好稳进提质最佳案例，宣传好和谐共建最美人物，挖掘各种最美精神，壮大稳进提质共建声势。

2. 和谐共建高效运行，促进工程建设稳步推进

宁波轨道交通自2009年1号线开工以来，创新推出了"共建文明和谐工程"活动模式。如今，经历14年的充实和创新，"和谐共建"已经成为轨道交通对标文明城市的一块金字招牌。

具有宁波特色、全国轨道交通首创的"共建文明和谐工程"活动，是从2009年开始开展的。共建各方紧紧围绕轨道交通工程建设目标，以资源共享、活动共办、难题共解、和谐共建为主要内容携手共建。实践证明，"共建文明和谐工程"活动切实保障了轨道交通工

建设平稳顺利推进，成为解决各种难题的有效办法和重要举措。

宁波轨道交通 2 号线二期自进场伊始，就把和谐共建工作作为拉近与地方关系，协调解决一些困难和问题的有效途径，与工程建设同步推进，并特别强调要人人参与和谐共建，这其中不乏发生在建设者与居民间的感人故事。

在"共建文明和谐工程"活动中，为最大程度获取沿线单位的支持和周边居民的理解，宁波轨道交通 2 号线二期相关标段采取挨家挨户走访的形式，广泛宣传"文明施工"过程中所采取的一系列措施，全面展示了轨道交通"服务于民"的本质。出于消除周边居民的疑虑的角度考虑，项目部充分发挥和谐共建的作用，通过入户走访沟通、召开专题协调会、交底会等多种形式，主动采纳合理建议，做细做实大量工作，取得了周边居民和沿线单位的理解和支持，使车站施工得以顺利进行。

制订和谐共建年度计划并及时进行总结，有健全的工作网络和制度，明确分管领导和工作人员。与共建单位保持紧密联系、及时协调矛盾和问题。与共建单位每季度开展一次以上的共建活动，互相参与，关系融洽。配合做好维稳工作。及时报送和谐共建有关信息，在建立共建台账等几个方面做了规定和要求。

2 号线二期建设开始以来，宁波轨道交通积极响应省、市稳经济大盘、深入抓稳进提质攻坚精神，在全线在建工地持续推进和谐共建——成为助推工程建设的有力"法宝"。

1.2.3　工作展望

1. 宣传工作建强"两个矩阵"

一是加强媒体矩阵建设。整合内外部媒体资源，对内加强与省、市级媒体的合作，提高向官微、官网的供稿质量，持续加强新媒体建设，打造具有新颖思路、独特视角、企业特色的文化产品。对外放宽对各标段自主宣传的限制，提高审稿效率，发挥参建单位自有媒体资源优势，打造互联互通的媒体矩阵。

二是加强队伍矩阵建设。把宣传员这支队伍真正抓起来要有抓手，首先要有制度，明确规定每个标段必须先配备党务（书记、办公室）、施工（总工、调度）至少两名宣传员；其次要有考核，首先做好宣传任务完成情况考核，然后决定宣传考核情况是否与共建文明和谐工程、立功竞赛等其他考核相挂钩。

2. 明确"四个要点"

一是政治形势任务与精神文明建设。抓好意识形态工作，把习近平新时代中国特色社会主义思想和党的二十大精神作为开展一切工作的根本遵循，贯彻落实到工程建设各方面。围绕企业发展目标、现阶段任务分层分类开展思想教育，深入挖掘各领域涌现出的先进模范事迹、典型经验，引导广大党员干部践行爱岗敬业、无私奉献的干事创业精神。

二是抓住工程建设主线。以重大节点、重大活动为基础，报道好工程建设的实时动态和重大意义，同时向两个方向深入挖掘。

三是管理及技术创新。将各部门、各标段在工程建设中的管理经验和技术方面的创新突破作为调研信息，加强内部平台交流。

四是多视角讲好地铁故事。从不同群体切入，挖掘地铁建设过程中的平凡故事，以小见大向广大市民宣传地铁建设的艰辛而伟大的历程。

1.3 合约管理

1.3.1 合同签订改革

提速合同签订时效,提高合同流程管控意识,保障合同签订合法合规。

随着宁波轨道交通线路的不断推进,各项工作工期紧任务重,快速完成合同签订,保障施工许可证办理成为重中之重。合约部在收到中标通知书后,及时明确各部门的要求及合同签订的时间节点,要求中标单位明确专职办理合同签订人员,并抓紧联系履约担保办理银行。合约部经办人及时编制合同需要的资料,快速完成合同文本编制及相关费用计算。在相关部门、单位的紧密配合下,合同签订更加快速高效地完成。

提高合同流程管控意识,仔细控制合同签订的每一个时间节点。规范合同签订流程,及时应对每个阶段出现的风险点,同时,提高合同管控力度,防范合同管理风险,保障合同签订合法合规。

1.3.2 合同管理标准化

规范合同履约资料,实行标准化管理,提升合约管理水平。

根据相关法律、法规和规章要求,结合宁波轨道交通的实际情况,为优化、简化不必要的流程,修订了建设分公司人员、分包管理规定。在合同履约过程中,将标准化融入合约管理中的每一个环节中,把每个阶段应该完成的步骤确定下来,细分到每一步,从而提升合同履约管理效率。如分包资料的标准化、规范化、精细化,对分包资料的收集、整理、成册、台账等都做出了明确要求;如下发的考勤指导手册,明确了参建单位考勤范围、考勤天数、考勤流程、考勤方式、考勤要求等。

在后期的合同履约过程中,要求各参建单位对标对表,高标准严要求地认真核实合同履约管理中的每个细节、每份资料,将所有人为因素可能造成的差异降到最低。同时,合约部结合现场建设实际情况,加大项目人员现场抽查力度,为现场加快建设提供人力保障。标准化管理为宁波轨道交通合约管理水平再提升打下坚实基础。

1.3.3 创建部门品牌

提倡"项目跑一次,我们跑多次"。

合约部严格按照公司"三个一"——一刻不能停、一步也不能错、一天也误不起,"困难面前有我们,我们面前没有困难"的标准落实部门各项工作。急现场所急,想现场所想,第一时间到现场对新标段进行合约管理交底工作,优化交底模式,采用录制视频等方式,最大程度地提高管理效率,为现场快速开工提供程序保障。为尽量避免参建单位来回跑,人员进场申报表、人员变更审批表、分包审批备案表实行OA(办公自动化)流程,办公自动化从根本上提高了办公效率,为现场建设提供了支持和保障。

1.3.4 创新数字化考勤

为了进一步完善合同履约管理,通过数字化管理平台整合工程建设数据,建立标准业务流程，实现对宁波轨道交通项目的数字化管控。其中人员管理模块是平台接入现场闸机数据，记录各单位主要管理人员情况，建立多维度考勤统计，辅助合约部对现场参建单位主要人员的考勤管理。人员管理模块包含管理人员信息、闸机信息、考勤统计、电子围栏、欠薪上报。每月定期、不定期到现场抽查主要管理人员到岗履职情况，对不满足要求的单位进行通报并根据合同扣除相关违约金，确保人员满足合同要求，为加快建设提供人力保障。

1.3.5 多维度提升合同管理水平

为了进一步完善农民工社会保障，根据《保障农民工工资支付条例》和《浙江省工程建设领域农民工工资专用账户管理实施细则》等相关规定，合约部从制度建设、制度落实、投诉与信访等多方面着手，协助施工总包单位加强农民工工资过程管理工作，同时畅通沟通渠道，及时了解农民工诉求，发现隐患及时整改，努力营造和谐的用工环境，维护农民工和施工单位的合法权益。

加强与市劳动保障监察支队、住建局等行业主管部门的联系，及时收集有关纠纷投诉等信息，督促和协助施工总承包单位快速处理并反馈情况；加强与施工总包单位的沟通，及时掌握现场情况；对未交底新开工标段完成专项交底工作，协助施工总包单位规范农民工工资管理工作，尽快完成本项目有关的实名制管理、考勤管理、工资支付及离场结算、保障农民工工资支付协调机制等制度的建设；督促施工总包单位做好过程管理和源头治理工作，重点关注劳务合同的签订、过程考勤、按月足额支付、离场结算等工作，切实保障农民工合法权益，也为维护自身权益提供支撑与保障；督促、加强与农民工的沟通，减少农民工工资纠纷，加快投诉处理的速度；以项目为单位成立工资争议调解委员会，调解委员会由建设单位（业主代表）、监理单位、总包单位、分包单位、劳务班组组成，负责协商调解与农民工工资支付相关的工程质量、工程价款、施工进度和人工费用等矛盾纠纷；对农民工工资专用账户专款专用排查，排查项目部管理人员和分包管理人员等是否存在违规使用专户资金发放工资的现象；根据相关法规和方案要求做好自查自纠工作，完成季度考评工作和农民工工资管理工作通报。

1.4 工程保障

作为第二轮建设的一条重要线路，2号线二期建设之初的工程保障工作吸取了之前几条线路的教训，总结了经验，并结合老城区复杂的交通和管线条件，在整个保障过程中做出了一些预判、规避了一些风险，合理地统筹规划、攻坚克难，有效加快了交通疏解和管线迁移的速度。

1.4.1 交通疏解

2号线二期从一期工程串联了临江片区、镇海老城、小港等地区，多为老城区，清水浦—临江站区间延续一期的高架敷设，进入镇海老城区后转为地下敷设，下穿甬江后进入北仑区，沿渡口路行进，在江南公路口设地下小港站。为了更好地解决施工过程当中的交通组织工作，工程相关工作人员根据施工要求对施工区域周边的交通运行状况进行全面调研，与交警部门充分对接，针对不同施工阶段编制相应的交通组织方案，并对历年宁波轨道交通施工期间的交通组织理论、案例等进行相应总结，形成一套方法、体系，为后续轨道交通的交通组织工作提供理论支持。

1.4.1.1 从区域层面实施道路交通引导与分流

根据小港街道居民出行空间分布特征可知，小港街道承担了多类型交通功能。在轨道施工期间，跨组团间的过境交通应尽量避免穿越城区，让骆霞线和通途路更多地承担起城市道路的重任；增设外围分流通道（经一路和经二路打通、骆霞线拓宽改造），并在外围节点设置引导标志牌引导车辆分流；在关键交通节点设置分流指路标志及施工提醒标志，提醒车辆绕行。小港红联站交通布置如图1-1所示。

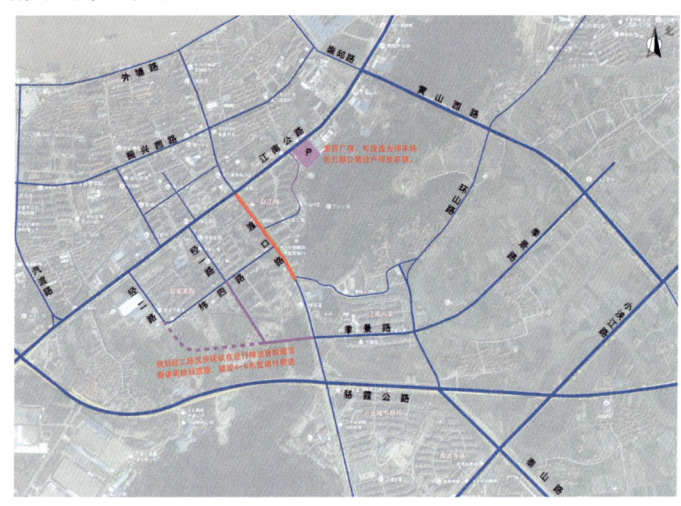

图1-1　红联站渡口路交通疏解示意图

1.4.1.2 公交优先与老城区交通管制

根据小港街道居民出行方式特征可知，日常出行中公交出行和步行出行方式所占比例较大，因此保障公交通行和步行通行应成为轨道施工中交通疏解的关键，在制订轨道疏解方案时应尽量保持现有乘客出行习惯，减少原有乘客绕行距离，不并线、不停线。同时，应加大宣传力度，提倡和鼓励公交出行，从公交服务品质以及通行设施上进行保证。此外，要尽可能保证步行连续性，强化步行的安全设施和指引标志建设。在施工围挡时保证足够步行空间，对关键交叉口可以专门设置行人过街信号。

1.4.1.3 精细化交通组织

根据施工工艺，结合保通需要，完善施工期间的交通组织方案，保证江南路东西方向的基本通行能力，降低渡口路封闭的交通影响。

1.4.2 管线迁移

1.4.2.1 重大管线迁移

（1）红联站是轨道交通2号线二期与6号线的换乘站，车站周边现状为沿江南东路南侧有一条DN1200给水管道需进行临时迁移

该DN1200给水管道作为小港泵站唯一进水管，承担着小港经济开发区和戚家山街道片区的供水任务，共涉及辖区内供水用户3万多户，影响用水人员约10万人。

一期临时迁改时，DN1200给水管道割接需要保证停水约72小时。为减少对居民及企业的影响，北仑供水分公司详细制定了保供水方案，需分区分段打通其他三路水源（黄山路、纬四路及骆霞线）的供应。为打通这三路水源，需要做很多迁移工程以外的政策处理和其他工程的准备工作。经过一系列的准备工作，红联站DN1200给水管割接时，戚家山街道可以达到无用户停水，只是降压供水。小港经济开发区停水时间由72小时缩短至48小时。这是一张重大管线迁移的满分答卷，为后续的重大管线迁移做出了良好的示范，提供了宝贵经验。

（2）枫园路站蛟鸡蛟长110kV电力迁移工程通过前期充分的规划选址批复和规划方案报审工作，确定主要路径为自俞范东路与宁镇路东北侧岔口开始，沿宁镇路北侧至宁镇路与甬明路东南岔口公园内结束

用地涉及人行道、小区地块、城市主干道、公园绿化带、镇海电厂地块等，交叉穿越管线涉及输灰管、军缆、通信、燃气、给水、排水。此段路径车流量较大，地下管线多，绿化移除量大，施工过程安全隐患较多，施工极为复杂，且工期要求短，专业性强，任务重。工程相关工作人员在加强施工力度、密切做好各种协调工作的同时，及时预防和消除各种影响施工的不利因素。另外，在施工时优化各种施工方案，重点突破关键性项目，确保施工任务按质、按期完成。面对场地小、施工难度大的环境，根据现场的实际情况灵活地调整多种施工方案，穿插施工、交叉施工，实施完善的技术措施，顺畅地完成了迁移。此次110kV电力管线的迁移充分体现了复杂环境、有限条件下重大管线迁移规划、统筹能力的重要性，可作为后续相关工作的参考。

1.4.2.2　管线迁移与远期规划的结合

聪园路站、招宝山站和红联站是管线迁移结合远期规划的经典案例。这三个站点位于镇海城区和北仑小港，从站点周边条件来看，道路狭窄，交通拥堵，两侧几乎没有迁改空间，常规需要进行三次甚至四次的管线迁改。但工程相关工作人员通过与规划局、住建局、街道、周边地块以及产权单位的充分对接和沟通，将聪园路站管线迁移与南侧地块规划内部路相结合，将招宝山站管线迁移与北侧地块公园规划相结合，将红联站管线迁移与纬四路新建电力管道相结合，实现了大部分管线的一次性永久迁移，既节约了时间，又节省了大量投资，给后续管线迁移工作带来很好的启发。

1.4.2.3　管线安全

2021年3月红联站因排水沟开挖作业发生一起通信干线挖断事故，造成北仑红联、大碶、小港等区域移动网络中断5小时，引起舟山市电话通信、上网等业务架空中断风险，造成多个上市企业相关业务中断。事故发生后，现场立即停止作业，移动公司及时抢修，恢复通信。该次事故的根本原因是管线周边动土作业程序不到位，开挖施工及管线保护具体要求不明确，施工现场未设置安全警示标志，施工过程中管理人员、监理人员未全程监管。

由于该事故发生在两会期间，造成一定社会负面影响。各标段深刻吸取事故教训，举一反三，全面梳理了标段区域内各类管线，完善管线保护和现场处置方案，落实现场各类管线保护措施。同时该次事故的重要启示是：在建线路的各类管线改迁、车站主体施工、盾构施工、道路恢复施工等交叉作业频繁，各施工单位要与管线施工单位、管线产权单位加强沟通，及时掌握各类管线改迁情况。改迁完成后，相关各方要对管线类型、位置、标高等进行现场核对并书面确认。当管线周边参照物位置发生变化时，应及时做好交底。同时，各标段要进一步

提高管线意识,全面落实主体责任,加强巡查检查力度,提升应急处置水平,强化事故信息上报,杜绝事故不报、迟报、漏报及瞒报等现象。

针对整个2号线二期施工过程中的一些管线安全事故,工程相关工作人员也与相关产权单位针对管线保护及迁改安全开展座谈会,从理念到实施充分沟通、交流,总结出一套轨道交通施工中针对管线保护的"六字工作法":广、明、透、盯、细、严,即要做到信息收集广、警示标志明、安全交底透、专人负责盯、日常落实细、处罚结果严。"六字工作法"将作为今后轨道交通各条线路施工的管线安全保护"说明书",为建立管线保护长效机制、保障轨道民生工程顺利进行提供坚实有力的保障。

1.4.2.4 管线成品保护

2号线二期管线成品保护做得比较好的方面主要体现在预防管道泥浆倒灌和管井保护。

(1) 为防止管道泥浆倒灌,工程相关工作人员吸取之前线路的经验教训,要求施工单位及时做好管线安全保护措施,严格执行已迁改管线的管孔封堵工作

同时,要求监理单位监督到位,要求产权单位加强日常巡查密度。为避免施工中拉扯、拖拽已废除的拖拉管导致管孔封堵被破坏,特别要求施工单位对废除拖拉管与管井进行隔断处理。针对管道淤堵这种"顽疾",从源头预防,做到防患于未然,大大减少了管道淤堵的发生,为后期的割接和移交提供了有利的条件。

(2) 聪园路站、招宝山站都位于镇海城区,管线迁移后大部分管井位于导改路机动车道

为避免在轨道施工过程中管井盖板被压坏和对周边居民产生噪声影响,工程相关工作人员吸取了之前管井保护的教训,在井盖上铺设的铁板下方垫上橡胶垫以减小噪声,并用钢筋对铁板进行固定,防止铁板在被机动车长期碾压的过程中移位,造成井盖被压裂、压断。通过针对性的处理,2号线二期的管井保护效果显著,整个建设过程产权单位在巡查中没发现过一次管井的安全隐患,也几乎没有收到周边居民的噪声扰民投诉,为今后机动车道管井保护提供了成功案例和宝贵经验。电力井保护盖如图1-2所示。

图1-2 招宝山站导改路电力井保护

1.4.3 工作提升方向

为推进2号线二期工程保障工作,工程相关工作人员一方面统筹谋划,将管线迁移方案与交改方案有机结合,有效梳理管线迁移与交通疏解的相对关系,提高管线迁移效率,充分满足车站主体施工需求;另一方面深入沟通,实现与产权单位的紧密联络机制,打造绿色通道保节点,定期与各产权单位和交警部门开展和谐共建活动,切实发挥基层党支部的战斗堡垒作用,引领全员"大干快上",推动保障工作不断攻坚,提速增效,在年度整体工筹内较顺利地完成了管线迁移和交通疏解工作。但也存在一定问题,主要体现在以下几方面。

1.4.3.1 提升管线迁移文明施工标准

因管线迁移工作机制问题,客观上对管线产权单位在现有体制下难有有效的考核措施,

这就在一定程度上导致管线迁移受制于各单位开展工作的机制和规定，尤其是在现场文明施工管理上，各产权单位施工班组并不能严格按照轨道交通标准实行；另外因地下管线复杂，管线施工存在不确定性，交叉作业多，同时因管线施工临时占绿和占道挖掘施工频繁，造成文明施工常态化维护上有一定难度。这就要求我们在后续管线文明施工管理上，持续加强与产权单位的沟通理解，加强协商合作，并充分发挥管线综合管理的统筹作用和监理的监督作用，进一步提升文明施工管理力度。

1.4.3.2　加大管线安全管控力度

因各个标段的施工单位对安全不够重视，相关保护措施不到位，管线安全事故时有发生，因维修、协调造成人力、物力损失，同时整顿工作也会对工期产生滞后的影响。在轨道交通后续建设中需进一步开展管线安全宣讲活动进工地以及采取民工学校教学活动等形式加大管控力度，不断强化管线安全风险意识。

1.4.3.3　提高交通疏解方案精准性

2号线二期老城区交通疏解的经验说明，轨道交通建设的持续开工势必会造成城市部分重要主干路交通功能的弱化，因此施工期间的交通疏解精细化、精准化、精确化，是确保轨道交通建设和道路保通"双安全"的重要原则。

1.5　财务管理

1.5.1　付款管理

1.5.1.1　源头紧抓合同管理

合同是财务付款管理最重要的源头。财务部在公司招标文件联审时，从合同资金来源、支付条款（含联合体支付）、工程变更及材料调差等条款，以及发票开具、账户开立、资金监管与资金支付违约条款等方面进行重点审查，力求做到项目支付从源头起步就紧抓合同管理，确保合同条款合法、合规，合同支付无漏洞、无异议、零风险，从合同源头大大降低财政审计风险，最大程度地提高工程建设资金使用绩效。

合同签订完成后，财务专员根据在建轨道线路按类别及时建立财务内部合同电子台账，将所有签订完成的合同统一归档入案（电子和纸质同步）。在后期合同款项支付时，将支付信息及时录入台账系统并实行动态管理，若发现累计支付金额超合同总金额90%时，提前进行预警并采取相应措施，将资金超付的风险隐患提前消除，确保公司资金安全。

1.5.1.2　过程严控预算管理

全面预算管理作为综合性较强的管理手段，在我国已被许多大型企业相继采用，并取得了良好的效果。公司先后出台并修订《宁波市轨道交通集团有限公司建设分公司预算管理规定》，理顺了相关部门权责，让付款管理工作做到了制度化、科学化、透明化、标准化。在款项支付时，严格控制费用的预算管理，在业务预算基础上，切实做好年度投资预算和资金预算。

预算编制以公司年度投资目标为纲领，以公司各线路建设工筹为目标，按照"总体统筹、分级编制、自上而下、逐级汇总、综合平衡"的管理方式进行编制。公司预算管理采用层级管理方式，预算管理体系自上而下分为预算管理委员会、预算实施小组及预算管理责任部门三个层级。

为确保公司年度预算的准确性，财务部会提前组织召开预算编制动员大会，重点强调年度预算的编制要点、难点和卡点，并通过点对点的方式进行沟通。年度预算经过预算管理委员会审议通过后实行。每月、半年和年底分别进行预算执行情况分析和考核，分析出现偏差的原因并纠偏，避免预算执行率不足或超预算情况。对于影响预算较大的费用项目，预算管理委员会组织召开专题会议，确保年度预算准确、可控，并用足、用好资金。

公司2022年年末实际执行与半年度调整后的年度预算分析对比见表1-1。

表1-1 建设分公司2022年度预算执行汇总表　　　　单位：亿元

序号	线路	年度预算	2022年实际执行				预算执行		
			Q_1	Q_2	Q_3	Q_4	小计	差异额	差异率
一	运营路线	10.59	5.49	1.76	3.21	2.43	12.89	2.30	22%
1	第一期路线	1	0.73	0.22	0.03	0.02	1.00	0.00	0
2	第二期路线	9.59	4.77	1.54	3.18	2.40	11.89	2.30	24%
二	在建线	100.12	15.09	19.1	23.35	40.68	98.22	−1.90	−2%
1	第二期路线	36.85	10	7.41	12.08	7.33	36.82	−0.03	0
2	第三期路线	63.27	5.09	11.69	11.27	33.35	61.40	−1.87	−3%
三	共建及物业开发	0.45	0.15	0.05	0.15	1.29	1.64	1.19	264%
四	工程小计	111.17	20.73	20.92	26.71	44.39	112.75	1.58	1%
五	征迁	67.50	10	—	6.72	29.75	46.47	−21.03	−31%
六	总计	178.67	30.73	20.92	33.42	74.14	159.21	−19.46	−11%

1.5.1.3　强化标准化管理

为进一步加强公司财务管理工作，提高会计信息质量，增强财务价值服务能力，公司财务部编写了《财务标准化手册》。《财务标准化手册》参照国家现行财经法律法规和公司相关管理规定，结合公司工程建设与管理实际，按照规范、系统与科学的原则，注重业务逻辑与管理需要进行编写，以非财务视角解读财务工作流程与岗位职责，注重程序与细节，强调数据与逻辑，在数据中寻求数据背后的故事，强化财务、工程、业务之间的关联，提高财务核算、管理服务与公司生产经营契合度。

财务标准化是付款管理的一种创新管理方式，特别是在合同管理系统上线后，工程款支付流程由原来纸质文件线下流转变成线上审批流转，针对参建单位人员的不固定性、新标段的新进单位、联合体中标项目增多、参建单位人员在发起线上工程款流程时常常出错等情况，公司财务部以财务标准化手册为基础创新工程计量支付流程与清单，把繁杂的工作标准化、简单的工作标准化、重复的工作标准化，让标准化工作引导参与建设的每一个环节、每一个人，减少参建单位在工程款支付流程中的易错点。坚持换位思考，从参建单位的视角来思考财务的管理工作，努力打造"回退次数最少、审批效率最高"的财务管理新的工作模式。

《财务标准化手册》共分为9个部分，从工程计量、建设单位管理费、固定资产管理入手,以账务处理、财务报表分析、资金管理及监管为主线,涵盖了合约计量管理、账务处理、资金监管、财务报表及党工团费用使用管理等内容。有了《财务标准化手册》,公司财务管理工作更加规范,这也体现了宁波轨道人狠抓落实的实干、巧干精神,为宁波轨道建设提质增效贡献财务力量。

1.5.1.4 提升财务服务管理

在宁波轨道建设"大干快上"的大环境下,如何切实做到"稳进提质""攻坚克难",积极稳妥地推进工程建设,是摆在每一个轨道人面前的必答题。以用户为中心,以需求为导向,优化工作流程,提高办事绩效,提升财务服务管理显得尤为重要。

公司从与宁波轨道联系最紧密的参建单位人员的服务开始,在参建单位人员最渴望解决、最难办的事情上寻求突破,坚持需求导向、问题导向、效果导向,做到服务零距离。公司财务部从中标后的财务交底工作、银行开户操作流程、各家银行需准备的开户资料清单、申请工程款线上流程填报的注意事项及提交纸质计量资料的清单、排放顺序等方面进行优化,通过"互联网+服务、做减法、缩流程、精练化"等方式进行提升,在提升服务的同时提高财务管理水平,这也是刀刃向内的一种管理方式,倒逼公司做出改变,全力以赴保建设、保安全。

图 1-3 为财务部组织参建单位进行集中宣贯。

图 1-3　财务部组织参建单位进行集中宣贯

公司财务部采用线下、线上相结合的方式,为参建单位提供更精准、更温暖的财务服务,最大限度地缩减请款所需的材料、办事流程、办事时限,尽可能穷尽各种非常规情形的处理方式,坚持容缺受理缺少的非必需材料,让参建单位人员感受到公司"店小二"式的服务,同时也收获满满的幸福感。

图 1-4 为公司财务部去施工现场送服务。

图 1-4　财务人员施工现场培训

1.5.2　收款管理

1.5.2.1　违约金收款

为了加强轨道工程建设安全、质量、进度和投资等方面的违约管理，财务部会同相关部门制定了一套违约金收款的管理机制，以违约金台账为基础，实施违约金与工程计量款支付相联动的多重收款管理机制，最大程度地督促合同相对方规范履约行为。截至目前，公司年度违约金收款率基本能够达到100%，大大促进了公司合约规范化管理。

为了适应线路后期结（决）算需要，公司财务部在前期充分调研的基础上调整了违约金入账规则，在违约金入账时，根据参建单位参建项目性质，将违约金辅助核算做细到项目参建单位名称、合同号、概算单元、标段等，避免在后期线路结（决）算时出现违约金"一锅粥"的情况，从本质上提高了线路各合同项下违约金结（决）算的准确性、时效性。

1.5.2.2　受托代建收款

随着宁波轨道建设项目规模的不断扩大，受托代建项目也越来越多。为避免公司出现垫资支付及加快工程计量审核进度，财务部制定出受托代建项目收款管理机制，组建受托代建收款责任群，将各个受托代建合同的工程进度与收款条件相匹配。

公司财务部定期与牵头部门、业主代表了解工程形象进度，核对合同收款节点，及时跟进应收账款的发票开具及实际收款情况，做到受托代建款项的应收尽收，保障了公司的资金安全。同时，重点关注受托代建的收款节点与公司支付节点的匹配度，避免出现公司资金垫付等情况。

1.5.3　资金监管

为加强工程建设资金安全，确保项目资金专款专用，提高工程质量和保障建设进度，公司制定了《工程建设承包人工程资金使用监督管理规定》，对合同金额较大的施工标段进行资金监管。2号线二期工程13个施工标段中11个标段纳入资金监管，总体情况是施工标段少，时间跨度较长，资金监管在可控范围内，基本上做到资金专款专用。

1.5.3.1 借力银行加深监管

工程建设资金实行开立监管银行账户，公司、参建单位与监管银行三方共同监管的管理模式。在工程建设项目确定中标单位后，各标段与公司和监管银行共同签订《工程资金管理协议书》，参建单位的工程资金从监管银行账户办理收支业务，通过银行的力量助力公司工程资金监督，确保工程资金专款专用。

监管银行根据公司审核后的资金计划安排付款，在项目监管期限内，针对不在资金计划内的付款计划，监管银行在监管职责内须及时告知公司并拒绝付款，各类工程款项支付时，监管银行须根据参建单位提供的各类供应商采购合同、分包合同、发票等资料进行深度审核，将挪用、转移资金等可能的安全隐患提前排除，每月将监管标段的上期资金流水及账户余额转发给公司，银行与公司一起分析参建单位资金流水的合理性，做到从事前、事中和事后进行资金监管的风险预警和管理，从而及时规避资金安全风险，确保工程资金的正常有序使用。

1.5.3.2 定期检查严控风险

为了加强工程资金专款专用的监管，有效防范工程资金的各类风险，根据工程资金使用监督管理规定，公司财务部定期组织相关人员去各标段项目部检查合同履约及财务收支状况。总的来说，各标段基本上都能够按照资金监管规定执行，只有个别标段存在转移、挪用工程资金等情况，后经公司财务部检查督促后都进行了整改。

轨道工程建设有着施工标段多、工程资金投入大、建设周期长等特点，这也决定了工程资金监管难度，公司将持续加强工程资金监管力度，定期组织相关人员进入项目部进行抽查，不定期组织相关人员进行制度交底，多方面地了解项目部财务状况。近几年由于各种原因，个别参建单位财务状况非常不理想，存在资金账户被冻结等各类债务风险，公司通过定期抽查，准确预判工程资金的各类风险，提前处理好资金监管账户各类潜在风险，确保工程资金切实用在宁波轨道工程建设上，奋力推进轨道建设高质量发展。现场督促检查如图1-5所示。

图1-5 专项检查现场照片

1.5.3.3 违约惩防并举管理

为了减少参建单位资金监管违约行为的发生，公司财务部采用关口前移、惩防并举的管理方式，定期去项目部检查，多途径了解参建单位整体财务状况，力求对工程资金监管范围内可能发生的问题早发现、早提醒、早制止、早纠正，做到未雨绸缪、防患于未然，督促参建单位工程资金安全使用，确保宁波轨道建设项目有钱可用、安心建设。

对于财务部日常资金监管（含监管银行信息反馈）、公司项目管理部门、参建单位反馈及第三方提供等信息来源，公司财务部认真对待每一份信息来源，采取检查参建单位财务资料、问询相关责任人等方式来识别信息的真实性，本着实事求是的原则，客观、公正地处理参建单位工程资金监管违约事宜。根据公司《工程建设承包人工程资金使用监督管理规定》，公司如发现参建单位转移、挪用等违约情形，需及时对参建单位进行违约处理，并督促参建单位落实违约责任。

公司采用违约惩防并举的模式进行全方位的工程资金监管，旨在让工程资金用到实处，项目干在实处，后续将加大力度继续做好工程资金监管，特别是加强联合体工程项目的重点监管，全力推进工程建设进入快车道。

1.6 调度计划管理

1.6.1 整体调度概况

宁波市轨道交通2号线二期分为高架段和地下段，高架段于2015年10月30日开工建设。2016年7月6日，宁波市轨道交通工程建设指挥部、宁波市轨道交通集团有限公司印发了宁波市轨道交通2号线二期工程建设总体策划，计划全线开通试运营为2020年7月25日。

2017年，因招宝山站、红联站存在较多不确定因素，集团公司决定2号线二期分两期开通试运营。对此，为满足2号线二期工程首通段开通试运营要求，建设分公司调度计划部牵头组织设计单位、施工单位对工程建设筹划进行了多次讨论，从设计上、施工上、调试上进行了充分考虑，反复论证，最终形成可行的筹划方案。

方案形成后，调度计划部每周跟踪车站土建、区间盾构、机电装修、轨道、供电、通信、信号等各标段的施工进展，协调相互间的施工界面，发现偏差及时预警，并督促相关标段采取措施纠偏。通过每周的进度追踪、分析、落实，2号线二期工程首通段（至聪园路站）于2020年5月30日顺利开通试运营。

首通段开通试运营后，抓住2号线二期工程后通段的重点——红联站。红联站位于渡口路与江南公路交叉口，是2号线与6号线的换乘站，采用T形换乘。2号线为两层车站，分为3个基坑，保通附属7个；6号线为三层车站，分为2个基坑，保通附属5个。该站拆迁量大、管线复杂、交通导改期数多。

为集中力量推进红联站的有序施工，建设分公司专题召开管线工筹讨论会、土建工筹讨论会等专项会议，公司主要领导主持研究，确定每一条管线改迁完成的时间，每一个基坑结构封顶的时间，以及与相邻车站双线盾构始发的时间、接收的时间。同时，建立2号线二期后通段保通机制，每周五召开保通会议，公司相关部门、参建单位围绕本周的进度、存在的困难、下周的计划及整体情况进行全面、详细地梳理，细到每个专业，形成2号线二期后通段工筹3版、保通会议纪要25份。

正是持续地发挥保通机制的作用，统一了各方建设者的思想，形成了目标一致的合力，实现了2号线二期后通段即全线于2022年12月1日高质量开通运营。

1.6.2 应急管理调度

对应急抢险设备进行梳理，科学配置现场抢险所需的设备和物资，确保抢险效果。加强实战化演练，每年编制应急抢险演练计划，针对涌水涌砂、基坑坍塌、防台防汛等科目组织至少一次应急抢险演练，全面提升应急抢险处置能力。加强抢险队员的综合培训工作，做到设备操作规范、熟练。重视应急设备的日常维护保养工作，定期对设备功能进行测试，确保设备完好、性能可靠。

1.7 造价（计量）管理

1.7.1 工作规范性

完善的管理规章制度是实现全过程合同履约管理规范化、程序化、专业化的重要保障。在全过程造价（计量）管理中，应以完善制度体系、贯彻制度执行、优化标准化管理为抓手，进一步提升造价（计量）管理工作水平。其中与之相关的管理规定主要有以下三类：

① 为规范合同计量支付行为，结合宁波轨道交通工程建设实际情况制定了《宁波市轨道交通集团有限公司建设分公司计量支付管理规定》。该规定主要从工作职责及权限、计量支付依据和方法、计量支付审批程序、考核及处罚等四大方面进行编制。

② 为加强宁波轨道交通工程投资控制，规范宁波轨道交通建设分公司合同费用变更管理，结合宁波轨道交通工程建设实际情况制定了《宁波市轨道交通集团有限公司建设分公司合同费用变更管理规定》。该规定主要从合同变更分类及原则、设计变更立项程序及规定、非设计变更立项程序及规定、合同费用变更程序及规定、管线迁移变更程序及规定等五大方面进行编制。

③ 为规范宁波轨道交通建设分公司结算行为，维护合同双方权益，明确各方职责，结合宁波轨道交通工程建设实际情况制定了《宁波市轨道交通集团有限公司建设分公司工程结算管理规定》。该规定主要从工程结算条件及依据、工作职责及权限、结算资料审批程序及要求、结算资料编制及提交要求、争议问题的解决、结算余款支付、考核及处罚等七大方面进行编制。

为更好地开展造价（计量）管理工作，提高各单位资料编制、审核质量及工作效率，同时也为新进参建单位能够快速融入宁波轨道交通造价（计量）管理工作，合约部特以管理规定为依据，制定了《建设分公司造价管理操作手册》。通过对操作手册系统精炼的解读，参建单位能够快速掌握规定的要点、难点、卡点，尽量避免因理解不透、不深等原因而走弯路。同时，为时刻保持管理规定的生机活力，适应宁波轨道交通工程建设的实际需求，高效指导造价（计量）管理工作的有序开展，合约部会适时随着国家、省市或行业主管部门相关政策文件的调整，不定期修订或制定新的管理规定，以适应工程建设现场实际。

1.7.2 加强过程管理

1. 提供便捷化服务，打造服务型业主

合同签订后，合约部会第一时间组织牵头部门、造价咨询单位赴现场对参建单位进行合约管理交底工作。交底内容主要是从相关管理规定、操作手册、注意事项等三大方面着手，另设现场提问环节，目的是第一时间解决现场棘手的造价（计量）问题。

履约过程中，合约部会根据现场施工进展以及各参建单位的合同履约情况，适时到项目部开展现场督查、技术交流、工作推进等事宜，特别是针对清图、变更申报缓慢、申报资料质量低下、各项流程不熟悉等标段，需要重点关注与指导，使他们尽快步入合同履约工作正轨。为配合现场实际需求及工程建设需要，快速推进计量支付工作，在合理合规的前提下，合约部对计量支付流程进行了多次简化、优化以适应新发展、新要求。

2. 计量支付有理有据、严守计量支付关

计量支付的依据源于合同条款及业主的相关管理规定，因此在招投标阶段，就需重点关注计量支付合同条款设置的合理合规性，主要从计量周期、支付比例、支付节点、调差及变更是否计量、资金账户等几大方面进行复核讨论。

过程中计量支付工作严格执行合同及相关规定要求，合约部认真审核计量基础资料，结合现场实施验收情况及施工进度，对超进度计量或未达到计量条件的项目进行直接核减处理，对不符合计量原则、资料不齐全的计量流程做直接退回或修改处理。针对交通导改、房屋对比鉴定单价措施费、安全文明施工费、土方调差等项目的计量支付及结算，合约部也有针对性地制定了管理规定作为支付的支撑依据与指导方案。

将计量工作与过程中的清图、变更及后期的结算申报工作紧密结合起来，使各环节联动操作；依照清图变更促计量、计量支付保进度的工作思路开展工作，即一旦某个环节出现进度滞后或质量差错，则必然影响到另一个环节工作的顺利开展。最终的目的就是使得造价（计量）管理工作更加高效、更加快捷、更加全面。

3. 清图变更走在前，工程结算省时间

之所以说清图变更走在前，工程结算省时间，是因为宁波轨道交通合同结算管理推行的是过程结算（清图＋变更），且一直以来这一模式得到了很好的运用与延续。其大致流程也就是合同履约过程中，参建单位将招标图纸或者中标后第一版有效施工图进行清算并将招标工程量清单的错误进行修正，后续发生的图纸变化都按变更处理；结算时只要将审批完的清图加变更汇总起来即可。在过程中我们会时刻关注跟进参建单位的清图变更上报进程，督促其有计划地开展清图变更工作，如计划出现偏差，及时进行纠偏处理；同时对造价咨询单位也是要求有计划地开展各项造价咨询工作。另外根据合同约定及相关管理规定，经过造价咨询审核及业主审批的清图、变更费用是可以在过程中及时进行计量支付，这措施也能及时有效解决参建单位的资金压力，同时也积极响应了国家相关政策的号召与要求。

4. 结算工作早谋划，竣工决算不耽搁

全力推进宁波轨道交通过程结算工作，为最终结算申报提供强有力的支撑保障。管理过程中，严格按照变更管理规定开展清图和变更工作，通过制订清图变更上报计划、建立清图和变更台账并与计量支付挂钩等措施手段，督促参建单位及时、高效申报清图和变更。在咨询审核过程中，如遇到争议问题，及时组织相关部门及单位进行开会讨论协调，让问题在过程中解决，尽量避免将问题带到结算中去。

根据工程进度，适时启动结算会，制订结算申报计划，指导参建单位及时准备结算资料、准确填报结算表格，有序按计划推进结算申报工作。对于未能按计划申报结算的参建单位，及时了解原因，确有难点、卡点存在的，及时召开协调会，制定解决方案，并重新修订结算申报计划。对于已经申报的结算资料在内部复核时，除了检查结算申报表、工程完工确认表、承诺书、资料清单、计算书等常规资料完整性外，还应对存在甲供设备/材料的参建单位检查其甲供设备/材料领用和实际使用数量对比表，对于领用超出合同约定损耗比例的，应及时从参建单位的结算中按供货合同价格进行扣回处理。

5. 加强对造价咨询单位的管理

加强对造价咨询单位的规范化、程序化、专业化管理，主要从以下六个方面着手：

一是建立咨询月报制度，清理清图和变更的进展情况，分析项目延期原因，及时协调解决难点、卡点问题；二是做好招标项目回标分析报告工作，要求在收到项目投标文件、控制价资料后，及时向业主提供项目回标分析报告；三是按要求做好概算动态回归工作，并随管理月报报送《项目概算执行情况分析表》；四是做好现场踏勘工作，踏勘情况随管理月报报送；五是做好造价咨询单位月度考核工作，为年度考核打下基础；六是每月召开造价咨询交流会，及时沟通交流过程中发现的问题及案例。

1.7.3　造价信息化管理

1. 专业软件赋能计量支付工作

为解决手工办理计量支付审核审批工作烦琐、效率低下等弊端，宁波轨道交通主动出击、开拓创新并引进全过程造价管理系统。此系统不仅能保障常规施工合同清单录入及计量支付审核工作，还能进行甲控、乙供材料的调差支付工作，同时能将经审批的清图、变更信息及时更新进系统，为清图、变更差额的计量支付工作提供了保障。但由于此系统只能用于施工类的合同，而随着设备类合同清单子目繁多，纸质计量文件审核效率低下且容易出错的问题日渐凸显，宁波轨道交通又联合软件公司开发了设备类合同计量支付模块功能，大力提高软件功能的同时解决了使用过程中的棘手问题。

2. 合同管理系统大力提高工作效率

全过程造价管理系统软件虽然解决了前端的计量支付审核程序，但是计量支付、合同变更的立项及费用的审批流转仍旧停留在线下签字审批，这也是亟须解决的问题。为此借由省市大力推行数字化改革以及集团公司资产一体化信息系统的建设，合同支付及费用立项审批流程也由线下纸质资料流转审批搬到线上 OA 审批流转。这一功能的实现，也得到了参建各方及各部门的高度认可，特别是计量支付线上审批流转这一功能，很直观地体现在以往纸质线下流程资料一般需要十天至半个月，自从上线 OA 计量支付功能后，流程时效基本能控制在 7 天左右，较往常节约了一半时间。此外，线上审批流程的优点在于流程各相关方随时随地能通过电脑或手机进行查阅或审批，而且线上数据的存储为今后数据的调阅提供了保障。

1.7.4　审计工作配合

1. 明确分工，配合做好审计工作

合约部作为审计配合工作的牵头部门，其中计量模块作为牵头模块及时做好"上传下达，中间整理"的工作。"下达"就是将审计问题按责任部门、问题类别进行汇总后传达各相关责任部门。"中间整理"即合约部将各责任部门的回复意见及佐证资料进行收集整理，对于回复意见不明确或者回复不恰当的，及时与责任部门沟通；对于有疑问的审计问题及时与跟踪审计进行沟通，了解审计的想法意图；另外在经部门内部讨论后将整理完的回复意见报分管领导、总经理审核或者专题会议讨论确定。最后就是完成"上传"工作，即合约部将回复意见最终稿上传给集团审计法务部。

2. 形成问题清单库，避免问题反复发生

快速适应审计节奏及工作方式，及时做好归纳总结工作并形成审计问题清单库。将审计问题及时反馈到后续招投标、管理规定修订及过程管理中去，避免同类问题再次发生。

第 2 章

线路工程概况

2.1 线位情况

宁波市2020年轨道交通线网方案由7条市区线、3条市域线组成放射状线网形态，其中市区线线网规模为271.6km，中心城区线路长度为253.12km。中心城区内线网密度达到0.36km/km^2，全线网共设车站188座。远景年线网由10条线组成，构建"一环两快七射"的环射网络结构，线网规模为409km，共设车站253座。宁波市轨道交通远景线网规划如图2-1所示。

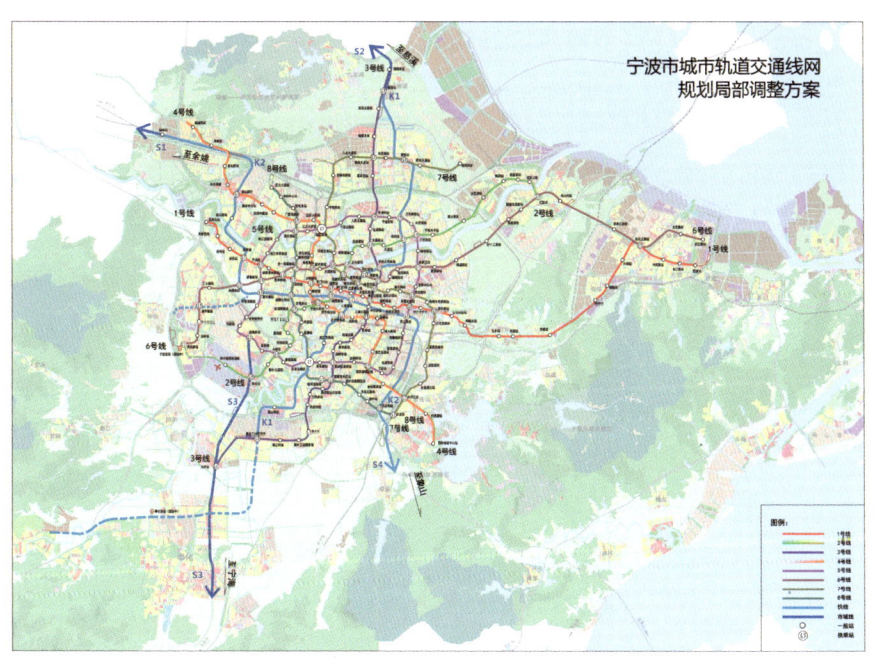

图2-1　宁波市轨道交通远景线网规划图

（1）2号线是城市西南—东北方向的基本骨干线

二期建成后，2号线连接了宁波市鄞州、海曙、江北、镇海、北仑等五个行政区，连接了三江片主城区及北仑、镇海两个滨海组团，线路走向符合城市近期发展方向和重点，能够很好地引导城市向总体规划目标发展，使三大片区形成形态上相对独立、相互间以大运量交通紧密衔接的关系，形成北仑、镇海二片与三江片相向发展的态势。

（2）2号线二期工程所涉及的管线众多

其地下段主要管线包括热力管线、电力管线、石油管、天然气管及雨污水管等。同时2号线二期沿线有多处高压线与之相交。

（3）2号线二期工程西段是高架敷设

其沿线存在交叉跨越点，其中下穿在建铁路北环线、上跨绕城高速。线路穿越高速公路、铁路、多座市政桥梁，沿线周边条件复杂，工程实施协调量及协调难度大，施工难度及风险大，环境保护要求高。

宁波市轨道交通2号线二期工程起自一期工程终点清水浦站后，向东南方向串联了临江片区和镇海老城区，下穿甬江到达北仑小港片区后止于红联站。线路走向为宁镇公路—车站路—城河西路—南大街—下穿甬江—渡口路。

线路由2号线一期工程终点站后向东南沿宁镇路路中继续高架敷设，于金丰路口西侧设高架站五里牌站。出站后沿宁镇路向东北继续路中高架敷设，于大运路和俞范东路之间由高架转入地下，之后于光大路路口西侧设地下站——枫园站。过隧道北路之后沿车站路向东敷设，于聪园路路口西侧设聪园路站，站前设交叉渡线。过苗圃路路口后沿城河西路向东继续地下敷设，于胜利路路口设招宝山站。线路出站后向东南斜切地块后转向南大街向南敷设，后下穿甬江沿渡口路继续向东南方向敷设，跨江南东路设红联站，站后设交叉渡线折返线。

线路长度约8.502km（桥梁起点比铺轨起点后移305m），其中地下线约4.832km，高架线长度约3.385km，敞口U型槽约0.285km。共设5座车站，其中地下站4座，高架站1座，平均站间距约1.679km，红联站为2号线二期与6号线换乘站。2号线二期工程线路如图2-2所示。

图2-2 2号线二期工程线路示意图

2.2 主要数据

2.2.1 主要工程量

主要工程量见表 2-1。

表 2-1 主要工程量

序号	项目	单位	数量
一	正线长度	正线公里	8.502
二	车站	座	5
		建筑面积（m²）	75672.2
三	区间	双线延米	7314.85
四	轨道		
1	正线铺轨	铺轨公里	17.48
2	场段铺轨	铺轨公里	2.039
五	变电所		
1	正线牵引降压混合所	座	3
2	正线降压所	座	2
3	车辆段牵引降压混合所	座	0
4	车辆段跟随式降压所	座	0
5	停车场牵引降压混合所	座	0
六	环网电缆	km	61.98
七	接触网	条公里	
1	正线接触网	条公里	20.81
2	车辆段接触网	条公里	2.53
八	自动扶梯、电梯	部	74
1	自动扶梯	部	60
2	电梯	部	14
九	车辆段（扩建）	座	
1	车辆段房屋	m²	8188.39
2	车辆段土方	m³	584.23
3	停车场房屋	m²	0
4	停车场土方	m³	0
十	全线征地面积	公顷	3.813
十一	全线拆迁面积	m²	157872

2.2.2 关键经济技术指标

宁波市轨道交通 2 号线二期工程总投资为 689262.4 万元，技术经济指标为 81309.71 万元/正线 km。

2.2.3 建设工期节点

根据《宁波市城市快速轨道交通建设规划（2013—2020）》及《宁波市城市快速轨道交通建设规划（2013—2020）》补充报告，本工程统筹规划，统一设计，本方案中按同期建设的原则编制施工进度计划。

宁波市 2 号线二期工程计划于 2015 年 7 月初开始前期施工准备工作，施工准备工作须在 9 月底之前完成，2015 年 10 月 1 日正式开工建设，于 2019 年 9 月 28 日建成通车试运营。全线建设总工期 4 年左右，在建设期内须完成土建施工与装修、轨道铺设、设备安装、单系统的调试及全线设备系统的联动调试等几个方面的工作。几个阶段的总体进度计划安排如下：

宁波市 2 号线二期工程计划于 2015 年 10 月初正式开工建设，土建工程于 2017 年 12 月中旬完成，实现本工程"洞通"；轨道工程计划于 2017 年 6 月底开始铺设，于 2018 年 2 月底实现"轨通"。

宁波市 2 号线二期工程计划 2018 年 10 月底完成设备安装，2018 年 12 月底完成装修工程，2019 年 3 月底完成单系统调试，2019 年 4 月初开始全线联动调试，2019 年 7 月 1 日开始空载试运行，于 2019 年 9 月 28 日建成通车。

2.3 工程重难点

2.3.1 高架区间跨大运路节点

宁波市轨道交通 2 号线沿宁镇东路路中，由西向东高架敷设；已建大运路管线（位于大运路下）由北向南埋地敷设。桥梁上跨大运路管线交叉点位于宁镇东路和大运路交叉口。大运路现场照片如图 2-3 所示。

图 2-3 大运路现场照片

大运路与宁镇公路交叉口处,既有石油、液化石油气及天然气等重大管线21条,另有饮用水、供电等管线等11条,重大管线共计32条,管线前后布置范围约105m,同时考虑大运路口规划情况,桥梁主跨需达到130m。由于此处接近线路入地点,轨顶至地面距离较小,如采用常规连续梁结构,梁高较大,无法满足桥下净空要求,因此桥梁结构高度须尽量减小。同时由于宁镇公路路中隔离带宽度较小,道路两侧住宅较多,道路无法横向拓宽,要求桥梁尽量减小横向占地面积。

综合考虑以上控制因素,同时兼顾景观效果,桥梁采用梁高较小的单拱肋梁拱组合体系,跨度设置为(35+130+35)m,桥梁一跨跨越管线带及大运路口,满足了跨度及净空要求,桥梁结构采用中间单拱肋的布置型式,有效地减小了桥宽,桥宽12.2m,降低了对既有道路红线宽度的影响,避免了道路两侧民房拆迁,社会影响小,满足了各方要求。

如图2-4所示,本节点桥总长200m,桥梁矢高20m,矢跨比为1∶6.5,拱肋为等高度钢箱结构,主梁为预应力混凝土结构,桥梁采用"先梁后拱"法施工,拱肋分为7节,单节最大重量约64t。2018年8月宁波电视台新闻频道报道了"宁波轨道交通2号线二期高架桥拱肋顺利合龙"。

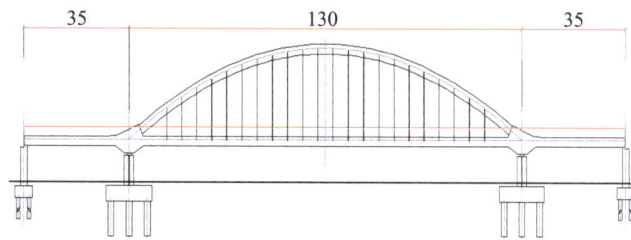

图2-4 上跨大运路(35+130+35)m单拱肋梁拱组合体系桥立面布置图

2.3.2 高架区间下穿铁路、上跨高速桥梁

宁波市轨道交通2号线桥梁周边环境复杂,先后下穿宁波铁路枢纽北环线、500kV高压线走廊,上跨宁波绕城高速公路,如图2-5所示。

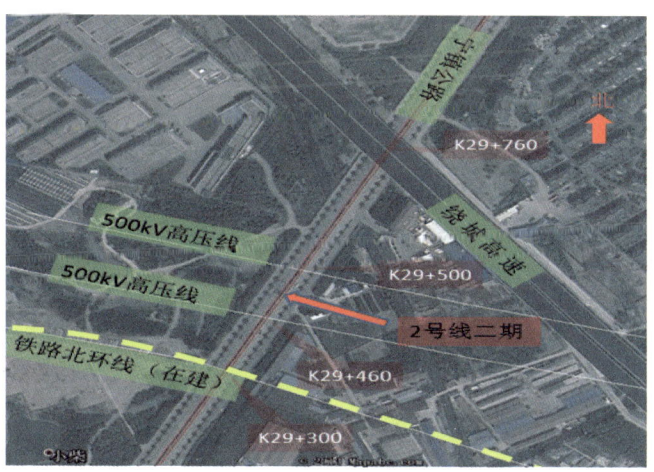

图2-5 宁波2号线二期桥梁穿(跨)越节点平面图

北环铁路为双线电气化铁路，为枢纽内的货运铁路，设计通行最高时速120km/h，为宁波铁路枢纽的组成部分，下穿处铁路为甬江左线特大桥。相交位置铁路桥结构形式为（48+80+48）m连续梁，宁镇公路上方铁路为80m主跨，铁路线与公路交角83°，如图2-6所示。

图2-6 铁路北环线上跨跨宁镇公路桥位现场图

桥梁采用简支梁下穿铁路北环线及500kV高压线走廊。该处铁路轨顶标高38.2m，地面标高3.8m，铁路桥梁底以下空间高度34.4m，轨道的设计与施工条件较好。轨道交通线轨面标高20.117m，铁路桥下净空＞14m。桥梁下穿铁路北环线立面图如图2-7所示。

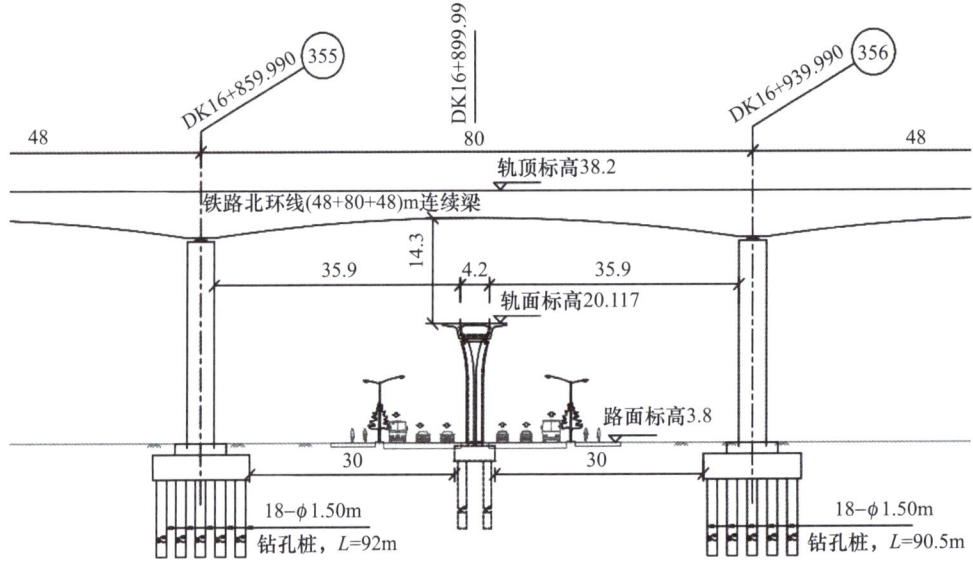

图2-7 宁波2号线二期桥梁下穿铁路北环线立面图

2号线二期工程在K29+761.590处上跨绕城高速，绕城高速跨宁镇公路采用（45+80+45）m连续梁，左右分幅，双向八车道，桥宽42m，斜交角64°，左右幅中无立墩条件，现场情况如图2-8所示。

图2-8 绕城高速现场照片

桥梁（48+80+48）m 连续刚构跨越绕城高速公路，上部结构采用单箱单室截面，直腹板，悬臂与标准梁外形基本一致，中支点梁高 4.8m，跨中及边支点梁高 2.5m。中墩尺寸 3m×5.2m（顺×横），墩高 18.5～19.5m，承台 11.5m×16m×3m（顺×横×高），采用 12 根直径 1.5m 桩基。

2.3.3 独柱车站设计

2.3.3.1 大悬臂盖梁的强度与刚度控制

五里牌站站厅层盖梁悬挑长度 10.1m，是车站结构的主要难点之一。悬臂盖梁的设计首先要保证其竖向变形要求，满足梁端竖向小于位移 $L/600$ 的要求（L 为悬臂长度），另外还要确保车站结构整体竖向自振频率不宜小于 10Hz 的要求。还有车站站台层和站厅层盖梁均采用了预应力混凝土结构，以降低盖梁高度，减小梁端竖向变形和控制盖梁开裂。

由于站厅层梁板与盖梁固结在一起，站台梁支撑在盖梁端部，车站墩顶盖梁竖向挠度和横向回缩量将影响其他结构的内力，所以需对盖梁的预应力钢束进行分批张拉。同时，在站厅层设后浇带等措施，释放盖梁变形，控制盖梁外端的最终挠度和横向张拉回缩。

2.3.3.2 主要承重结构的抗震计算

五里牌站车站长 120m，车站宽 23.4m，长悬臂盖梁悬挑长度 10.1m，为严重不规则的独柱墩框架结构，受竖向地震作用影响大。墩柱底属于整个车站结构的薄弱位置，而最大的地震剪力就发生在该层，所以抗震设计时，墩柱需作为延性构件设计，基础、盖梁和节点作为能力保护构件设计，墩柱的抗剪强度也作为能力保护构件进行验算。

2.3.3.3 多跨框架柱结构的纵向温度

经计算发现，站厅层板在降温时因产生拉应力为最不利情况，中间部位拉应力最大，向两端逐渐减小，在板开口的地方容易出现应力集中。车站两端墩柱的内力比较大，当墩柱不考虑抗震设计时，对边墩起控制作用的弯矩，纵向主要是混凝土的收缩和温度效应，横向主要是活载偏载作用，桥墩纵向刚度与温度附加力成正比，所以只有减小桥墩纵向刚度才能有效控制温度应力。五里牌站边墩截面尺寸为 3.2m×2.0m，即纵向尺寸为 2.0m，横向尺寸为 3.2m，这样增加了柱子的横向刚度，与正方形墩柱相比减小了墩柱的纵向刚度，从而在降温时减小了温度对板的约束，降低了板拉应力，有效控制了柱顶和站厅层板的开裂。

2.3.3.4 温度缝和后浇带的设置

高架车站设计中应充分重视温度缝的设置，在结构设计方案中应合理考虑温度缝布置。五里牌站全长 120m，按照混凝土结构设计规范中现浇框架结构超过 55m 时需要设置温度缝的要求，本站需要设置两道温度缝，但由于温度缝的设置会影响站厅层的使用功能，并且车站结构基于抗震和动力特性最好不设缝，所以本站只在 5 轴～6 轴之前设置了一道后浇带，以减小混凝土收缩和温度的影响。

2.3.4 类矩形盾构施工

根据沿线工程地质及水文地质条件、线路埋深、线路经过地区的环境条件，2 号线二期工程枫园站站前工作井—枫园站（原电厂站）—聪园路—招宝山站（原胜利路站）区间，线路自俞范东路西侧沿宁镇东路地下敷设至枫园站，出枫园站后由宁镇路转到车站路，线路进入镇海老城中心区继续向东敷设,于聪园路路口和胜利路口分别设聪园路站和招宝山站。该段线路周边现状为镇海区旧城中心区,属城市建成区,建筑密集、交通繁忙,沿线周边用地主要以居住、商业用地为主。

类矩形盾构应用于 2 号线二期工程中位于城市核心区的枫园站站前工作井—枫园站(原电厂站)—聪园路—招宝山站(原胜利路站)正线区间,充分发挥了类矩形盾构减少占用地下空间、提高穿行能力、有效降低环境影响等突出优点。

2.3.5 下穿甬江节点

招宝山站—红联站区间下穿甬江,隧道顶与甬江现状河底的最小距离约为 11.1m,与百年冲刷线的距离约为 6.2m。

2.3.6 既有线衔接

2.3.6.1 通信、信号

2 号线一期通信工程已为二期工程预留相应的接口,由于二期工程开通调试时,一期工程已经开通运营,因此,一、二期工程衔接选用不影响既有线运营的调试方案,达到贯通运营的目的。施工期间,先进行二期工程设备安装,并进行单体设备调试。根据不同系统的情况,设备与设备之间进行互联,形成环网或调试通道等。当调试完毕后,再利用夜间停止运营的时间,将一期工程设备接入,进行衔接调试。在调试过程中,利用新的数据库进行调试,当调试不成功,则倒换为既有的数据库,不影响一期工程的运营,直至系统衔接调试完成。

2.3.6.2 供电

宁波轨道交通 2 号线二期工程与既有线路的衔接主要为以下几个位置:

2 号线二期与既有开通运营的一期工程在清水浦站衔接。

黄隘车辆段扩建部分与既有运营部分的衔接。

2 号线二期首通段与后通段之间的衔接。

2.3.6.3 轨道

随着城市不断增长的运能需求,城市轨道交通正在迅猛地发展和建设中,轨道交通的建成将极大地改善城市的交通状况,缓解城市的交通压力,方便居民的出行。城市轨道交通作为"绿色"交通,虽然没有尾气排放等缺点,但是其运营中产生的振动和噪声对周围环境造成一定的影响。轨道减振设计首先要保证减振轨道结构的减振效果及结构自身的稳定性、可靠性,同时还直接关系到轨道工程的投资,因此是整个轨道工程设计的重点关注对象。

作为轨道减振设计的重要输入资料和设计依据,环境影响报告书中减振降噪章节对工程减振降噪的设计范围及推荐措施提出了要求,轨道设计应严格落实环评报告的要求,并结合环境振动相关规范及工程特点,确定合理的减振降噪设计。轨道减振措施的选用应充分调研各产品使用情况,全面掌握其技术特点、结构优越性及在使用过程中暴露出来的问题。在此基础上,结合本地区线网中减振措施的设计情况,考虑减振产品的通用性及既有线网使用情况,方便运营养护维修,降低减振产品的全寿命周期成本。

此外,环境影响评价一般在初步设计阶段实施,至铺轨阶段时,由于沿线拆迁、建筑物建设等发展,环评报告往往不能实时反映沿线敏感点的实际情况。轨道设计应及时现场踏勘,梳理分析沿线敏感点现状，在环评报告的基础上结合土地发展规划及沿线建筑物拆迁、建设情况，密切与环评专业配合，最终确定轨道减振的铺设范围，真正意义上实现"绿色轨道"的理念。

2.3.6.4 综合监控

2号线二期工程接入2号线一期工程时，2号线一期已建综合监控骨干网的扩展方式：二期工程先单独构建一个环网，再在节点进行环接的接入方式。具体方案如下：

将2号线二期新增的站点组建成一个单独的环形网络，并接入2号线一期节点交换机。全线的综合监控骨干网形成两个独立环网，进行环接。该方案在2号线一期工程的网络设备的硬件配置上需为二期工程环网接入设置两个网络端口。二期工程接入时，需在环接节点新增交换机设备，在二期工程网络调试稳定后，通过环接节点新增交换机接入一期网络。考虑到环接节点的物理环境应便于维护和应急处理，在控制中心进行环接。

为确保2号线一期工程安全、正常的运营，搭建临时简易控制中心用于二期工程的中央级功能调试，独立调试完成后，将进行与一期工程系统的衔接调试。调试期间，可以采用一台服务器运行、一台服务器调试（在非运营期间进行），第二日运营前再将一期工程系统软件恢复至既有软件，直至系统衔接调试完成。调试完成后将软件安装在两台冗余的设备上，进行冗余调试。调试期间虽然为单台设备运行，但综合监控车站和中央为两级结构，能够满足临时运营需要，对已运营线路影响不大。2号线二期后通段与2号线一期系统关系如图2-10所示。

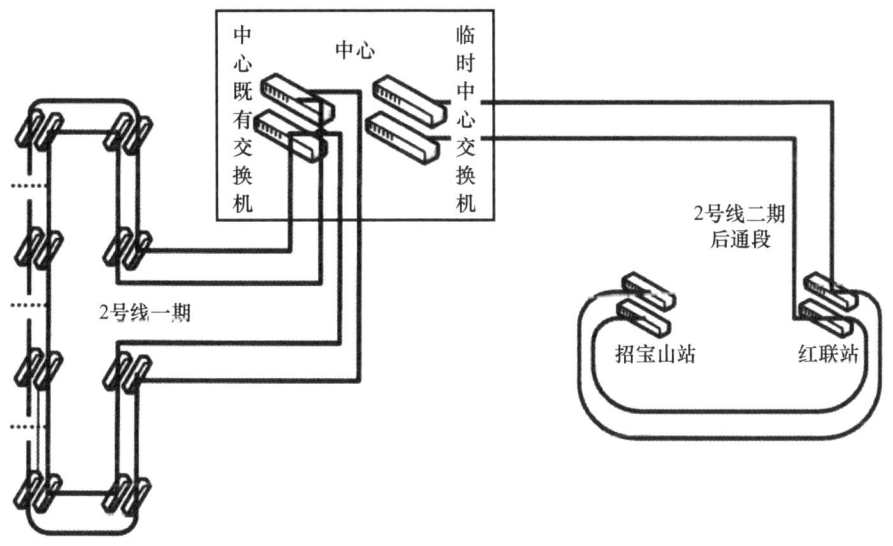

图2-10　2号线二期后通段与2号线一期系统结构图

2.3.6.5 车辆段扩建

根据宁波市轨道交通线网车辆段总体布局规划，黄隘车辆段功能定位为定修段，承担2号线全部配属列车的定修、临修、镟轮任务，以及部分配属列车的周检、月检、运用任务。一期工程车辆段设出入段线2股道，停车列检线18股道，36列位（其中预留12列位），月检4列位，定修2列位，临修1列位。2号线车辆的大架修在1号线经堂庵跟车辆基地完成。

2号线二期工程为满足车辆的停放检修需求，对黄隘车辆段停车列检进行扩建，实施停车列检库原预留的1~6道库内外土建及机电系统工程，完成咽喉区、库内股道敷设，以及各项配套建设，满足2号线二期车辆停放列检要求。

第 3 章

创新勘察与设计

3.1 勘察工作简述

延伸线勘察工作承担的 KC2202 标段均为地下线,由 2 站 2 区间组成,分别为聪园路站—招宝山站(原胜利路站)区间、招宝山站(原胜利路站)、招宝山站(原胜利路站)—红联站(原小港站)区间、红联站(原小港站)及红联站(原小港站)配套工程。

2014 年 8 月完成 2 号线二期 KC2202 标段初勘工作,并提交初勘成果;2015 年 1 月先后启动聪园路站—招宝山站(原胜利路站)区间、招宝山站(原胜利路站)、招宝山站(原胜利路站)—红联站(原小港站)区间、红联站(原小港站)的详勘工作,至 2016 年 7 月完成 4 个工点的详勘工作并提交详勘报告。2017 年 7 月启动红联站(原小港站)配套工程详勘工作,并于 2017 年 9 月提交详勘报告。

于 2016 年 3 月至 2021 年 1 月先后对各工点进行补勘工作,已全部完成所有勘察任务。

3.1.1 各工点工作量

完成工作量情况见表 3-1。

表 3-1 已完成勘察工作量一览表

工作项目	KC2202 标段(初勘)	Q4 聪园路站—招宝山站(原胜利路站)区间	S4 招宝山站(原胜利路站)	招宝山站(原胜利路站)—红联站(原小港站)区间	红联站(原小港站)	红联站(原小港站)配套工程
	孔数(个)/进尺(m)	孔数(个)/进尺(m)	孔数(个)/进尺(m)	孔数(个)/进尺(m)	孔数(个)/进尺(m)	孔数(个)/进尺(m)
钻孔	20/1110.6	9/475.4	23/1493.2	26/1261.6	77/2719.64	33/2222.7
静力触探	5/246.0	5/218.8	7/330.65	8/352.9	9/360.55	6/271.2
扁铲	4/92	2/70	2/70.4	2/68.2	2/58.2	2/70.9
十字板	4/93.5	2/35	2/47	2/41.5	2/41	2/47
波速	5/237.2	2/100	2/100	1/50	2/75	2/100

3.1.2 勘察方法与手段

本次勘察工作将采用工程地质调查测绘、钻探、原位测试（包括标准贯入试验、重型动力触探试验、旁压试验、十字板剪切试验、扁铲侧胀试验、K30试验、载荷试验、现场直剪试验）、波速测试等地球物理勘探（包括电阻率测试、浅层地震、高密度电法、探地雷达、岩层声波测试），水文地质试验（包括抽水试验等）及室内试验等综合勘探方法。

3.1.3 勘察质量管理

勘察单位成立了"宁波市轨道交通工程勘察项目部"，明确各级岗位质量责任制，确定各相关人员与勘察质量相关人员的岗位职责；针对项目难点、重点和关键点，拟定对策措施；加强不合格品的控制，防止不合格品进入下道工序；加强配合施工管理，努力提高服务质量。

为了优质完成本项目，项目部实行项目负责和各专业质量控制组多级质量检查、监督、验收制度。

根据ISO 9001质量手册、程序文件及本次勘察要求，制定质量管理程序，对各个环节的质量关键点加以监控。

(1) 根据国家和地方现行规范及顾客提供的资料，制定相关文件和规定

如勘察大纲、各专业作业细则等，在勘察大纲中明确本项目的关键控制点。

(2) 由项目技术负责人组织，对所有现场操作员、描述员、测试人员等进行技术培训和技术交底，使现场操作者明白技术要求、工序流程、质量标准等，加深其对设计要求、作业细则的理解

(3) 成立由专职质监员、专业负责人、总工程师、技术组负责人员组成的质量监控小组，依据勘察技术方案，对勘察质量进行全程控制，对关键控制点进行监视和量测，保证过程检查有针对性

质量监控小组成员对各个环节进行定期检查和不定期的抽查，召开质量分析会，发现问题及时解决，并要求有关人员及时返工或补充工作，确保报告质量优秀。

(4) 对勘察大纲、勘察成果等技术文件严格执行"二校一审"制度

并进行专家评审，充分发挥专家作用，使群体智慧得以充分体现，保证技术文件的准确性和可靠性。

(5) 对项目过程中产生的不合格品进行有效的控制和处置，制定纠正预防措施

为严格把控项目勘察质量，在事前（勘探前）、事中（勘探过程中）、事后（勘察结束后室内试验及报告编制）三个阶段都开展多种形式的技术交底工作。

① 事前阶段。

每次钻机进场前组织现场技术员、各机台机长、机台技术员进行技术交底工作，对钻探要求、取样要求、原位测试要求、样品的运输等各个环节开展技术交流、交底、培训工作，对以往不足之处及新的技术要求进行重点交底、讲解。同时邀请外单位同行专家来交流指导培训。

对拟准备施工的工点编制勘察大纲，明确工作目的、任务，各类勘察大纲经总院、项目部、业主组织的专家评审等多种方式提高勘察大纲的合理性，为指导各工点的勘察打下了基础。

② 事中阶段。

项目负责人每周巡检工地不少于一次，平时做到 24 小时不关机，随时与作业现场保持联系。

项目技术负责人每天都在现场巡检，检查发现问题随时更改。另外项目工点负责、院总工办资深技术人员展开拉网式的检查、监督，强化每个细节、每个作业环节的施工质量，确保项目的质量。

对进场的每台施工班组进行技术交底，由工点技术人员下发每个孔的技术要求，且对各班组施工班报表随时进行检查验收，主要内容为孔深校正、钻杆长度测量、取土的数量及质量、原位测试、开孔、封孔等情况。实行日报制度，及时把现场情况反馈至项目负责人、项目技术负责人及院总工办。现场负责人紧盯现场实施，如图 3-1 所示。

图 3-1 项目负责人在现场指导工作

③ 事后阶段。

勘探结束后，勘察人员及时将土样送回实验室及时进行试验，由勘察项目负责人对试验人员进行交底培训，检查试验仪器的率定、参数的准确性。

资料整理和报告编写阶段，认真做好"二校二审"。报告外送前进行三级审核，技术负责人审核，部门总工审核，院总工审核。送审稿提交后由业主组织专家和各工点设计单位进一步评审、审核，对报告质量进行层层把关。

所有勘察大纲及勘察成果报告均邀请专家、总体设计单位、工点设计单位及勘察监理单位进行评审，并通过最终强审后提交正式勘察成果报告。

3.1.4 勘察安全生产管理

"安全为我、我为安全，安全与效益同行，安全与文明相连，安全与质量并肩，安全与幸福相伴"，无不体现了安全生产、文明施工的重要性。安全生产、文明施工是衡量、体现一个单位的施工管理能力和综合实力的表现。在外业施工中严格按照有关规范、规程操作，特殊工种持证上岗。

参照有关安全生产法律法规并结合本项目实际情况，特制定本工程的安全文明施工保证措施。建立现场安全生产三级管理体系：项目主管、项目负责人（工种负责人）、野外勘探班组长分别为本项目的三级安全生产责任人。项目部、野外专业组设立专职安全员，作业班组设立兼职安全员，在相应的领导指挥下，从事专门安全工作。各级安全生产负责人必须坚持"安全生产负责人是安全生产的第一责任人"的原则,把"安全高于一切"落到实处,实行安全生产一票否决制,做到安全工作与作业同时布置、同时检查、同时总结。

3.1.5 勘察文明施工管理

本次勘察施工按要求严格落实文明施工与环保措施,做到单位标识统一,泥浆不外流、不偷排。

建设公司针对轨道交通等在市区人员密集地段施工的文明施工要求,结合建设分公司对市政工程勘察的管理经验,总结出系列文明施工管理措施:

3.1.5.1 围挡

围挡全部采用硬质高围挡,全线统一标准,钻探孔时每台钻机需硬质高围挡8~10块,钻原位试验孔时每台钻机需围挡6~8块,并将施工设备全封闭。根据杭州市市政管理处及交警部门的要求,围挡上部要求通视良好,前后一定距离放置安全锥引导,保证施工和通行的安全。

在进场施工前,重新对围挡进行喷漆,施工过程中对外观受影响及损坏的围挡及时进行修复和喷漆,确保围挡的形象。

3.1.5.2 施工泥浆控制

在施工过程中,采用泥浆循环护壁施工方法,采取有效措施将泥浆与路面隔离,禁止将泥浆向施工现场围挡外路面、下水道、电缆沟和附近水域任意排放,杜绝泥浆溢流,保证施工现场和附近水域不受泥浆污染。所有泥浆坑和泥浆循环通道均在钻孔施工完成后予以清理。在市区和交通道路上钻探时,使用专用泥浆桶进行泥浆循环,避免泥浆污染路面。

3.1.5.3 孔口开挖、回填管理

混凝土路面勘探孔开挖采用切割机切出设备所需的路面面积,钻机孔约1.2m×1.0m、静探及扁铲等原位测试孔约1.0m×0.8m的正方形规格面积。之后再进行人工挖孔。当天不能完成的钻孔,在夜间要求撤场时,必须将废土一起装车带走,并将路面清扫干净。在机动车道及非机动车道上的已开挖孔在设备安装前,在孔内填入适量的砂包或草包,用特制的孔口盖板(尺寸为1.5m×2.0m或1.5m×1.5m)盖住孔口,确保车辆通行及行人安全。在其他如小区门口及绿化带上已开挖的勘探孔,在设备安装前要求在孔前后位置设置低围挡、警示灯、警示牌或警戒线等道路安全标志,避免伤及行人和过往车辆。

3.1.5.4 施工后的场地环境清理

(1) 填平施工孔口

勘探孔施工完毕后,马上进行孔口的回填。要求全部采用硬质建筑材料进行回填(碎石、砂及少量黏性土按一定比例混合),防止后期路面坍陷,严禁采用取上的岩芯回填。首先对其表部进行平整等初步恢复。位于人行道和非机动车道等城市道路上的勘探孔在进行初步恢复后,做好现场的保护,然后每天向路政部门报告可以修复的位置,最终请他们按市政有关规定修复验收,恢复使用功能后,我公司再撤走围挡及盖板等设施。在未修复期间,我公司专门组织人员进行巡查,对移位的围挡、盖板等及时进行复位,确保人、车的通行安全。

(2) 冲洗清洁施工场地

勘探孔施工完毕且孔口回填后,马上进行施工现场的清理工作。设备拉出后,由专门小

组对现场进行清扫。对遗留的物品进行回收，特别是一些手套等小东西。打扫干净施工现场后用清水进行冲洗，恢复路面清洁。

（3）整理恢复施工影响的绿地、苗木等

在绿化带上施工时，对现有种植的树木、花草等先做临时移植，施工结束后恢复原状并委托城市绿化养护部门进行移植和养护，确保花木成活率。

3.1.5.5 警示标志的设置

临时占用人行道及机动车道路，严格执行申报审批的规定。在经批准占用的区域，严格按照批准占用的范围设置围挡，并在批准占用的有效期内按照所批准的施工项目进行施工。围挡按交通管理部门要求通视良好进行设置，围挡前后一定距离内放置安全锥、交通指标标志牌进行引导，保证施工和通行安全。此外，专门组织巡查小组对围挡及警示标志进行巡视、检查，发现问题及时指正。

3.1.5.6 其他

① 施工中要确保城市公共设施的安全，支立钻机井架时，丈量好支立空间，避免损坏房屋、树木。

② 施工前，做好对当地居民的走访与宣传工作，取得市民对勘察工作的理解与支持。与当地居民搞好关系，礼貌待人，不说脏话。施工时尽量不要干扰居民生活、工作、学习等。

③ 施工人员不得在围挡内搭建工棚。居住的工棚尽可能搭建在远离人员密集的地段，在临近背街小巷搭建临时工棚。

④ 居住的工棚附近严禁乱丢垃圾、随便倾倒污水，做好周围环境卫生。临时居住的工棚拆迁后，必须清扫干净，恢复原貌。

3.1.6 施工管理重点与难点

3.1.6.1 施工管理重点

1. 项目工期

在整个勘察工作的组织实施期间，与业主、设计、监理单位保持紧密联系，对于设计提出的要求随时落实到勘察生产中；同时根据勘察生产现场反馈回来的信息，经过分析研究和专家论证，随时调整勘察方案和施工方法。

针对工期紧、勘探手段多样及安全生产文明施工要求高等情况，我公司精心组织安全生产、后勤工作，成立生产、后勤小组，明确各个组员的工作职责，增加各类设备，材料供应采购充足，有序地保障各个作业机台的生产需要，同时根据政策协调的情况，优化施工方案，最优化调动作业设备。

2. 做好文明施工和环境保护工作

文明施工既是一个项目的形象，同时也是一个单位的形象，既可提高单位的社会效益、口碑，又可促进单位的安全生产、施工管理水平，减少安全隐患，做到规范化作业。

根据宁波市及建设分公司相关的文明施工规章制度及要求，我公司结合以往轨道交通项目的施工经验，同时在原有基础上不断反省、总结、优化，制定出一系列文明施工针对性措施，制定钻探、静探标准化施工文明摆设图，真正做到从源头做起，从细节抓起，同时加强生产过程中的检查整改力度，维护文明施工的成果，从而确保文明施工和周边环境的保护。

3.1.6.2 施工管理难点

1. 前期协调

KC2202标段位于镇海区、北仑区，沿线串联了临江片区、镇海老城区与北仑小港片区。线路主要为于聪园路路口东侧设聪园路站，站后设单渡线；线路过苗圃路路口后沿城河西路继续向东，在胜利路路口设招宝山站（原胜利路站）。线路出站后向南转入南大街并下穿甬江进入小港，沿渡口路向南，于渡口路、江南东路路口南侧设红联站（原小港站），该站与规划的6号线换乘，并为本期工程的终点站。沿线道路车流量较大，两侧及路口管线较复杂，埋设有燃气、电力、通信等管线，因此宁波市城管局、交警部门，以及通信、电力等部门对我公司开展勘察会造成交通、管线等安全影响比较敏感，故现场踏勘、协调工作量较大，前期协调审批周期较长。

针对这一情况，我公司增加前期协调组的人员力量，开展前期协调报批工作，完善审批的资料，提出合理化的施工组织方案，配合各个部门做好交通畅通等工作，获得了各个部门的理解，较快地通过了开工审批流程及工作。

对区间下穿通航河流的情况，我院采取以下措施及时取得了海事部门的施工许可：

① 优化布孔方案，使勘探孔位尽量避开主航道。

② 在春节过往船只较少期间进行施工，并采用二班连续作业缩短勘探施工时间。

③ 在勘探过程中租用船只进行护航，使用高频等设备通知过往船只，保证勘探及航行的安全。

2. 地下管线的保护

项目位于市区交通繁忙的道路上，线路两侧地上光（电）缆分布较多与密集，地下电缆、光缆、污水管、雨水管、自来水管、燃气管等各种管线多而杂，且埋置深度不一，部分管线因各种原因没有相应的资料，在钻机搬迁、钻探施工、取样及原位测试过程中容易触碰。

勘察过程中我公司将严格按制定的勘察开孔程序执行，加强地下管线的对接、探测工作，确保施工中地下管线的安全。

① 勘探点布置避开各种管线等地下障碍物。

② 邀请燃气、电信、电力等相关管线部门进行现场指认，使勘探点避开管线。

③ 燃气、电信、电力等部门确认后，进行管线物探探测，及时调整孔位位置，综合确认后再进行施工。

④ 钻机进场后按要求进行围挡全封闭施工，围挡周边设红旗、昼夜警示灯、行车行人导引牌、警（告）示牌或安全锥、防撞桶等道路安全标志、标识。

⑤ 人工开挖至老土或2m，老土挖深大于2m或有特殊情况及时作分析，并向生产调度汇报再研究方案对策（采用螺纹钻、纤探、洛阳铲再往下探，深度不小于2.5m）。浅部10m采用压入法开钻，遇异常立即停止施工。需移位施工时，重走②、③、④、⑤步骤及相关开孔程序。

⑥ 每道工序均由技术员（或安全员）和监理验收签字，方可进入下一道工序。

3. 水上作业

2号线二期穿越的甬江为重要的航道，往来货船较多且吨位较大，对钻探施工及上下作业平台的安全具有很大的隐患。为此，优化了布孔方案，尽量使勘探孔避开主航道；同时在勘探过程中租用船只进行护航，并在过往船只较少的春节期间连续作业，保证了工期和施工安全。

3.1.7 勘察配合服务

(1) 勘察服务期间

建设分公司要求勘察单位提供服务并贯穿工程建设全过程,随时提供岩土工程咨询服务,准时参加建设单位、设计单位、施工单位组织的相关会议,做到随叫随到,保证不因我方的原因影响施工进度和工期。

(2) 施工期间

认真做好与设计单位、施工单位的配合工作,参加施工前的技术交底、施工过程中的基础验槽及各施工阶段的基础工程验收;在施工交底会上提出工程设计、施工中应注意的问题及预防措施,及时解决工程进行中的有关岩土方面的问题,对重大工程地质问题组织专家咨询和答疑,以充分满足设计和施工单位的需求。

(3) 积极参加各工点的竣工验收工作,配合竣工验收所需岩土工程勘察方面的各种资料

(4) 积极进行管理工作、技术工作、安全文明施工的总结

3.1.8 工作的改进

3.1.8.1 钻探施工的规范化不足

组织的钻探施工队伍素质、施工水平参差不齐,个别机组取样、标贯、动探试验间距未严格按技术要求执行;个别勘探孔存在砂砾石层取芯率偏低现象。

在下一步勘察工作启动时,我公司将通过培训、择优录用、奖罚等方法加强钻探队伍的素质,严格按院及建设分公司质量操作规程进行取样、标贯、动探等各种试验;敦促各机台向施工质量高的班组学习,提高岩芯采取率。常见问题见表3-2。

表3-2 常见问题汇总表

序号	存在的问题	应对措施
1	部分机台个别勘探孔没有做到土层厚度大于1.0m取样,大于1.5m打标贯	根据初勘揭露的地层情况,有针对性地减少回次进尺
2	部分勘探孔砂砾石层、风化基岩岩芯采取率偏低	采用短进尺钻进,或采用无泵反循环钻进
3	用桶接岩芯	一律用PVC管接岩芯,接岩芯时岩芯管稍倾斜,避免砂土、碎石土等原状岩芯被水冲洗、岩芯上下顺序搞乱
4	黏性土的标贯击数和塑性状态不统一	根据标贯击数确定黏性土状态,注意检查标贯器刃口,标贯试验时孔内是否干净、标贯器是否下到孔底
5	碎石类土的颗粒含量描述内容和定名不统一	按粒径由大到小描述不同粒组的含量并根据其含量定名

3.1.8.2 文明施工的执行力不足

文明施工是一个既体现一个单位施工作业规范化、标准化的镜子,也是一个保证、促进生产安全的动力。我公司在KC2202标段外业施工过程中存在围挡不规范、泥浆外溢、作业区域不封闭等问题,安全文明施工有待进一步加强。

我公司对上述问题进行了总结、整改,将在详勘作业过程中增强文明施工组的人员力量,加强作业场地检查力度与频率,发现问题就限时整改,加强夜间的巡查工作。

加强班组文明施工的观念与行动，按轨道交通勘察的要求做好文明施工的工作，同时安排生产、文明施工及技术管理人员加大检查、整改力度，杜绝违规作业、违章作业。

3.1.8.3 静力触探设备的改良

轨道交通勘察过程中静力触探作为技术孔多用于区间隧道及车站出入口部位。2号线二期 KC2202 标填土厚度一般小于 2m，且上部基本有厚 1 米左右的硬壳层分布，静探施工所需反力采用下锚方式基本可以满足静探设计孔深对锚力的要求。KC2022 标位于宁波市北仑区小港，填土厚度较大，往往难以挖到老土，并有硬壳层缺失现象；同时，由于静探孔基本位于道路两侧，地下管线较密集，因此，很难有合适的下锚位置。

鉴于上述静探施工条件考虑，采用下锚的方法必须加大孔口开挖面积，这必然增加孔口开挖、回填、修复成本，有时即便增加孔口开挖面积也不能保证提供足够的锚力。因此，对静探设备进行了改良，将原有的静探设备进行改装。改装后的静探设备安装了橡胶履带，具备短距离行走能力，大大提高了孔间搬迁能力。改装后的静探车利用自重、预制块配重及下锚方式提供锚力，极大地增加了施工反力，提高了勘探深度，降低了对孔口开挖面积、孔位处地层的要求，大幅提高了静探施工效率。

3.2 主要勘察课题

3.2.1 岩土分层体系与冻土勘察

3.2.1.1 建立勘察岩土分层体系

为方便各条线路勘察资料的相互利用，第二轮规划勘察之初，地铁集团公司联合各勘察单位厘定了宁波市轨道交通工程勘察岩土分层体系。分层体系主要依据《宁波市轨道交通岩土工程勘察技术细则》（2013 甬 SS-02）附表 B.0.4，根据成因时代和物理力学性质，将第四系地层划分为 10 个工程地质层组，每个工程地质层再根据岩性不同分亚层，前第四纪地层用大于 10 的数字表示。分层基本原则如下：

① 通过对测区地层的沉积年代、沉积相和古地理环境进行分析，将其有相同沉积年代的地层划分为同一工程地质层，用①、②…⑤等表示。

② 在同一工程地质层中，对时代、成因类型相同的土层，划分工程地质亚层，用①$_1$、②$_1$…⑤$_1$ 等表示。

③ 对同一工程地质亚层中，用下标 a、b、c、d 代表岩性相变，从细颗粒至粗颗粒，T 代表透镜体夹层，如①$_{3a}$、①$_{3b}$、①$_{3c}$、①$_{3d}$、①$_{3T}$。

④ 遵循宁波市的习惯土层层号，保持③、④、⑤、⑥、⑦、⑧层原特性和编号不变。

⑤ 前第四纪地层分别用⑪、⑫、⑬代表第四系、白垩系、侏罗系，同一时代不同岩性用下标 1、2、3、4…表示，风化程度用下标 a、b、c、d 表示，如⑫$_{3a}$ 代表白垩系全风化凝灰岩。

⑥ 工程地质层分层编号采用先次亚层、后亚层的顺序。

3.2.1.2 完成冻结法专项勘察

完成了 2 号线二期工程 KC2202 标段联络通道冻结法施工专项勘察。与中国矿业大学

（徐州）合作完成了土体冻结温度试验、原状土与冻土导热系数与比热容试验、冻胀融沉试验、冻土单轴抗压强度试验、冻土抗折强度试验、冻土抗剪强度试验、冻土蠕变试验、原状土和冻土热物理特性指标试验。

通过专项勘察分析了宁波地区典型软土在冻融条件下各种物理力学性能，为联络通道冻结法设计施工提供了工程地质依据。

和中国科学院武汉岩土力学研究所合作完成科研课题"宁波深厚软土流变特性及其对基坑变形影响研究"。课题研究组系统开展了宁波软土一维蠕变试验、一维等应变率压缩试验、三过轴固结不排水蠕变试验和三轴固结不排水等应变率剪切试验，综合测定了宁波软土流变特性参数，研究了宁波软土的流变力学特性和蠕变机理，并构建了适合宁波软土力学特性的流变理论模型。基于软土流变本构模型，探讨了强蠕变软土条件下深厚软土基坑长期变形的影响规律。该研究成果为宁波市轨道交通的勘察、设计和施工提供了一定的技术支撑，可为后续工程提供参考。

3.2.2 物探技术应用

3.2.2.1 地震映像法在甬江水域勘察中的应用

1. 地质条件

勘探区属浙江省岩石地层区划东南地层区，前第四纪地层单一，主要为灰色凝灰岩（侏罗系西山头组），第四纪地层发育，厚度变化较大，厚度 25.0～51.0m，从中更新世至全新世地层发育齐全。场地上部以海相淤泥质黏土或淤泥等软土为主，局部夹厚度较大的冲海相粉土、砂土；场地中部主要为海相软塑状粉质黏土；场地下部以性质较好、厚度较大的可～硬塑状粉质黏土层和砂土、碎石土层为主。

江水与第四系地层速度差异不大，但密度相差较大，两者之间存在较明显的波阻抗差异，水底面是较好的地震反射界面，第四系与下伏基岩间速度差异明显，密度相差也较大，两者之间的波阻抗差异明显，因而基岩面是良好的地震反射界面，这为地震映像勘探提供了较好的地质地球物理前提。因为甬江水域江底地形及基岩起伏较大，可能影响盾构穿越，所以采用水域高密度地震映像法以查明甬江穿越段盾构影响范围内江底地形及基岩埋深。

2. 工作原理

地震映像法即高密度地震映像是基于反射波法中的最佳偏移距技术发展起来的一种浅地层勘探方法，这种方法可以利用多种波作为有效波来进行探测，常用的是反射波。在这种方法中，每一测点的波形记录都采用相同的偏移距激发和接收，沿测线方向记录的高密度的各测点的波形能够反映出地质体沿垂直方向和水平方向的变化。

在野外工作时，每次激发，在接收点采用单个检波器接收，仪器记录后，激发点和接收点同时向前移动一定距离，记录点位于激发和接收距离的中点，反映中点两侧射线传播范围内地下的岩层、岩性的变化，重复上述过程可获得测线上的一条或多条地震映像时间剖面，如图 3-2 所示。

在图 3-2 中，L 为偏移距，O_1、O_2 为激发点，

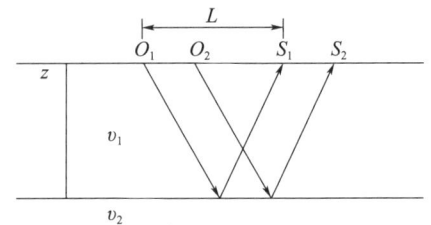

图 3-2 反射波射线传播路径原理图

S_1、S_2 为接收点，z 为 v_1 介质的厚度，为了获得具有高信噪比和分辨率的地震映像记录，需要做试验剖面，进行干扰波调查，分析各种波的传播规律，确定能够最好地反映探测目标的有效波，这就要确定最佳偏移距，在最佳偏移距处有效波在空间距离和时间上与其他干扰波分离、信号清晰。

地震映像可以用波形图或彩色振幅图显示结果，同时进行运动学和动力学方面的解释分析，可达到探测地下目的体的目的。

3. 工作布置

根据地铁线路设计方案，本次水域物探沿钻孔 Q5XZ6、Q5CZ3、Q5XZ8 布置一条纵测线（测线Ⅰ-Ⅰ'），测线长度为 114.5m；垂直线路并分别经过钻孔 Q5XZ7、Q5CZ3 各布置一条横测线，分别为Ⅱ-Ⅱ'和Ⅲ-Ⅲ'，测线长度分别为 93.7m 和 109.4m。累计测线长度为 317.6m，共计测点 219 个。

本次工作采用北京水电物探研究所的 SWS-Ⅲ型工程地震仪，激发装置为机械敲击法，接收装置为专用拖鱼。

本次工作导航定位采用华星 A6 GNSS 接收机进行。通过 GNSS RTK 实时测量坐标高程，进行无验潮测量，同时进行潮位观测。根据验潮资料，与 GNSS RTK 实时测量水面高程进行比对，剔除粗差后，计算同一时间最大潮位误差。利用潮位观测成果及 RTK 测量成果进行潮位改正以获得最佳结果，为精确提供各地层深度资料做出了保证。

本次物探勘察根据地震映像时间剖面并结合钻孔资料，通过对有效反射波组波形、频率、振幅及连续性特征的分析比对，对其同相轴进行追踪，划分了 3 个物性层组（江水、第四系和全风化～中等风化凝灰岩），了解测线范围内江底地形及基岩面起伏情况。其中反射波组 T0 为江水与第四系的推测分界面，反射波组 T1 为第四系与全风化～中等风化凝灰岩层的推测分界面。

（1）Ⅰ-Ⅰ'测线（图 3-3）

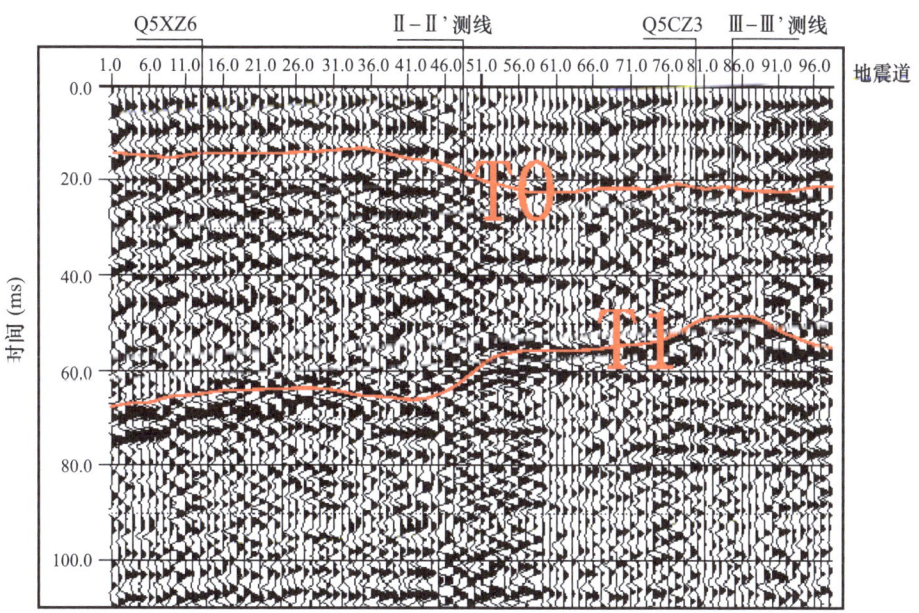

图 3-3　测线Ⅰ-Ⅰ'地震时间剖面图

本条测线沿2号线轴线方向,江底的标高为－6.7～－14.0m,其中在钻孔Q5CZ3附近,江底标高最低;基岩面起伏较大,基岩面标高为－37.9～－64.3m,其中在距离钻孔往钻孔Q5CZ3方向34.5m处标高最低,在钻孔Q5CZ3附近最高,标高为－37.25m。

(2) Ⅱ-Ⅱ′测线(图3-4)

本条测线垂直2号线轴线方向,在测线里程约40m处有钻孔Q5XZ7揭露,该测线通过位置江底的标高为－10.9～－12.4m,江底相对较平缓;基岩面起伏较小,该测线通过位置基岩面标高为－58.5～－64.8m,由西向东,基岩面有稍微上升趋势。

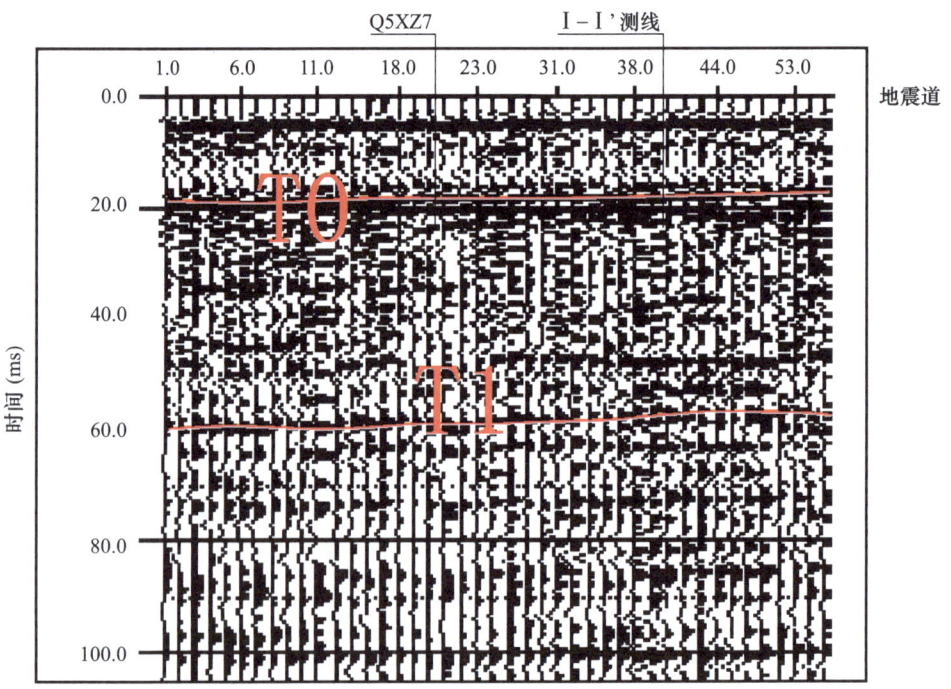

图3-4 测线Ⅱ-Ⅱ′地震时间剖面图

(3) Ⅲ-Ⅲ′测线(图3-5)

本条测线垂直2号线轴线方向,在测线里程约67m附近有钻孔Q5XZ7揭露,该测线通过位置江底的标高为－12.9～－15.0m,江底面起伏较小;基岩面起伏较大,基岩面标高为－33.5～－63.2m,测线方向由西往东,基岩面标高逐渐变浅。

4. 结论

(1) 通过甬江水域物探勘查,查明了甬江段测线范围内江底地形起伏情况及甬江段测线范围内基岩埋深

①在测线范围内,江底地形标高为－6.7～－15.0m;②在测线范围内,江底基岩面标高为－33.5～－64.8m。

(2) 采用物探方法避免了钻探只能查明孔内地质情况的缺陷,可以从面上掌握工程沿线的地质情况,减少了勘察工作量

(3) 甬江穿越段过往船只较多,勘察施工难度、施工风险大,采用物探方法既提高了勘察效率,同时也降低了水上勘察的施工风险

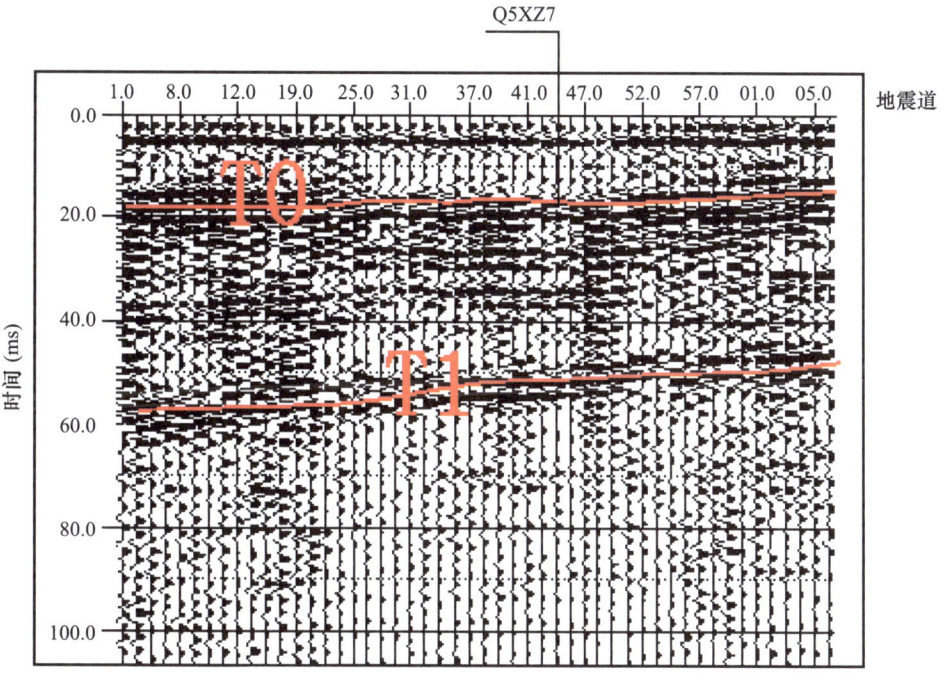

图 3-5　测线Ⅲ-Ⅲ'地震时间剖面图

3.2.2.2　浅层地震反射波法在基岩浅埋区覆盖层厚度探测中的应用

1. 地层岩性特征

勘探区各地层物性参数情况见表 3-3。

表 3-3　地层物性参数统计

土层名称	平均横波速度 v_s（m·s^{-1}）
填土～淤泥质土	130～140
粉砂～粉质黏土	200～300
全风化～中等风化凝灰岩	>500

2. 探测方法原理

浅层地震反射波法是利用人工激发的地震波在岩土界面上产生反射的原理，对浅层具有波阻抗差异的地层或构造进行探测的一种地球物理勘探方法，能够较直观反映地层界面的起伏形态。其工作原理如图 3-6 所示，在地表 O 点人工激发的地震波向地下各个方向传播，遇到波阻抗不同的地层界面时，会产生反射波和透射波，其中反射波将按照反

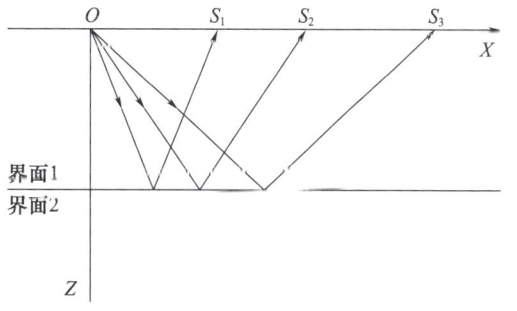

图 3-6　反射波射线传播路径原理

射角等于入射角的规律返回地面。在地面沿测线接收并记录反射波所引起的地面振动情况和波从震源出发至地面各个接收点的传播时间，即进行地震数据采集和地震记录。根据采集的地震数据可绘出反射波时距曲线，由此计算出反射波在地层中的传播速度和反射界面的埋藏深度。

3. 物探工作布置

在充分研究初勘成果的基础上,为详细查明 Q5CZ5～Q5CZ7 区段内的基岩埋深状况,提高后续详细勘察工作的效率和针对性,详勘工作开展前,我公司先行采用浅层地震反射波法对推测基岩浅埋区段进行了地球物理勘探。

根据区间设计线位,共布置浅层地震反射波法勘探测线 3 条,沿渡口路两侧各布置测线一条(测线 1-1'、测线 2-2'),沿振兴东路布置测线一条(测线 3-3'),累计测试长度为 738m,共计 3672 个检波点。测线里程及坐标具体见表 3-4。

表 3-4 测线里程及坐标

测线	里程	线位要素点	X(N)坐标	Y(E)坐标	长度(m)
1-1'	AK35+800	起点	620900.436	114214.558	310
	AK36+110	终点	620995.125	113920.696	
2-2'	AK35+776	起点	620898.424	114239.484	334
	AK36+110	终点	612003.219	113923.303	
3-3'	AK36+037	起点	621033.656	114022.158	94
		终点	620947.305	113985.017	

测试仪器为美国 Geomitrics 公司的 NZXP48 数字地震仪和重庆地质仪器厂的 CDJ-Z38 型横波检波器,采用通频带接受、连续、自动记录方式。锤击震源为 24 磅榔头,检波器采用石膏耦合。工作参数为采样率 0.125ms,采样长度 1s,道间距 2m,道数 24 道。

4. 物探成果解释

原始地震记录经室内资料处理,可得到反映地层信息的地震发射时间剖面图,测线 1-1'、2-2'、3-3' 的地震时间剖面如图 3-8～图 3-10 所示。根据剖面反射波组的特征,结合初步勘察成果,将勘探区划分为 3 个物性层组(填土～淤泥质土层、粉砂～粉质黏土层和全风化～中等风化凝灰岩),其中反射波组 T0 为填土～淤泥质土层与粉砂～粉质黏土层的推测分界面,反射波组 T1 为粉砂～粉质黏土层与全风化～中等风化凝灰岩层的推测分界面。

(1)测线 1-1'(图 3-7)

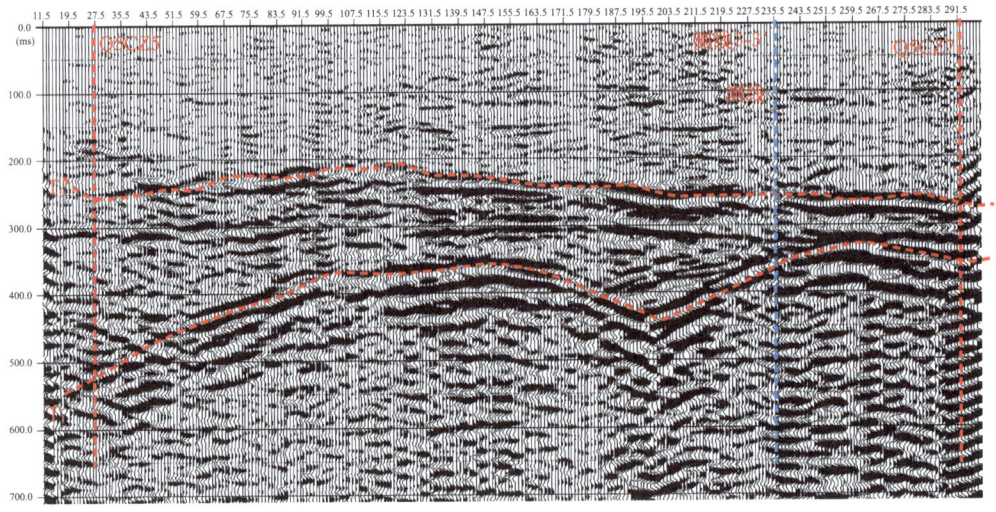

图 3-7 测线 1-1' 地震时间剖面图

由测线 1-1' 地震时间剖面图可以看出：时间轴 210~280ms 之间存在一反射波组，其波组清晰、连续，同相轴起伏平缓，根据勘探区填土~淤泥质土层的平均横波速度及钻探资料，推测该波组为反射波组 T0，即填土~淤泥质土层与粉砂~粉质黏土层的分界面。时间轴 350~535ms 之间存在另一反射波组，其波组清晰、连续，同相轴起伏较大，呈 M 形起伏，根据勘探区粉砂~粉质黏土层的平均横波速度及钻探资料，推测该波组为反射波组 T1，即粉砂~粉质黏土层与全风化~中等风化凝灰岩层的分界面。

在测线 1-1' 范围内，填土~淤泥质土层的底板标高为 −10.2~−15.5m，相对较平缓，从测线起点至终点逐渐变深；全风化~中等风化凝灰岩的顶板标高为 −22.4~−49.9m，相对起伏较大，由北向南呈 M 形起伏。结合初步设计方案，测线 1-1' 范围的基岩未侵入到盾构区间结构线内，在里程 AK36+053 附近，基岩面最浅，在里程 AK35+950 附近，基岩面与拟建盾构底板最近，距离约 1.2m。

（2）测线 2-2'（图 3-8）

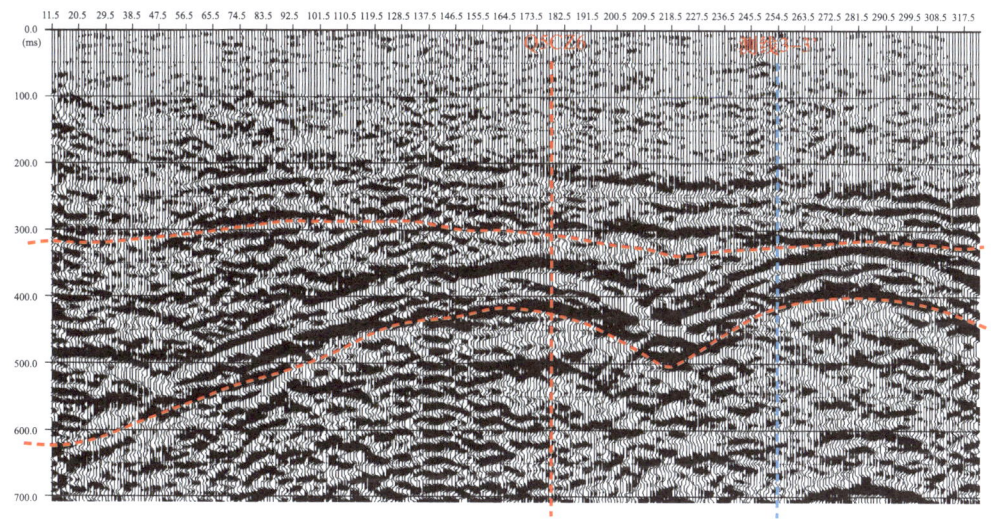

图 3-8　测线 2-2' 地震时间剖面图

由测线 2-2' 地震时间剖面图可以看出：时间轴 200~260ms 之间存在一反射波组，其波组清晰、连续，同相轴起伏平缓，根据勘探区填土~淤泥质土层的平均横波速度及钻探资料，推测该波组为反射波组 T0，即填土~淤泥质土层与粉砂~粉质黏土层的分界面。时间轴 325~550ms 之间存在另一反射波组，其波组清晰、连续，同相轴起伏较大，呈 M 形起伏，根据勘探区粉砂~粉质黏土层的平均横波速度及钻探资料，推测该波组为反射波组 T1，即粉砂~粉质黏土层与全风化~中等风化凝灰岩层的分界面。

在测线 2-2' 范围内，填土~淤泥质土层的底板标高为 −12.8~−17.2m，相对较平缓；全风化~中等风化凝灰岩的顶板标高为 −22.2~−51.0m，相对起伏较大，由北向南呈 M 形起伏。结合初步设计方案，测线 2-2' 范围的基岩未侵入到盾构区间结构线内，在里程 AK35+820 附近，基岩面最浅，且与拟建盾构底板最近，距离约 2.2m。

（3）测线 3-3'（图 3-9）

由测线 3-3' 地震时间剖面图可以看出：时间轴 260ms 之间存在一反射波组，其波组清晰、连续，同相轴起伏平缓，根据勘探区填土～淤泥质土层的平均横波速度及钻探资料，推测该波组为反射波组 T0，即填土～淤泥质土层与粉砂～粉质黏土层的分界面。时间轴 350～450ms 之间存在另一反射波组，其波组清晰、连续，同相轴起伏较大，呈 M 形起伏，根据勘探区粉砂～粉质黏土层的平均横波速度及钻探资料，推测该波组为反射波组 T1，即粉砂～粉质黏土层与全风化～中等风化凝灰岩层的分界面。

在测线 3-3' 范围内，填土～淤泥质土层的底板标高为 -13.9～-15.4m，相对较平缓；全风化～中等风化凝灰岩的顶板标高为 -26.8～-38.5m，相对起伏较大，由东向西逐渐变高。结合初步设计方案，测线 3-3' 范围的基岩未侵入到盾构区间结构线内，测线 3-3' 与测线 1-1' 交叉处，基岩面最浅。

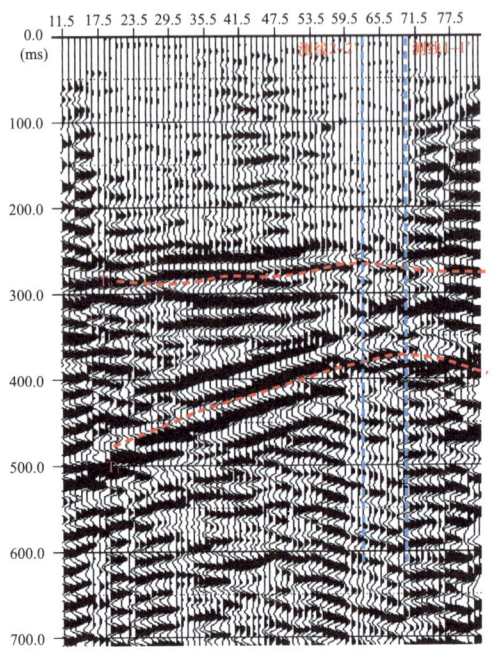

图 3-9 测线 3-3' 地震时间剖面图

5. 钻孔验证

详细勘察阶段，在初勘钻孔 Q5CZ5、Q5CZ6 之间布置详勘钻孔 Q5XZ11、Q5XZ12、Q5XZ13，初勘钻孔 Q5CZ6、Q5CZ7 之间布置详勘钻孔 Q5XZ14、Q5XZ15、Q5XZ16，初勘钻孔 Q5CZ7、Q5CZ8 之间布置详勘钻孔 Q5XZ17，各详勘钻孔揭露的基岩埋深见表 3-5。

由表 3-5 可以看出，详勘钻孔 Q5XZ11～Q5XZ17 揭露的基岩面标高为 -25.1～-30.8m，结合勘察成果资料，可知钻孔 Q5CZ5～Q5CZ7 区段内基岩埋深由深→浅→深→浅→深（基岩面标高由 -46.8m→-27.5m→-37.7m→-23.7m→-29.2m），即基岩面由北向南呈 M 形起伏，地质钻探揭露的地层与物探推测成果吻合，验证了浅层地震反射波法在探查覆盖层厚度、基岩面起伏形态方面的可靠性。

表 3-5 详勘钻孔揭露的基岩埋深

孔号	基岩埋深（m）	标高（m）
Q5XZ11	33.7	-30.8
Q5XZ12	30.8	-28.2
Q5XZ13	30.3	-27.5
Q5XZ14	40.5	-37.7
Q5XZ15	30.6	-27.6
Q5XZ16	27.9	-25.1
Q5XZ17	32.4	-29.2

6. 结论

(1) 通过采用浅层地震反射波法，将勘探区内的地层划分为 3 个物性层组分别为填土～淤泥质土层、粉砂～粉质黏土层和全风化～中等风化凝灰岩层，地质钻探揭露的地层与物探成果基本吻合。

（2）勘探区范围内填土～淤泥质土层的埋深相对较稳定

底板标高为－10.2～－17.2m，而基岩埋深变化较大，总体由北向南呈 M 形起伏，基岩面标高为－22.2～－51.0m，但未侵入到盾构区间结构线内。

（3）采用正确的物探方法可提高对复杂地质条件的勘察精度，能快速、有效地解决工程实际问题，可以在岩土工程勘察中加以推广

（4）浅层地震反射波法与地质钻探相结合的方法在探查覆盖层厚度、基岩面起伏形态方面具有显著的应用效果

3.2.2.3 钻探施工过程地下管线及不明障碍物排查

为避免在城市轨道交通勘察钻探施工过程中损坏地下管线，涉及对输油、燃气、通信、电力、热力、军用光缆、给排水等地下管线的保护。通过学习摸索，创立了城区勘察"开孔十步法"（查、避、核、请、探、调、交、挖、钻、研）。

由于轨道交通大多位于城市道路下方，输油、燃气、通信、电力、热力、军用光缆、给排水等地下管线十分复杂，通过资料收集、方案布置时回避地下管线、放样时现场核实及管线权属单位确认等环节尚不能完全排除孔位处是否有地下管线，需按开孔程序第五步采用物探手段进行地下管线、障碍物排查。

1. 地下管线排查

根据管线调查单位提供的地下管线图，现场核实其位置、走向，分析管线与勘探孔之间的关系，对位于管线走廊带内的勘探孔适当移位，避免勘察施工过程中损坏管线。

同时，通过管线探测仪实现对地下金属管线的探测，对于预埋通信管组（未穿金属电缆）、排水管、煤气 PE 管及少量 PVC 管等非金属管线采用地质雷达法，辅以面波法、高密电阻率法及示踪电磁法进行探测。对每个勘探孔孔位附近 5m 半径范围进行地下管线盲探，较好地避免了勘探过程对地下管线的损坏。

2. 不明障碍物排查

2 号线招宝山站（原胜利路站）某孔钻探施工至孔深 2.8m 时碰到硬物，正常压力无法钻进。查阅地下管线图孔位处无管线通过，随后采用地质雷达进行不明障碍物排查，如图 3-10 所示。分别采用 50m 天线和 100m 天线按 0.5m、1.0m、2.0m、3.0m 点距进行扫描，未见明显异常反应，排除了污水管、自来水管等地下管道的可能性。该孔上部 0～2.8m 为填土，填土以细颗粒为主，推测 2.8m 处碰到的硬物为填土中的碎块石。随后的钻探结果也证明了此处为一块径大于 20cm 的块石。

图 3-10 障碍物排查

3.2.3 土石组合基坑围护方案选择

3.2.3.1 工程概况

2号线二期工程红联站（原小港站）位于宁波市北仑区渡口路与江南公路交叉口南侧，与远期规划6号线换乘，2号线沿渡口路敷设，6号线沿江南公路敷设。2号线红联站（原小港站）为地下两层单柱双跨（局部双柱三跨）箱型混凝土结构，车站起止里程为右K36+373.895～右K36+841.764，车站全长467.869m。顶板覆土厚度为2.74～3.76m，标准段基坑宽度为19.7～20.3m，基坑底板埋深为16.3～17.2m，端头井基坑宽度为25.0m，基坑底板埋深为17.72m。车站共设置3个出入口、3个风亭组，其中C号出入口与C号风亭组合建，基坑深约10m。

本站均拟采用明挖顺作法施工，北端头井拟采用冻结法施工。车站主体围护结构拟采用1000mm和800mm厚地下连续墙结构，北端头井连续墙深37m，标准段地墙深37.5m（当⑬$_{1c}$层中等风化晶屑玻屑熔结凝灰岩层埋深较浅时，地墙插入⑬$_{1c}$层不小于3m）。本站附属结构拟采用直径800mm钻孔灌注桩做围护结构，围护结构桩长23m。车站主体结构立柱桩拟采用直径1000mm的钻孔灌注桩，有效桩长约40m，立柱桩的单桩承载力特征值大于2100kN。附属结构工程桩拟采用直径600mm的钻孔灌注桩，有效桩长约28m。在有效桩长深度范围内钻遇中风化晶屑玻屑凝灰岩的桩基桩长按上部荷载验算后确定，如图3-11所示。

图3-11 红联站平面位置图

为便于表述，总平面图中将红联站（原小港站）车站主体分为两个基坑，其中起点至右K36+640段基坑为A基坑，右K36+640至终点为B基坑。

3.2.3.2 基坑工程特点分析

1. 基坑周边环境条件

拟建车站沿渡口路敷设，渡口路车流量较大，渡口路两侧建筑物离车站基坑较近，周边环境复杂。影响基坑施工的地下障碍物主要为车站南北两侧有建筑物基础、道路两侧密集的电力、自来水、燃气、电信、污水等地下管线。由于拟建车站距离现有建筑物较近，基坑施工需严格控制周边建筑物及地面变形。

2. 地基土工程地质特征

拟建红联站（原小港站）地基土共划分为 11 个工程地质层组，19 个工程地质亚层。自上而下分述如下：

(1) ①$_{1a}$ 层：杂填土（mlQ）

杂色，松散，主要由碎石、块石及黏性土组成，偶见碎砖块，其余为黏性土充填，顶部 20cm 为混凝土路面或地砖。场地内均有分布，土质均一性差，厚薄不均，层厚为 0.90～3.40m，平均厚度为 1.46m。

(2) ①$_2$ 层：黏土（al-1Q3 4）

灰黄色、黄灰色，软塑。基本全场分布，物理力学性质一般，具中等～高压缩性，层顶标高 0.76～2.62m，层厚 0.50～3.70m，平均厚度为 1.82m。

(3) ①$_{3b}$ 层：淤泥质黏土（mQ3 4）

灰色，流塑。土质均匀，基本全场分布，物理力学性质差，具高压缩性，层顶标高 −1.22～1.26m，层厚 0.60～7.90m，平均厚度为 2.58m。

(4) ②$_{2a}$ 层：淤泥（mQ2 4）

灰色，流塑，含少量贝壳碎屑，土质均匀，场地内局部分布，分布不连续，物理力学性质极差，具高压缩性，层顶标高 −7.52～−0.52m，层厚 1.20～8.20m，平均厚度为 4.78m。

(5) ②$_{2b}$ 层：淤泥质黏土（mQ2 4）

灰色，流塑，含少量贝壳碎屑，土质较均匀，该层场地内广泛分布，分布连续，物理力学性质差，具高压缩性，层顶标高 −12.44～0.14m，层厚 1.90～18.80m，平均厚度为 9.01m。

(6) ③$_{1a}$ 层：黏质粉土（al-mQ1 4）

灰色，很湿，稍密。层状构造，局部间夹黏性土薄层，含少量贝壳碎屑，岩性以黏质粉土为主，局部为砂质粉土或粉砂，土质不均匀。场地内零星分布，物理力学性质一般，具中等压缩性，层顶标高 −17.84～−14.44m，层厚 1.00～2.80m，平均厚度为 1.77m。

(7) ③$_2$ 层：粉质黏土（al-mQ1 4）

灰～浅灰色，流塑～软塑，薄层状构造，黏塑性中等，土质不均匀，间夹较多粉土或粉砂薄层。该层场地内大部分布，分布不连续，物理力学性质较差，具高压缩性，层顶标高 −19.98～−7.38m，层厚 1.20～4.60m，平均厚度为 2.32m。

(8) ④$_{1b}$ 层：淤泥质黏土（mQ1 4）

灰色，流塑，鳞片状构造，局部粉粒含量较高，为淤泥质粉质黏土。该层场地内多呈透镜体状不连续分布，物理力学性质差，具高压缩性，层顶标高 −20.16～−15.57m，层厚 0.60～6.70m，平均厚度为 4.01m。

(9) ④$_{2a}$ 层：黏土（mQ1 4）

灰色，软塑为主，厚层状，土质均一，该层场地内局部分布，多呈透镜体状，不连续，物理力学性质较差，具高压缩性，层顶标高 −26.24～−16.94m，层厚 3.20～11.20m，平均厚度为 6.56m。

(10) ⑤$_{1b}$ 层：粉质黏土（al-1Q2 3）

灰黄色，可塑为主，厚层状构造。该层场地内广泛连续分布，物理力学性质较好，具中等压缩性，层顶标高 −32.08～−17.03m，层厚 1.10～14.30m，平均厚度为 5.86m。

(11) ⑤$_{1T}$层：黏质粉土（a1-1Q2 3）

灰黄、褐黄色，饱和，稍密～中密，层状构造，层间夹少量黏性土薄层。该层场地内呈透镜体状，分布于⑤$_{1b}$层中，具中等压缩性，层顶标高－28.21～－25.01m，层厚0.40～4.00m，平均厚度为1.82m。

(12) ⑥$_{3a}$层：黏土（mQ2 3）

灰色，可塑，部分软塑，厚层状构造，土质不均匀。该层场地内广泛连续分布，具中等～高压缩性，层顶标高－35.92～－23.63m，层厚1.50～10.60m，平均厚度为5.97m。

(13) ⑥$_{4a}$层：粉砂（mQ2 3）

浅灰色，饱和，中密～密实，厚层状构造，土质不均匀。该层场地内局部分布，物理力学性质好，具低压缩性，层顶标高－39.85～－32.82m，层厚1.10～6.20m，平均厚度为3.31m。

(14) ⑦$_1$层：粉质黏土（a1-1Q1 3）

灰绿色，可塑，厚层状，土质不均匀。该层场地内广泛连续分布，物理力学性质较好，具中等压缩性，层顶标高－43.71～－35.12m，层厚1.10～12.00m，平均厚度为5.21m。

(15) ⑧$_1$层：粉砂（a1Q1 3）

浅灰色，饱和，中密～密实，厚层状构造，土质不均匀。该层场地内仅在钻孔S5CZ1揭露，物理力学性质好，具低压缩性，层顶标高－47.08m，层厚2.50m。

(16) ⑨$_{1a}$层：粉质黏土（a1-1Q2 2）

灰绿～灰黄色，可塑，局部硬塑，厚层状构造，以粉质黏土为主，局部为黏土。该层分布于场地深部，物理力学性质较好，具中等压缩性，层顶标高－51.63～－45.89m，厚度4.40～17.57m，平均厚度为11.42m。

(17) ⑬$_{1a}$层：全风化晶屑玻屑熔结凝灰岩（J3x）

灰黄色，可塑～硬塑，岩石风化剧烈，原岩结构基本被破坏，物理力学性质较好，具低压缩性，层顶标高－64.53～－4.84m，层厚0.50～7.50m，平均厚度为2.90m。

(18) ⑬$_{1b}$层：强风化晶屑玻屑熔结凝灰岩（J3x）

灰黄色，稍硬。具凝灰质结构，块状构造，岩石风化较强烈，节理裂隙发育，岩芯呈碎块状、块状，敲击声哑，属极软岩。层顶标高－74.15～－72.32m，层厚0.50～7.20m，平均厚度为2.72m。

(19) ⑬$_{1c}$层：中等风化晶屑玻屑熔结凝灰岩（J3x）

灰黄色～青灰色，凝灰质结构，块状构造，岩质坚硬，锤击声较清脆，锤击不易断裂，属坚硬岩。

3. 基坑开挖涉及土层及坑底均匀性

(1) 基坑开挖涉及土层

车站主体A基坑开挖深度范围内地层主要为：①$_{1a}$层松散状杂填土、①$_2$层软塑黏土、①$_{3b}$层淤泥质黏土、②$_{2a}$层淤泥、②$_{2b}$层淤泥质黏土、③$_{1a}$层黏质粉土、③$_2$层粉质黏土、④$_{1b}$层淤泥质黏土、④$_{2a}$层黏土、⑤$_{1b}$层粉质黏土、⑤$_{1T}$层粉质黏土、⑥$_{3a}$层黏土、⑩$_{2b}$层碎石、⑬$_{1a}$层全风化晶屑玻屑熔结凝灰岩、⑬$_{1b}$层强风化晶屑玻屑熔结凝灰岩、⑬$_{1c}$层中等风化晶屑玻屑熔结凝灰岩等（表3-6）。

表 3-6　基坑开挖涉及土层一览表

层号	土层名称	开挖涉及土层					
		主体结构			附属结构		
		开挖范围	底板	坑底以下围护深度涉及土层	开挖范围	底板	坑底以下围护深度涉及土层
①$_{1a}$	杂填土	○	—	—	○	○	—
①$_2$	黏土	○	—	—	○	—	—
①$_{3b}$	淤泥质黏土	○	—	—	○	—	—
②$_{2a}$	淤泥	○	—	—	○	—	○
②$_{2b}$	淤泥质黏土	○	○	○	○	○	○
③$_{1a}$	黏质粉土	—	—	—	—	—	○
③$_2$	粉质黏土	—	—	—	—	—	—
④$_{1b}$	淤泥质黏土	—	—	—	—	—	○
④$_{2a}$	黏土	—	—	—	—	—	○
⑤$_{1b}$	粉质黏土	—	—	—	—	—	—
⑤$_{1T}$	黏质粉土	—	—	—	—	—	—
⑥$_{3a}$	黏土	—	—	—	—	—	—
⑩$_{2b}$	碎石	○	○	○	○	○	○
⑬$_{1a}$	全风化晶屑玻屑熔结凝灰岩	○	○	○	○	○	○
⑬$_{1b}$	强风化晶屑玻屑熔结凝灰岩	○	○	○	○	○	○
⑬$_{1c}$	中等风化晶屑玻屑熔结凝灰岩	○	○	○	○	○	○

注："○"表示涉及，"—"表示不涉及。

基坑开挖范围内主要以淤泥质土、软弱黏性土与全～中等风化晶屑玻屑熔结凝灰岩为主，土层天然含水量大，渗透性弱，抗剪强度很低，易触变、流变，自立性差，属不透水地层；另外③$_{1a}$层黏质粉土及③$_2$层粉质黏土中的粉土薄层在动水头作用下易产生流土、流砂现象，因此土层开挖后稳定性差，必须进行支护并做好排水措施；全～中等风化晶屑玻屑熔结凝灰岩存在基岩裂隙水，水量贫乏，但全风化呈砂土状，强风化呈碎块状，开挖后边坡稳定性较差，必须进行支护并做好排水措施。

（2）坑底地基均匀性

根据设计方案，车站主体结构 A 基坑底板置于②$_{2b}$层淤泥质黏土，属均匀地基；B 基坑底板置于②$_{2b}$层淤泥质黏土、⑩$_{2b}$层碎石、⑬$_{1a}$层全风化晶屑玻屑熔结凝灰岩、⑬$_{1b}$层强风化晶屑玻屑熔结凝灰岩、⑬$_{1c}$层中等风化晶屑玻屑熔结凝灰岩上，属不均匀地基。

车站起点至右 K36+670 段与右 K36+815 至终点段基坑坑底地层属软土，局部涉及全风化基岩，工程力学性质差，承载力低，需对坑底地基进行水泥搅拌桩抽条加固；右 K36+670～右 K36+815 段坑底地层属基岩部分，无须对坑底地基进行处理。

车站出入口基坑为深度渐变式基坑，底板置①$_{1a}$层杂填土、①$_2$层黏土、①$_{3b}$淤泥质黏土、②$_{2a}$层淤泥、②$_{2b}$层淤泥质黏土上，属不均匀地基；各土层自立性较差，可采用水泥搅拌桩进行抽条加固。

A号风亭基坑底板置于⑬$_{1a}$层全风化晶屑玻屑熔结凝灰岩，属均匀地基，考虑到其土质性质尚可，无须加固。B号风亭基坑底板置于②$_{2a}$层淤泥、②$_{2b}$层淤泥质黏土、⑬$_{1a}$层全风化晶屑玻屑熔结凝灰岩、⑬$_{1b}$层强风化晶屑玻屑熔结凝灰岩、⑬$_{1c}$层中等风化晶屑玻屑熔结凝灰岩上，属不均匀地基，坑底地层属软土部分，工程力学性质差，承载力低，需对坑底地基进行水泥搅拌桩抽条加固。C号风亭基坑底板置于②$_{2b}$层淤泥质黏土，属均匀地基，考虑到其土质较差，可采用水泥搅拌桩进行抽条加固。

综合上述分析可知：车站主体A基坑、C号风亭基坑及车站出入口基坑为宁波地区常见的土质基坑；车站主体B基坑、A号风亭、B号风亭基坑为土石组合基坑。

3.2.3.3 基坑抗渗流稳定性评价

红联站（原小港站）场地内分布的③$_{1a}$层、⑤$_{1T}$层、⑥$_{4a}$层、⑧$_1$层承压含水层局部厚度较大，水量较大，水位较高，深基坑开挖过程中有发生坑底突涌或流砂的可能。选取车站内典型钻孔、抽水试验孔进行估算（计算取③$_{1a}$层承压水水位标高0.62m，⑤$_{1T}$层承压水水位标高2.04m，⑥$_{4a}$层承压水水位标高0.45m，⑧$_1$层承压水位标高0.38m，水的重度取10kN/m^3，不考虑围护措施的隔断作用）。估算结果表明，车站主体结构基坑开挖过程中浅部承压水层③$_{1a}$层、I1层承压水⑤$_{1T}$层均会发生基坑突涌，⑥$_{4a}$层、⑧$_1$层不会发生基坑突涌；附属结构基坑开挖过程中浅部承压水层③$_{1a}$层会发生基坑突涌，I1层承压水⑤$_{1T}$层、⑥$_{4a}$层、⑧$_1$层不会发生基坑突涌。

3.2.3.4 基坑围护方案选择

基坑开挖支护的目的是保证施工过程基坑内工作的正常进行；保护基坑周围环境的稳定，避免因基坑开挖产生过大的地面沉降，对基坑附近建筑物和地下管线造成破坏，为此必须对基坑进行支护。由于基坑不同部位开挖深度不同，根据安全性和经济性分别采取不同的围护方案，结合场地地质条件、施工条件及宁波市轨道交通1、2、3号线施工经验，借鉴青岛、深圳等地地铁车站土石混合基坑围护设计、施工的成熟经验，拟建红联站车站主体基坑、出入口、风亭基坑围护措施，建议如下：

（1）车站主体结构基坑围护方案

① 起点至右K36+585段主体结构基坑底板位于②$_{2b}$层淤泥质黏土上，开挖范围内土层以淤泥质土及软弱黏性土为主，主体结构基坑开挖深度大，围护要求高，且场地周边环境对施工风险影响较大，主体结构基坑可采用地下连续墙加内支撑作为基坑的围护结构，地下连续墙入土深度、厚度和强度等通过设计验算后综合确定。

② 右K36+585～右K36+670段与右K36+815至终点段主体结构基坑底板位于②$_{2b}$层淤泥质黏土、②$_{2c}$层淤泥质粉质黏土、⑬$_{1a}$层全风化晶屑玻屑熔结凝灰岩上，开挖范围内土层以淤泥质土及软弱黏性土为主，局部涉及全风化基岩，围护要求高，且场地周边环境对施工风险影响较大，主体结构基坑可采用钻孔灌注桩加内支撑或地下连续墙加内支撑作为基坑的围护结构，具体可根据当地设计与施工经验、设备能力、经济合理性来综合选择。

③ 右K36+670～右K36+815段主体结构基坑底板位于⑬$_{1a}$层全风化晶屑玻屑熔结凝

灰岩、⑬$_{1b}$层强风化晶屑玻屑熔结凝灰岩、⑬$_{1c}$层中等风化晶屑玻屑熔结凝灰岩上，开挖范围内上部土层部分以淤泥质土及软弱黏性土为主，围护要求高，且场地周边环境对施工风险影响较大，下部层位以风化岩为主，本段范围内基岩面较高，基岩已大部分侵入车站底板范围，地下连续墙成槽较困难，且造价较高。因此，为节省投资及加快施工进度，主体结构基坑上部土层采用钻孔灌注桩加内支撑或地下连续墙加内支撑。采用钻孔灌注桩＋内支撑时钻孔灌注桩外侧采用旋喷桩作为止水帷幕，钻孔灌注桩可按吊脚桩设计，桩脚嵌入中风化基岩一定深度，并在土岩界面处的坡面上加强支护桩桩脚的嵌固，防止桩脚下基岩爆破开挖时破坏桩脚，桩脚以下岩石基坑则采用锚喷支护。

(2) 车站出入口等附属结构基坑围护方案

附属结构基坑开挖深度相对较小，B号风亭组基坑开挖深度约10m，根据现有地质剖面资料，14.5m以上是土层，14.5m以下是强～中风化基岩，基坑底板位于②$_{2a}$层淤泥、②$_{2b}$层淤泥质黏土上，开挖范围内上部土层部分以淤泥质土及软弱黏性土为主，围护要求高，且场地周边环境对施工风险影响较大，下部层位以碎石与风化岩为主，围护结构要求低，围护结构建议采用钻孔灌注桩加内支撑或地下连续墙加内支撑作为基坑的围护结构，其他附属结构围护建议采用钻孔灌注桩加搅拌桩（或旋喷桩）或采用SMW工法。

3.2.3.5 小结

红联站是宁波市轨道交通首个土石组合基坑，当地没有类似工程设计、施工经验。在结合场地周边环境条件、地质条件基础上，充分借鉴了国内其他城市的成功经验，结合基坑开挖深度，分段提出了基坑围护设计方案。

① 对基坑底板位于②$_{2b}$层淤泥质黏土上，开挖范围内土层以淤泥质土及软弱黏性土为主，基坑开挖深度大，围护要求高，且场地周边环境对施工风险影响较大的起点至右K36＋585段主体结构基坑建议采用地下连续墙加内支撑的基坑围护方案。

② 对基坑底板位于②$_{2b}$层淤泥质黏土、②$_{2c}$层淤泥质粉质黏土、⑬$_{1a}$层全风化晶屑玻屑熔结凝灰岩上，开挖范围内土层以淤泥质土及软弱黏性土为主，局部涉及全风化基岩，围护要求高，且场地周边环境对施工风险影响较大的右K36＋585～右K36＋670段与右K36＋815至终点段主体结构基坑建议采用钻孔灌注桩加内支撑或地下连续墙加内支撑作为基坑的围护结构。

③ 右K36＋670～右K36＋815段主体结构基坑底板位于⑬$_{1a}$层全风化晶屑玻屑熔结凝灰岩、⑬$_{1b}$层强风化晶屑玻屑熔结凝灰岩、⑬$_{1c}$层中等风化晶屑玻屑熔结凝灰岩上，开挖范围内上部土层部分以淤泥质土及软弱黏性土为主，围护要求高，且场地周边环境对施工风险影响较大，下部层位以风化岩为主。本段范围内基岩面较高，基岩已大部分侵入车站底板范围，地下连续墙成槽较困难，且造价较高，建议主体结构基坑上部土层采用钻孔灌注桩加内支撑，钻孔灌注桩外侧采用旋喷桩作为止水帷幕，钻孔灌注桩按吊脚桩设计，桩脚嵌入中风化基岩一定深度，并在土岩界面处的坡面上加强支护桩桩脚的嵌固，防止桩脚下基岩爆破开挖时破坏桩脚；桩脚以下岩石基坑采用锚喷支护。

④ B号风亭组基坑底板位于②$_{2a}$层淤泥、②$_{2b}$层淤泥质黏土上，开挖范围内上部土层部分以淤泥质土及软弱黏性土为主，围护要求高，且场地周边环境对施工风险影响较大，下部层位以碎石与风化岩为主，围护结构要求低，围护结构建议采用钻孔灌注桩加内支撑或地下连续墙＋内支撑作为基坑的围护结构；其他附属结构基坑围护建议采用钻孔灌注桩加搅拌桩（或旋喷桩）或采用SMW工法。

3.2.4 甬江穿越段地质条件分析及施工方案建议

3.2.4.1 甬江穿越段工程概况

2号线二期招宝山站（原胜利路站）～红联站（原小港站）区间起点里程右 K34+958.759，终点里程右 K36+376.195，区间长约 1417.436m，采用盾构法施工，盾构直径 6.2m。区间设置 2 座联络通道，其中 1 座与泵房合建。区间底板设计标高为 −18.983～−29.394～−28.074～−11.466m。

本区间在里程右 K35+436～右 K35+692 段需下穿甬江，穿越甬江段盾构底板设计标高为 −29.394～−28.074～−27.022m。

3.2.4.2 甬江穿越段工程地质与水文地质条件

1. 工程地质条件

1) 地质构造

影响本工程的断裂构造主要有北东走向的宁波—小港断层（f1）及北北东走向的招宝山断层（fa）。

(1) 宁波—小港断层（f1）。

宁波—小港断层大部分隐伏于宁波盆地之下，地表出露在小港西南的东庙山到小港一带的侏罗系凝灰岩山包内，断层带走向 45°～50°。通过在地铁线路附近开展的浅层人工地震勘探测线及野外地质调查结果，宁波—小港断层（f1）为不活动断层，为一条中更新世断层，该断层在甬江东南岸附近隐伏通过，断层未影响到地铁线路埋深段。

(2) 招宝山断层（fa）。

招宝山断层走向北北东，主要沿招宝山一带分布，断层在基岩区地貌上没有显示，向南、向北延伸方向上的第四纪堆积平原上也没有地貌显示。通过在地铁线路附近开展的浅层人工地震勘探测线及野外地质调查，认为招宝山断层（fa）为不活动断层，该断层在甬江东北岸附近隐伏通过，断层未影响到地铁线路埋深段。

通过收集整理宁波市活动断层与地震危险性评价项目工作中相关资料及本次浅层人工地震勘探工作成果，北东走向的宁波—小港断层（f1）在甬江南岸地下隐伏通过，北北东走向的招宝山断层（fa）在甬江北岸隐伏通过。上述两条断层上断点仅断至基岩面底部，未影响到地铁埋深段底部，均为不活动断层，对拟建工程的不利影响小。如图 3-12 所示。

2) 地基土分布特征

采用钻探、水域地震映像法查明甬江穿越段地层分布如下：

(1) ①$_{1a}$ 层：杂填土（mlQ）。

杂色，松散，主要由碎石、块石及黏性土等一种或几种土组成，碎石含量约 60%，粒径 2.0～10.0cm，块石含量约 20%，粒径最大达 50cm。分布在甬江两岸，层厚为 2.80～3.70m。

(2) ①$_{1c}$ 层：浜填土（mlQ）

灰黑色，流塑。有腥臭味，含较多有机质或腐殖质，主要由黏性土堆填形成。仅在甬江北岸钻孔 Q5XZ4 孔揭露，厚度 1.5m。

(3) ①$_{3c}$ 层：淤泥质粉质黏土（mQ3 4）。

灰色，饱和，流塑。厚层状，土质均匀。局部分布，物理力学性质差，具高压缩性，层

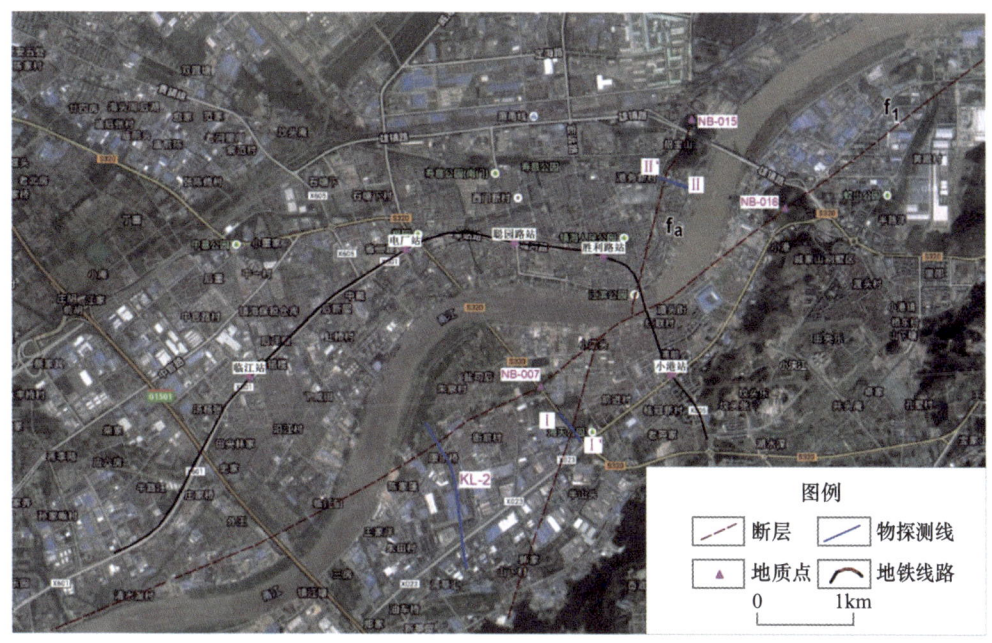

图3-13 工程沿线断层分布图

顶标高-0.40～-0.05m，层厚2.70～3.10m。

（4）②$_1$层：粉质黏土（lhQ2 4）。

灰色，流塑～软塑。厚层状构造，含少量植物碎屑。分布于甬江两岸，物理力学性质差，具中等偏高压缩性，顶板标高-3.10～-1.20m，层厚为1.40～4.40m。

（5）②$_{2b}$层：淤泥质黏土（mQ2 4）。

灰色，流塑，厚层状，含少量贝壳碎屑，土质较均匀。全场分布，分布连续，物理力学性质差，具高压缩性，层顶标高-14.20～-7.27m，层厚4.50～10.80m，平均厚度为7.60m。

（6）②$_{2c}$层：淤泥质粉质黏土（mQ2 4）。

灰色，流塑，厚层状，含少量贝壳碎屑，土质不均匀。全场分布，物理力学性质差，具高压缩性，层顶标高-13.77～-3.15m，层厚1.30～9.60m，平均厚度为6.24m。

（7）②$_{2T}$层：黏质粉土（mQ2 4）。

灰色，稍密～中密。局部为粉砂。厚层状，含少量贝壳碎屑。透镜体状，分布于甬江两岸，物理力学性质一般，具中等压缩性，顶板标高-6.90～-4.50m，层厚2.90～3.70m，平均厚度为3.30m。

（8）③$_{1b}$层：粉砂（al-mQ1 4）。

灰色，稍密～中密为主。含云母，夹少量腐殖质及贝壳碎屑，土质不均匀，夹粉质黏土，局部为粉土。全场分布，物理力学性质较好，具中等压缩性，顶板标高-20.85～-14.56m，层厚0.60～12.90m，平均厚度为5.19m。

（9）④$_{1b}$层：淤泥质黏土（mQ1 4）。

灰色，流塑，鳞片状构造，局部粉粒含量较高，为淤泥质粉质黏土。局部分布，物理力学性质差，具高压缩性，层顶标高-23.29～-18.30m，层厚0.70～6.60m，平均厚度为3.50m。

(10) ④$_{2a}$层：黏土（mQ1 4）。

灰色，软塑为主，局部可塑，厚层状，土质均一。全场分布，物理力学性质较差，具高压缩性，层顶标高－27.46～－22.00m，层厚2.20～15.00m，平均厚度为8.0m。

(11) ⑤$_{1b}$层：粉质黏土（a1-1Q2 3）。

灰黄色，可塑为主，厚层状构造，含铁锰质斑点。全场分布，物理力学性质较好，具中等压缩性，层顶标高－40.75～－27.91m，层厚4.50～10.50m，平均厚度为7.83m。

(12) ⑥$_2$层：黏土（mQ2 3）。

灰色，可塑，局部软塑，厚层状构造，土质不均匀。场地内大范围分布，具中等～高压缩性，层顶标高－45.25～－33.86m，层厚2.30～8.30m，平均厚度为4.02m。

(13) ⑦$_1$层：粉质黏土（a1-1Q1 3）。

灰绿色，可塑，厚层状，土质不均。场地内广泛分布，物理力学性质较好，具中等压缩性，层顶标高－46.96～－41.47m，层厚1.50～6.90m，平均厚度为3.62m。

(14) ⑦$_{1T}$层：粉砂（a1-1Q1 3）。

灰色，饱和，中密～密实，厚层状，土质不均。仅在Q5XZ4、Q5XZ6孔内揭露，物理力学性质较好，具低压缩性，层顶标高－49.68～－35.56m，厚度2.30～3.30m，平均厚度为2.80m。

(15) ⑨$_{1a}$层：粉质黏土（a1-1Q2 2）。

灰绿-灰黄色，可塑，局部硬塑，厚层状构造，以粉质黏土为主，局部为黏土。全场分布，物理力学性质较好，具中等压缩性，层顶标高－58.70～－42.30m，厚度3.10～16.90m，平均厚度为8.30m。

(16) ⑬层：1b强风化凝灰岩（J3x）。

灰黄色，凝灰质结构，块状构造，节理裂隙发育，岩芯呈碎块状，岩质稍硬，锤击声哑，锤击易碎。分布于中等风化凝灰岩上部，物理力学性质好，层顶标高－59.37～－37.59m，层厚0.50～1.70m，平均厚度为1.13m。

17) ⑬层：1c中等风化凝灰岩（J3x）。

灰黄色、青灰色，凝灰质结构，块状构造，节理裂隙较发育，岩质坚硬，锤击声较清脆，锤击不易断裂。该层物理力学性质好，未揭穿，层顶标高－60.57～－38.09m，最大揭露厚度5.2m。

2. 水文地质条件

(1) 地表水

盾构穿越的甬江河段全长25.6km，年径流量约40亿m³，甬江为感潮河，潮水可顶托至鄞江、萧镇及西坞等地在镇海口入海。线位附近镇海站多年平均高潮位1.11m（1985国家基准），平均低潮位为－0.69m，涨潮平均潮差1.80m，落潮平均潮差1.80m，历年最大涨潮潮差3.67m，最大落潮潮差3.96m，历史最高潮位3.28m（1997年8月18日），历史最低潮位－2.08m（2006年1月8日），100年一遇最高潮位为3.42m，最大流量为4272.8m³/s。

根据《宁波市城市防洪潮规划（2006—2020年）》相关资料，甬江以淤积为主，泥沙由流域来沙和海域来沙两部分组成。

甬江穿越段江宽240～260m，水深1.5～14.5m，河水位一般低于堤岸1.0～3.0m，浮泥厚度0.3～0.5m。

(2) 地下水

对甬江穿越段影响较大的地下水主要为赋存于③$_{1b}$层粉砂或粉土中的孔隙承压水。③$_{1b}$层含水层厚 1.60~9.30m，承压水水位标高约 0.35m，水质为微咸水。在Ⅱ类环境类型下，③$_{1b}$层粉砂承压水在长期浸水条件下对混凝土结构具弱腐蚀性（S4CW1 水样其 SO_4^{2-} 达 475.0mg/L），对钢筋混凝土结构中的钢筋具微腐蚀性。

3.2.4.3 周边环境条件及地下障碍物

1. 周边环境条件

招宝山站（原胜利路站）—红联站（原小港站）区间甬江穿越段过往船只较多，且船舶吨位较大，在甬江南岸侧穿红联渡口码头。

2. 地下障碍物

区间下穿甬江南北两岸堤防护坡和红联渡口。其中甬江北岸堤防护坡采用块石基础，基础埋深约 6m，基底标高约-3m；甬江南岸堤防护坡采用松木桩，桩长 6~7m，桩底标高约-3m；红联渡口采用 $\phi 600$~$\phi 700$ 钻孔灌注桩，设计有效桩长 46m，桩底标高-42m，离盾构边界最近距离约 6.7m。如图 3-13 所示。

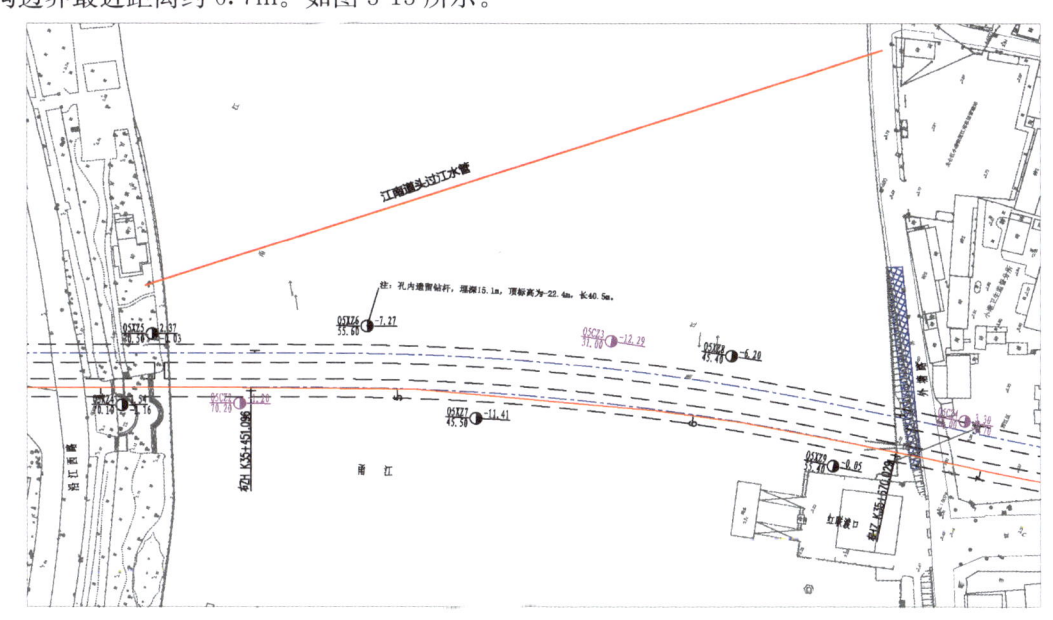

图 3-13　甬江穿越段平面示意图

详勘时在钻孔 Q5XZ6（$X=114529.609$，$Y=620832.875$）中发生断杆事故，孔中遗留岩芯管 1 根、钻杆 8 根，总长 40.5m，断杆处的埋深为 15.1m，顶标高为-22.4m，设计和施工时应予以注意。

3. 地下管线（图 3-14）

隶属宁波港集团公司的江南道头过江水管甬江中分布长度约 250m，直径 0.426m，埋深约 2m，与盾构最近距离约 25m（小里程端）。

4. 过江隧道盾构施工方案分析与评价

1）盾构隧道涉及土层分析

根据设计方案，甬江穿越段盾构掘进涉及的地层主要为③$_{1b}$层粉砂、③$_{1T}$层粉质黏土、

④$_{1b}$层淤泥质黏土、④$_{2a}$层黏土、⑤$_{1b}$层粉质黏土。盾构隧道顶板以上1D、顶底板之间、底板以下1D范围内涉及土层如表3-7和图3-14所示。

表3-7 区间隧道涉及土层一览表

层号	土层名称	涉及土层范围		
		顶板以上1D	盾构掘进范围	底板以下1D
②$_{2b}$	淤泥质黏土	○	—	—
②$_{2c}$	淤泥质粉质黏土	○	—	—
③$_{1b}$	粉砂	○	○	—
④$_{1b}$	淤泥质黏土	○	○	—
④$_{2a}$	黏土	—	○	○
⑤$_{1b}$	粉质黏土	—	○	○
⑥$_2$	黏土	—	—	○
⑬$_{1b}$	强风化凝灰岩	—	—	—

注:"○"表示涉及,"—"表示不涉及。

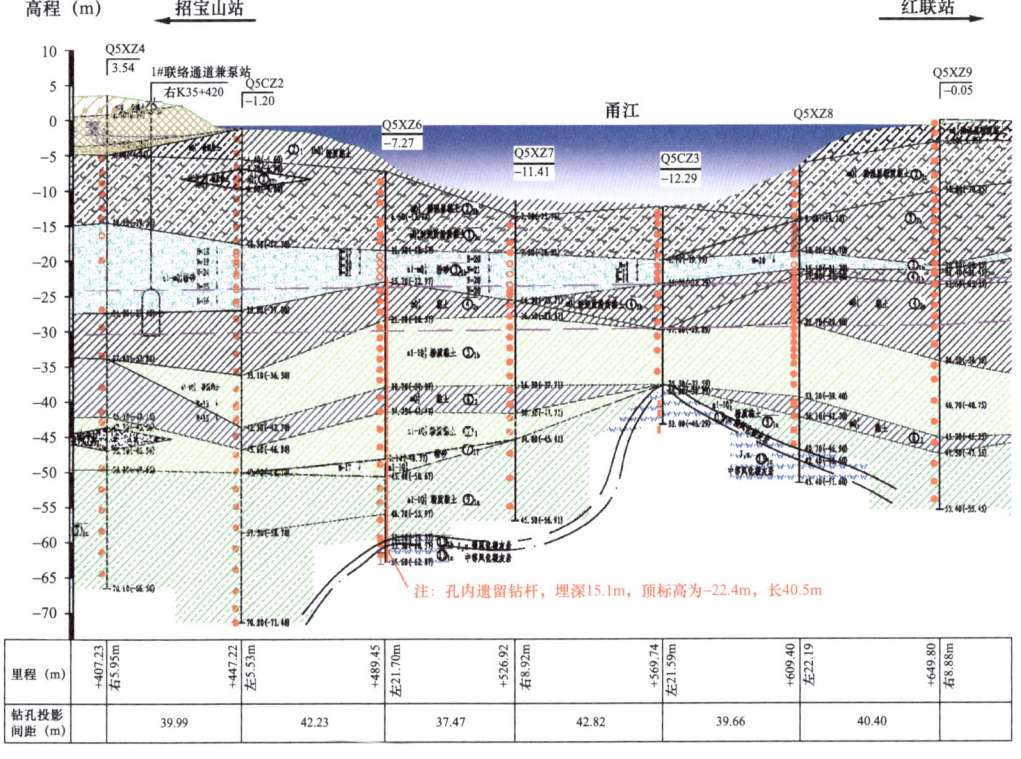

图3-14 甬江穿越段工程地质剖面图

各土层对盾构隧道设计施工的影响分析如下:

(1) 上述地层由流塑~可塑状黏性土和稍密状粉土、粉砂组成,盾构推进较容易。

(2) ②$_{2b}$层淤泥质黏土、②$_{2c}$层淤泥质粉质黏土、④$_{1b}$层淤泥质黏土、④$_{2a}$层黏土呈流塑~软塑状,渗透性弱,抗剪强度低,具流变性、触变性,土层开挖后稳定性差,易受扰动,强度会迅速降低而造成开挖面失稳。隧道工程盾构施工过程中不仅保持土压平衡极为困难,而且往往会出现前期沉降及盾构通过后沉降长期不收敛现象,开挖扰动易产生结构破坏,强度降低,重新固结导致隧道产生过大沉降或不均匀沉降。

(3) ③$_{1b}$层粉砂呈稍密~中密状,盾构掘进时,由于砂土渗水性大,故需确保止水性;盾构施工过程中,由于地下水位高,粉砂结构松散,地下水具微承压性,在动水压力作用下易发生流砂和涌水,并引起开挖面失稳和地面下沉,因此需做好止水工作。

(4) ④$_{2a}$层、⑤$_{1b}$层为软~可塑状粉质黏土、黏土,具黏性高,易黏着盾构设备或造成管路堵塞,致使刀盘空转、槽口及出土管道堵塞,导致地层隆起、沉降。

(5) 盾构掘进开挖面处在软硬不同土性地层上,有可能因软弱层排土过多,造成地层下沉使盾构在线路方向上产生偏离,因此施工作业时须控制出土量防止盾构倾斜,保持盾构的稳定性。

2) 盾构法隧道施工方案分析

盾构掘进③$_{1b}$层粉砂,顶进阻力会增大,施工设备所受扭矩会加大,局部全断面占据盾构掘进面,是否需要加泡沫降低土体强度视具体情况而定。

盾构掘进穿越③$_{1b}$层粉砂时,由于渗水性大,故需确保止水性。盾构施工过程中,由于地下水位高,粉砂透水性强,结构松散,地下水具微承压性,盾构穿越过程中,在动水压力作用下易发生流砂和涌水,并引起开挖面失稳和地面下沉,因此需做好止水工作。

盾构在软土中掘进时土体自稳能力较差,根据区间隧道的横断面尺寸、埋深及掘进施工过程中的土体性质,结合场地水文地质条件和施工环境,拟建区间隧道宜选择密封型盾构进行施工。本区间隧道穿越涉及土层主要为黏性土、砂土,综合地层渗透性(渗透系数小于 10^{-4} m/s)、颗粒级配、水文条件(地表水水压小于 0.3MPa),对照土压平衡式、泥水加压式及混合式等密封型盾构施工工艺的特点,建议采用复合土压平衡盾构。

3) 盾构施工过程需注意的问题

(1) 过江段覆土较浅,河水位较高导致隧道上浮;在较高的渗水压力、潮汐影响下,开挖面土压平衡不易建立,可能导致开挖面或盾尾发生大量渗漏甚至涌水事故。

(2) ③$_{1b}$层粉砂在动水头作用下易发生流砂、涌水现象,需做好止水工作。

(3) 过甬江段盾构掘进开挖面有较长段处在软硬不同性质的地层上(大部分为上软下硬,局部为上硬下软结构),易导致软弱土层超挖致使盾构在线路方向上产生偏离,施工作业时须控制出土量防止盾构倾斜,及时调整盾构姿势,保持盾构的稳定性。

(4) ⑤$_{1b}$层黏粒含量过高易结"泥饼",可采用加水或泡沫剂进行渣土改良。

(5) 饱和软黏土沉降长期不收敛,地面沉降过大危及地面建筑物安全(如江堤、地下管线、渡口等)。

(6) 隧道施工时应进行土体变形和地面沉降监测,尤其需加强对甬江两岸堤坝和红联渡口的变形监测工作,及时反馈,调整施工参数,严格控制地面变形,确保河堤、渡口、地下管线的安全;同时,防止地表水灌入。

(7) 盾构下穿甬江,隧道顶板距河床最小距离约11m,盾构掘进时需加强管理,及时调整盾构机掘进参数;加强同步注浆管理,控制注浆量、注浆压力,并及时进行二次注浆,避免对上覆土层的过大扰动,防止河底大面积塌陷导致突水。

(8) 施工及后期使用过程中要严格轴线控制、管片拼装、衬砌防水、地表沉降等。

5. 对甬江穿越段设计的有关建议

1) 钻孔终孔后采用水泥浆进行了有效封孔

但勘探孔位置处仍是整个地层的相对薄弱点，钻孔可能成为泄水通道，出现螺旋机喷涌和盾尾漏水现象，酿成重大安全事故。建议调线后，盾构边线尽量避开原水上钻探孔位置（原则上与钻孔距离不小于 2m），尤其是 Q5XZ6（$X=114529.609$，$Y=620832.875$）中发生断杆事故，孔中遗留岩芯管 1 根、钻杆 8 根，总长 40.5m，断杆处的埋深为 15.1m，顶标高为 −22.4m，设计调整线位时一定要避开。

2) 若调线后盾构确需穿越原水上勘探孔，可采取以下措施

(1) 在螺旋机出口处加焊蝶阀，完善洞内排水设施。

(2) 在预定隧道位置安装止水环，技术人员严格控制土压变化，按一定间隔进行一次双液注浆封环，阻隔后部水体流通通道，缓解盾尾水压。

(3) 对土仓和螺旋机内加入高分子聚合物，防止喷涌现象，确保盾构机在穿越河底过程中的施工安全及成型隧道的质量。

3) 按现有设计方案，2 号线过甬江段隧道底板以下所处地基土层的物理力学性质差异较大，设计需进行地基变形验算

4) 需验算盾构安全推进及隧道抗浮所需要的最小覆土厚度（考虑河流冲刷作用、航道深度及锚击入土深度）；覆土厚度不足时，调整隧道埋深

5) 建议结合全线情况合理调整设计纵坡

保证过江段的最小覆土厚度，如有可能，则尽量增大过江段覆土厚度，以降低施工难度，确保施工期及运营阶段隧道的安全。

6) 合理选择盾构机类型

7) 在条件许可下，建议甬江穿越段尽可能使隧道顶板位于③$_{1b}$层粉砂以下，既避免盾构同时在软硬土层中掘进，又避免承压水的不利影响

3.3 线路总体

3.3.1 线路敷设优化

3.3.1.1 平面设计

1. 起点（清水浦站后）—电厂站

(1) 本段主要控制因素分析

本段线路沿宁镇路敷设，大部分是高架，于大运路与俞范东路之间由高架转入地下。本段主要控制因素如下：

① 二期工程线路平面设计受一期工程终点段平面线路制约。本线一期工程实际铺轨终点里程为 K28+350，实际桥梁终点里程为 K28+655.059。

② 本段线路沿宁镇路敷设，主要以高架敷设为主，受宁镇路道路断面及线形控制。宁镇路现状道路断面宽度约 42m，规划红线宽度为 60m，部分路段为曲线道路。

③ 桥梁平面墩位主要受管线、河流、桥涵等的控制。主要有相交道路大运路下方管线，

如K31+250附近2根DN108和1根DN159的工业钢管；DN31+313附近3根DN108~DN159的工业钢管；K31+20附近4根DN114~DN711石油管；K31+25附近1根DN1200非饮用水管；K31+337附近1根DN325液化气管、1根DN159污水管、1根DN108工业管和2根DN325石油管；DN31+352处1根DN800铸铁引水管；DN31+372处1根DN508石油管；DN31+800处1根DN650天然气钢管；DN31+592处1根DN800×500埋地电力管；DN31+430附近2根DN720引水管。DN31+313处有一处地下管涵结构。

(2) 线路平面设计

一期工程终点站清水浦站后左右线之间设交叉渡线双折返线接东外环停车场出入线，右线上跨出入线后，右线用$R=550$m、夹直线$L=26.6285$m、$R=1084.2$m和左线$R=1080$m的过渡逐渐将线间距由16.4m收小到4.2m、左右线单线桥变为双线桥，并沿宁镇路路中绿化带敷设。

线路于K29+400下穿铁路北环线，交角约82°，右线线路中心线距离南侧最近铁路桥墩38m，左线线路中心线距离北侧最近桥墩32m。于K29+495和K29+562处下穿两组500kV高压线，右线线路中心线距离南侧最近的高压塔约148m，左线线路中心线距离北侧最近高压塔约54m。

之后继续沿宁镇路路中高架敷设，于金丰路路口西侧、现状风景九园小区前设高架三层站临江站，该站为$R=1800$m的曲线侧式站。由于该段道路的曲线半径为1700m，导致临江站小里程端至车站一段500m左右的区间轨道中心线偏离道路中心线0.5~2m，如图3-15所示。

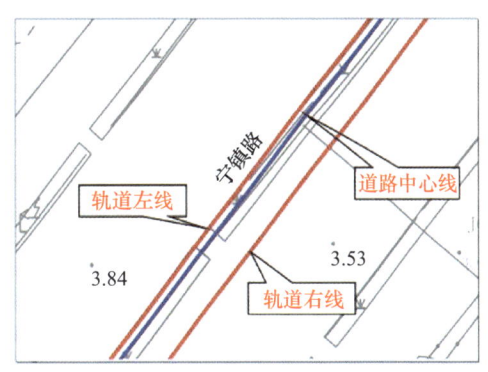

图3-15 临江站及站前区间轨道中心线偏离道路中心线

大运路管廊带管线较为复杂，影响桥梁平面墩位的布置，桥梁方案详见第5章。线路于大运路东侧约360m处设敞口U型槽由高架转入地下，U型槽处线路曲线半径为1350m。K31+755处3根埋深约6.3m热力管线位于U型槽下方，热力管与线路斜交。K31+890m处有1组10kV埋地高压线也位于U型槽下方，距离结构底板净距约2m。U型槽及明挖段范围有4组220kV架空高压线，左线线路中心线距离最近的高压塔32m，右线线路中心线距离最近高压塔79m。U型槽范围内线间距为4.2~5.2m。

线路于K32+245附近下穿管底埋深约8.6m的2组110kV高压线和管底埋深约6.3m的1组10kV高压线，110kV与盾构冲突，需迁改。10kV埋地高压线与区间结构顶净距约1.8m。

受隧道北路路口及光大路口西侧管线影响，电厂站位于光大路口西侧55m处，避开了部分管线对车站站位的影响。

2. 电厂站—胜利路站

(1) 本段主要控制因素分析

该段线路沿车站路和城河西路地下敷设，位于镇海老城区范围内。本段主要控制因素如下：

① 车站路和城河西路道路断面及道路平面线形。车站路和城河西路现状道路较为狭窄，车站路现状最大宽度约30m，双向四车道；城河西路现状宽约22m；规划红线宽度均为36m。车站路和城河西路有多个曲线路段。

② 沿线建筑。镇海老城区成型较早，线路沿线大多建筑建设年代较久远，桩基差。如锦绣福兴商住楼（ϕ600灌注桩，桩长44m，桩底标高-49.41m）；中国人寿保险公司镇海支公司（桩长约16m，桩底标高-13.5m）；镇海农业生产资料公司（ϕ377沉管灌注桩，桩长27m，桩底标高-24.4m）；镇海加油站；招宝广场（ϕ800灌注桩，桩长60m，一层地下室底标高-4.6m）；石化三建住宅楼（ϕ325扩头灌注桩，桩长10.5m，桩底标高-7.8m）；宁波物资储备开发局（条形基础，基础埋深约1.5m，基础为钢筋混凝土）；邮政局（ϕ305灌注桩，桩长14m，桩底标高-11.3m，桩底采用钢砼带形承台，台板后300mm）；中国建设银行镇海支行（ϕ377普通灌注桩，桩长11.25m，桩底标高-6.08m）等。

③ 沿线桥梁。中大河上的小桥-蛟川桥（ϕ800灌注桩，桩长28.9m，桩底标高-25.97m）。该桥梁无法绕避，需下穿并拆除。

(2) 线路平面设计

线路出电厂站过隧道北路路口后，以$R=550$m的曲线由宁镇路转到车站路进入镇海老城区，线路尽量沿道路路中敷设，降低对道路两侧建筑的影响。由于线路无法绕避蛟川桥，需下穿蛟川桥，对其予以拆除。于聪园路口西侧设聪园路站，小里程端设单渡线。过苗圃路口后，线路转到沿城河西路敷设，于胜利路路口跨路口设胜利路站。

3. 胜利路站—终点（小港站）

(1) 本段主要控制因素分析

甬江以北线路位于镇海老城区，甬江以南线路位于北仑小港成熟区。本段线路的主要控制性因素如下：

① 胜利路站后区间下穿或侧穿地块内的建筑，如下穿花园酒店（ϕ377静压砼灌注桩，桩长24m，桩底标高-21.5m）；侧穿人防地下室（ϕ600灌注桩，桩长20m，桩底标高-21m）；侧穿石浦大酒店（ϕ600钻孔灌注桩，桩长55m，桩底标高-52.7m）。

② 甬江及红联渡口：红联渡口码头（ϕ600~700泥浆护壁钻孔灌注桩，设计有效桩长46m，桩底标高-42m）。

③ 渡口路较窄，现状渡口路宽度不到20m，两侧建筑较为密集，需下穿或侧穿部分建筑。

(2) 线路平面设计

线路出胜利路站后，以$R=400$m的曲线斜切城河西路与南大街交叉口西南象限地块后转向沿南大街向南敷设，直至甬江北岸沿江大道，需下穿大量建筑（如花园酒店），并躲避人防地下室和石浦大酒店，距人防地下室净距约4.8m，距石浦大酒店约17.8m。如图3-16所示。

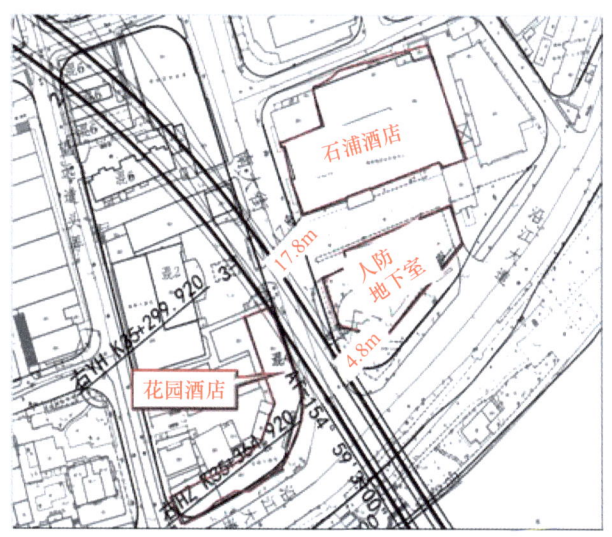

图 3-16　线路与既有构筑物的平面关系

线路斜切地块后，为绕避甬江南岸的红联渡码头，以 $R=800\mathrm{m}$ 的曲线正交下穿甬江后斜切渡口路与外塘路东南象限地块后转入渡口路向南敷设，于江南东路路口南侧设终点站小港站，站后设交叉渡线和双折返线。该站与规划 6 号线换乘。线路与码头平面净距约 6m。

3.3.1.2　纵断面设计

1. 沿线管线概况

2 号线二期工程所涉及的管线众多，且较为复杂，已收集到相关调查资料，部分管线资料需要进一步核实。地下段主要管线包括热力管线、电力管线、石油管、天然气管及雨污水管等。如大运路管廊带、埋地热力管线（$\phi 1740$，管顶标高 $-2.6\mathrm{m}$）、埋地 110kV 高压线（$DN900\times 800$，底标高 $-4.3\mathrm{m}$）。

2 号线二期沿线有多处高压线与之相交。沿线主要高压线及与线路的关系如表 3-8 和图 3-17 所示。

表 3-8　沿线主要相交高压线及与线路关系表

	里程	高压线	最低点标高或最低悬垂高度/m	与线路关系
1	K29+495	550kV	最低点标高 40m	线路下穿高压线，高压线距轨面净空 17.2m，满足规范
2	K29+562	500kV	最低点标高 42m	线路下穿高压线，高压线距轨面净空 18.2m，满足规范
3	K31+909	220kV	最低点标高 28.67m	高压线位于过渡明挖段上方，满足施工要求
4	K31+941	220kV	最低点标高 29.7m	高压线位于过渡明挖段上方，满足施工要求
5	K32+037	220kV	最低点标高 30.3m	高压线位于过渡明挖段上方，满足施工要求
6	K32+074	220kV	最低点标高 29.0m	高压线位于过渡明挖段上方，满足施工要求
7	K32+238	110kV（埋地）	最低点标高 -4.3m	线路盾构下穿，需搬迁

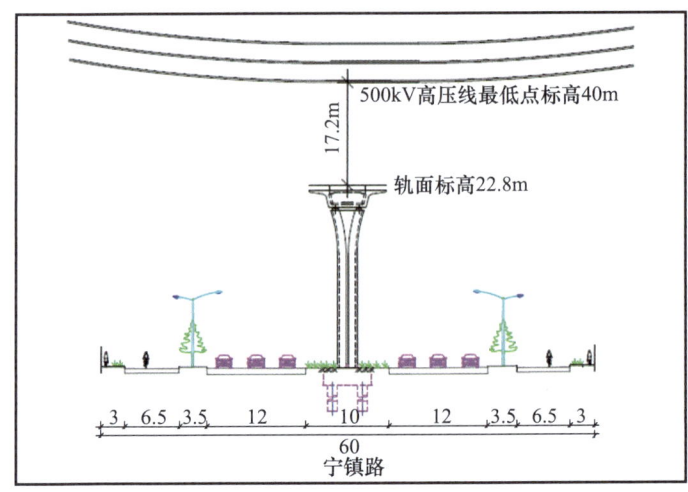

图 3-17 高架段下穿 500kV 高压线断面

2. 沿线桥梁概况

2 号线二期工程西段是高架敷设,沿线存在交叉跨越点,其中下穿在建铁路北环线、上跨绕城高速。地下线区段要下穿一座小桥——蛟川桥,予以拆除。沿线主要桥梁情况如表 3-9 和图 3-18 所示。

表 3-9　2 号线二期沿线主要桥梁一览表

	里程	名称	情况	标高
1	K29+400	铁路北环线	在建,线路下穿铁路	下穿段梁底标高 32.0m,距轨面 10.4m,满足限界及施工要求
2	K29+761	绕城高速	已建,线路上跨绕城高速	上跨段桥面标高 15.0m,距离高架线梁底约 7.0m,满足净空及施工要求
3	K33+420	蛟川桥	已建,φ800 灌注桩,桩长 28.9m,桩底标高 −25.97m	下穿,与桥梁桩基有冲突,需拆除

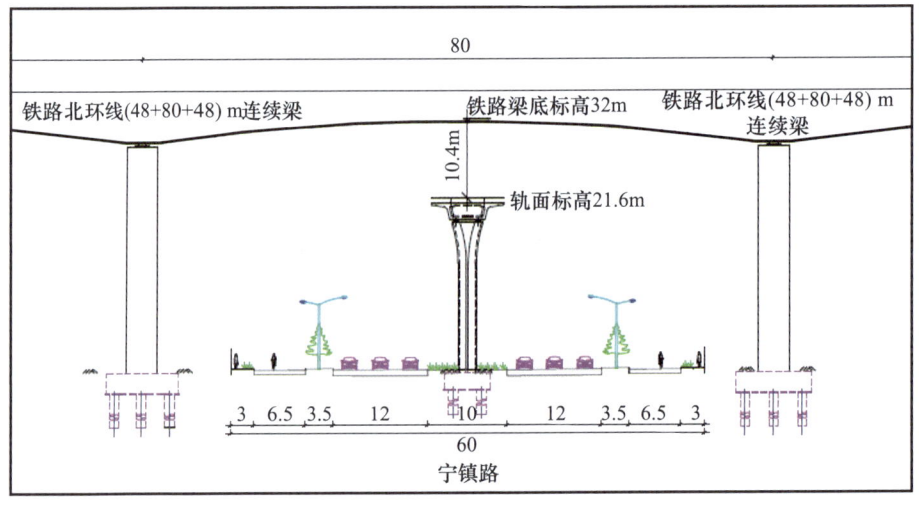

图 3-18　高架段下穿铁路北环线断面

(1) 起点（清水浦站后）—电厂站

该段线路主要为高架敷设，后转入地下。沿线地势较为平坦，自然地面标高 3.5m 左右。该段线路纵断面控制因素主要有一期工程终点段纵断面设计、铁路北环线、500kV 高压线、绕城高速、相交道路净空（如大运路）、埋地热力管线、110kV 埋地高压线等。

一期工程右线桥梁上跨停车场出入线后，桥梁终点 K28+655.059 处右线比左线高 2.54m，二期工程起点需延续一期纵断面的最后一个坡度（右线−7‰、左线 14.514‰）。左右线等高后，左线与右线采用相同坡段和坡度。以 440m/15‰的坡段连续下穿铁路北环线（轨面到铁路梁底 10.4m）、2 组 500kV 高压线（轨面到高压线 17.2m），上跨绕城高速（桥面到轨道梁底 7.0m）。后以 625m/15.7‰接入高架三层站临江站。

线路出临江站后以 730m/7‰的坡段到达 U 型槽前。跨大运路桥梁采用 130m 拱桥方案，大运路净空 6.8m 左右。受埋地热力管线、110kV 埋地高压线及电厂站标高控制，入地段采用 800m/−28‰的坡段接 280m/−6.9‰缓坡接入地下二层站电厂站。埋地热力管线与 U 型槽底板竖向净距约 5m。110kV 埋地高压线需搬迁，10kV 埋地高压线管底到隧道顶 1.8m 左右。

(2) 电厂站—胜利路站

线路出电厂站后，进入镇海老城区。该段线路沿线地势较为平坦，纵断面主要受车站埋深、区间联络通道及排水泵站的控制。

为使该区间线路最低点联络通道兼泵站避开蛟川桥，线路以 250m/−20‰的动力坡出电厂站后，接缓坡 250m/−6‰，后以 385m/14.702‰的坡段接入聪园路站。电厂站—聪园路站区间线路长度为 948m，设 1 座联络通道，与排水泵站结合。

受甬江江底冲刷线标高的控制，胜利路站为地下三层站，轨面标高为−18.76m，线路出聪园路站后，设单面坡 895m/−7.276‰接入胜利路站，不设区间排水泵站。聪园路站—胜利路站区间线路长度 905m，设 1 座联络通道。

(3) 胜利路站—小港站

该段线路纵断面主要受车站埋深（胜利路站轨面标高为−18.76m、小港站轨面标高−11.69m）、甬江冲刷线标高（江底冲刷线标高−17.32m）、区间联络通道及排水泵站控制。

为避免最低点处于甬江江底，线路以 359m/−29‰的坡段出胜利路站，以 290m/4.55‰缓坡下穿甬江，后以 692m/24‰的上坡接入小港站。盾构顶距离冲刷线约 6.2m。如图 3-19 所示。

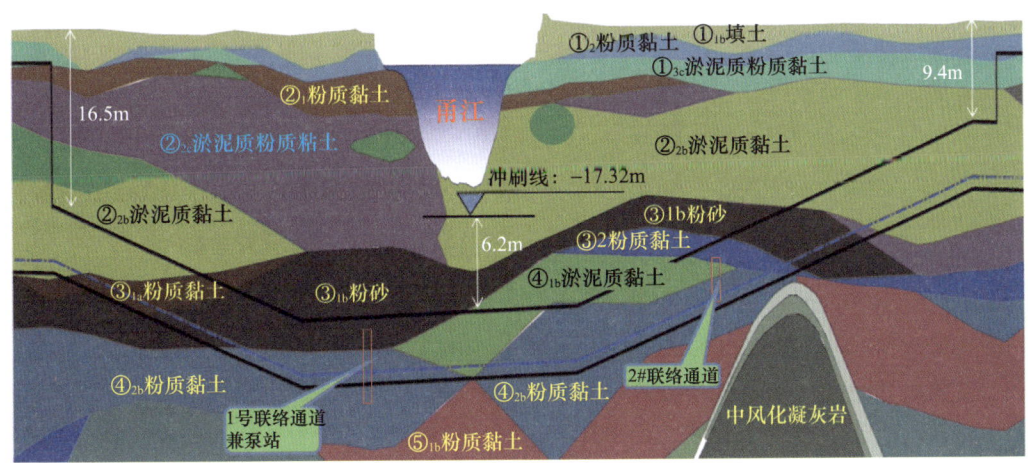

图 3-19 过江段纵断面

胜利路站—小港站区间长度1417m,设两座联络通道,排水泵站与最低点处联络通道合建。

3.3.2 环境保护(敏感点保护)

地面高架线地段应采取有效的隔声降噪措施,在线路两侧设置不同高度的声屏障措施,使沿线敏感建筑物的环境噪声满足相应的国家噪声标准,对于已经超标地段应使声环境质量基本没有进一步的恶化,以保证沿线居民基本不受影响。

地下车站风亭、冷却塔合理选址,尽量远离住宅等敏感目标,选用低噪声设备,采取适宜的消声器对噪声问题进行综合治理。

环评预测本工程无振动超标敏感点,为提高乘客的舒适性,改善地铁工作人员的工作环境。本工程轨道系统采取了综合的减振措施:采用60kg/m重型钢轨,全线正线直线、地下段曲线半径不小于300m、高架线曲线半径不小于400m、出入线直线地段铺设无缝线路,有减振要求的道岔区钢轨非工作边采用减振接头夹板,减少因钢轨接头产生的振动和噪声,对降低列车振动及由此产生的二次噪声有一定的效果。

3.3.3 限界

3.3.3.1 限界及轨旁管线综合重点

限界为前期专业,其重点在于对保证行车安全和控制轨行区土建工程量,限界专业根据车辆限界、设备限界及各专业需求制定出最小、最经济的建筑限界用于土建设计,控制土建工程量。并在设计阶段对各专业图纸进行限界核查,在施工阶段对过程进行监控,在施工完成后进行限界检查,在各个环节保证行车安全。

轨旁管线综合专业为新兴专业,其重点是对区间管线进行综合设计和协调,把管线安装中通常会发生的冲突提前到设计阶段,减少各专业的施工配合量,特别是一些特殊地段,如联络通道、站端等位置,是轨旁管线综合设计的重中之重。

3.3.3.2 限界主要参数

1. 车辆

设计时采用标准B2型车,实际车辆车体最大宽度为2900mm,但车辆限界和设备限界均满足招标文件中的标准B2型车要求,因此车辆轮廓线采用一期工程实际车辆,车辆限界和设备限界均采用《地铁设计规范》(GB 50157—2012)中的标准B2型车。

车辆采用一期工程招标确定的车辆,车辆主要尺寸如下:

车体长度为19000mm。

车辆宽度(最大处)为2900mm。

车辆高度为3800mm。

客室地板面距轨顶面高度为1100mm。

车辆定距12600mm。

固定轴距2300mm。

2. 线路

地下段最小曲线半径为350m,高架线最小曲线半径为400m。

3. 轨道

① 钢轨及道岔类型如下：

正线及辅助线采用 60kg/m 钢轨。

正线及辅助线采用 9 号曲线尖轨道岔。

② 轨道结构高度如下：

地下车站、U 型槽及区间矩形隧道整体道床轨道中心结构高度为 560mm。

圆形隧道整体道床轨道中心结构高度为 740mm。

高架桥整体道床轨道中心结构高度为 520mm。

轨道超高：轨道最大超高值为 120mm。地下线为整体道床，轨道超高设置为半超高。地面线、高架桥采用全超高。

4. 授电方式

全线均为接触网授电。

地下线采用刚性悬挂，接触导线距离轨顶面的高度为 4040mm；高架线采用柔性悬挂，接触导线距离轨顶面的高度一般为 4600mm，最低 4400mm。车辆段采用柔性悬挂，接触导线距离轨顶面的高度一般为 5000mm。

3.3.3.3 工程方案

1. 区间矩形隧道建筑限界

矩形隧道建筑限界的控制条件为设备限界、电缆支架、设备宽度、疏散平台及接触网安装条件。参照本工程矩形隧道直线段建筑限界宽度为 4500mm，其中边墙（行车方向右侧墙体、弱电侧）建筑限界线至线路中心线距离为 2100mm，该侧电缆支架及设备宽度不应大于 320mm，曲线段应进行限界加宽；中隔墙（行车方向左侧墙体、强电侧）建筑限界线至线路中心线距离为 2400mm，该侧设置疏散平台，曲线段通过调整平台宽度的方式来满足限界要求，疏散平台宽度不小于 550mm。矩形隧道轨道结构高度为 560mm，轨面以上高度限界为 4500mm，以保证接触网设备安装。

2. 区间圆形隧道建筑限界

区间圆形隧道建筑限界的控制条件为轨道结构高度、设备限界、接触网安装条件及盾构机尺寸。由于全线盾构机型号统一，无法通过改变盾构直径大小来满足直、曲线不同的限界要求。因此本工程直、曲线采用统一直径的建筑限界圆，根据全线最小曲线半径来计算所需要的盾构直径。本工程正线最小曲线半径 350m，轨道结构高度为 740mm，圆形隧道建筑限界的直径确定为 5200mm。

3. 区间正线直线地段 U 型槽结构建筑限界

区间正线直线地段 U 型槽，当设置疏散平台时，为便于与相邻的高架桥一致，采用设置线间疏散平台方案，直线地段疏散平台距离线路中心线 1600mm，疏散平台宽度为 1000mm，其建筑限界总宽度为 8500mm，线间距为 4200mm，轨顶以上建筑限界为 5800mm。

4. 矩形隧道建筑限界

矩形隧道设置中隔墙，线间距为 5100mm，建筑限界总宽为 10400mm，曲线段通过偏移隧道中心线的方式来满足限界要求。

5. 车站限界方案

直线段高架及地下车站站台边缘至线路中线距离为 1500mm，站台面至轨面高度为

1050mm，地下车站轨顶以上建筑限界高度为4500mm，高架车站顶部建筑限界则为5800mm，屏蔽门限界按车辆限界外扩25mm确定。岛式车站侧墙建筑限界的制定参照矩形隧道执行，行车方向右侧（侧墙）建筑限界至线路中线距离为2100mm，侧式车站线间距与曲线衔接一致，为4200mm，若设置中墙、立柱或广告牌时，其限界为1800mm。

6. 桥梁限界方案

疏散平台设置在两线之间，线间距为4200mm，曲线段通过调整疏散平台宽度来满足限界要求。

由于高架桥上强、弱电电缆均采用电缆槽敷设，限界控制点为声屏障、接触网立柱和下锚坠砣等，因此建筑限界仅按照设备限界外加200mm安全间隙考虑。直、曲线及不同的曲线半径分级采用不同的限界值。

根据不同曲线、超高情况（$h=11.8V \times V/R$，$V=80 \text{km/h}$）计算得到各工况下的建筑限界，见表3-10。

表3-10　高架桥线路外侧限界计算值表

曲线半径 R (m)	超高 h (mm)	建筑限界 (mm)	曲线半径 R (m)	超高 h (mm)	建筑限界 (mm)
300	120	2154	600	120	2120
350	120	2144	800	95	2061
400	120	2137	1000	75	2018
450	120	2131	1200	63	1991
500	120	2127	1500	50	1962

直线段线路外侧限界＝1648+200=1848mm，取1850mm。因此，直线段双线桥净限界总宽＝1850+4200+1850=7900mm。

最不利情况下（一期为曲线半径$R=300$m）线路外侧限界取2150mm，其限界净总宽＝2150+4200+2150=8500mm。

在确定桥宽时，可根据线路条件参照表3-10进行分级选用，同时需考虑线路外侧电力电缆槽的安装条件。根据上述条件并与桥梁等相关专业配合后，确定桥底宽最小为9200mm，最大为9600mm。

单线桥外侧（行车方向右侧）限界与双线桥外侧限界相同，单线桥内侧（行车方向左侧）设置疏散平台，直线段疏散平台边缘限界为1600mm，平台宽度为900mm。

3.3.3.4　轨旁管线综合设计原则

管线综合保证各专业设备、管线位置合理与电缆路径协调配置，确保无冲突。

各专业设备和管线均应布置在结构内廓线和设备限界之间的有限空间范围内，在宽度方向上设备、管线与设备限界之间应留出20～50mm的安全间隙，以确保行车安全。

区间管线、设备的布置应满足各专业工作运行需要，应尽量避免各专业管线、设备之间相互干扰。管线交叉时，应本着"小管让大管、有压让无压"的原则避让。漏泄同轴电缆应尽量避免与强电电缆近距离十字交叉，水管不应设于用电设备上方。

区间内管线、设备安装应满足敷设技术要求，其位置的确定应充分考虑敷设、安装、检修、使用方便。

轨旁设备管线综合尽量避免管线频繁过轨，侧墙上的缆、线除按规范要求单独穿管的以外，应综合统一安排电缆托架。

应充分考虑各种管道、线缆安装后外观整齐有序，间距均匀。

结合区间结构断面不同形式（地下区间、高架桥等）综合布置各种管线设备位置，在满足限界设计基础上，满足消火栓、阀门、信号机等各专业区间设备的安装和今后运营检修的需要。

区间设置纵向应急疏散平台，原则在有条件地段均应设置，并应尽量保持连续性，在平台断开处设置步梯。区间疏散平台上方净空不小于 2000mm。

地下区间疏散平台布置在行车方向左侧，即中墙侧；高架区间疏散平台布置在两线之间。

疏散平台高度为轨面以上 900mm，直线段限界为 1600mm，曲线段根据曲线半径和超高进行加宽。疏散平台支撑均采用钢支撑，地下段步板采用玻璃纤维复合材料，高架段步板采用水泥基步板，在一期工程的技术上，对疏散平台立柱支撑进行了优化设计。

3.3.3.5　技术难点、特点及创新

1. 区间限界的制定

本工程大部分地下区间为盾构圆形隧道，其限界相对标准，但在制定过程中需要考虑车辆、结构、地质条件、设备安装、轨道及经济等一系列问题，区间限界的制定是限界设计最基础和基本的内容，也是需要考虑问题最多的内容。区间限界的制定还包括后期的调坡调线，由于土建施工误差过大，需要对数据进行复核，再进行调坡调线，保证区间满足限界要求和行车安全。

2. 轨旁管线综合在工程中的应用

轨旁管线综合在宁波地铁中是一个新兴专业，虽然能够罗列出种种优点和作用，但要落实在工程中却是一件不易的事，也是本工程的一个重大创新。

轨旁管线综合在整个设计施工过程中，坚持走在前面，体现总体专业的价值，统筹兼顾。轨旁管线综合作为接口和边缘专业，在设计过程中加强了各专业的配合和沟通，形成了较为流畅的信息沟通渠道，对各设备、土建专业的信息汇总和沟通起到了较大的作用。

轨旁管线综合专业图纸在各设备专业的设计中起到了指导和协调作用，在施工过程中，为施工单位提供了一份较全面的轨旁综合图纸，让各专业施工队知道其他专业设备管线的布置敷设情况，避免了抢占安装位置导致冲突等问题的发生。

3. 桥面系设计

桥面系设计是本工程的一个重点和难点。桥面系的设计涵盖了桥梁、景观、车站、设备等各专业，特别是景观，由于各城市有各城市的风格，桥面系设计时并不能套用或参考其他城市的设计，只能从零开始，深入了解业主需求和城市要求，才能做出更好的桥面系设计。

本次的桥面系设计采用了平台在内、接触网在外、护栏和底座结合的设计方案，节省了桥宽，保证了全线桥梁外立面的平顺，形成了很好的景观效果。

4. 疏散平台及疏散模式的探讨

城市轨道交通的设计应以人为本，尽量减少列车在事故、故障条件下乘客的疏散障碍。本工程采用全线设置应急疏散平台的方式，在有限的空间内为乘客提供最多的疏散通道和疏散空间。

为避免乘客在道床上行走有过多的障碍，隧道内道床排水沟应尽量设置两侧水沟。同时要求区间各类设备应尽量避免设置在两轨之间，对过轨的管线、道床面上的信号设备布置，采取不妨碍疏散的无障碍处理措施。

5. 调坡调线

地下段隧道施工时，部分地段由于施工误差过大，导致侵限。在发生这种情况时，与业主、施工单位及其他设计单位协商，以最大限度弥补和减小损失为原则，或采取调坡调线、调整设备布置等方法，若不能处理，则进行土建整改，以保证行车安全。

3.3.3.6 经验、体会及改进建议

1. 注重细节的处理

细节体现品质。在设计和施工过程中应该更加注重细节，特别是轨旁管线综合的设计，应该更加深化，把细节的内容暴露在设计图中，避免在施工过程中发生问题增加配合工作量影响施工进度。主要的细节包括车站与区间的结合部、人防门处、联络通道处及其他一些容易忽略的地方。

2. 细化施工交底内容及时关注执行情况

限界和轨旁专业在设计和施工过程中只对疏散平台这个需要实际实施的专业进行了交底，建议限界和轨旁专业也进行交底，包括对设计单位和施工单位两个部分的交底。限界的交底倾向于对限界要求的控制，特别是土建施工，加强对施工误差的要求和监控，建立预警、上报、停工的施工误差监控流程，从程序上减小施工误差带来的风险。轨旁管线综合专业的交底则倾向于设备的接口和安装，提请施工单位注意本专业和其他专业在施工过程中需要注意的事宜，避免出现相互干扰甚至冲突的情况发生。

3. 深化接口配合

限界和轨旁专业是两个综合专业，与土建、设备、车辆等专业都有较多的接口，也可以作为各专业在区间接口的汇合点，因此对这两个专业应该深化接口设计和配合，明确、汇总和梳理接口内容，应成为轨旁管线综合设计的一个重点。

3.3.4 人防系统

宁波轨道交通人防工程应以"交通为主、兼顾人防"为原则，在不影响轨道交通正常运营的情况下，充分利用轨道交通工程已有条件，对关键部位、重要设施参照《人民防空工程防化战术技术要求》（RFJ 015—2010）、《轨道交通工程人民防空设计规范》（RFJ 02—2009）的规定，采用防护功能平战转换技术措施，在规定转换时限内达到防护标准及要求。

设防标准：按在工程投资增加不多的情况下，使轨道交通纳入人民防空疏散体系及人员待蔽场所为原则。地下车站、区间隧道均按 6 级抗力等级设防，一般设防站防化等级按丁级设计，重点设防车站防化等级按丙级设计。

人防以一个车站和一个相邻的区间隧道段作为一个防护单元，防护单元之间用一道双向受力的防护密闭隔断门分隔。

各防护单元的车站作为战时人员临时待蔽场所，每单元临时待蔽和中转人员按 1000 人（2 平方米/人计）考虑。

每个车站应设 2 个战时人员出入口。战时人员出入口门洞净宽之和（不包括防护单元的连通口、风道、竖井等），应按避难和中转人员每 100 人不小于 $0.3m^2$ 计算，其他平时出入口采用临战前封堵密闭措施。

结构的安全等级为一级，人防等级为六级，抗震等级为三级，主要结构设计使用年限 100 年，次要结构设计使用年限 50 年。

主体结构各部位及构件的抗力应相互协调。工程的防护密闭门门框墙、临空墙、密闭隔墙及各种孔口的防护能力，应与主体结构防护能力相互协调。防护单元之间的连通口防护段门框墙、区间防护密闭隔断门门框墙按双向受力进行设计。

重点设防站战时人防按三种通风方式设计，即清洁式通风、滤毒式通风和隔绝式通风。一般设防站战时人防按两种通风方式设计，即清洁式通风和隔绝式通风。

应将所有区间人防隔断门（含防淹门）的开关状态进行采集，一旦人防隔断门离开安全位置（即离开关到位位置）即发出警报，保证列车的行驶安全。

3.3.5 绿建及智慧建设

3.3.5.1 绿建（建筑）

车站遵循因地制宜的原则，结合轨道交通建筑所在地域的气候、环境、资源、经济及文化等特点，对城市轨道交通建筑全寿命周期内的安全耐久、环境健康、资源节约、施工管理、运营服务等方面的性能进行综合设计。

公共区建筑坡道、楼梯踏步采用将材料烧毛、加装防滑条、设置防滑凹槽等防滑构造措施，车站进站闸机前设置安检区域，车站内设置安全标识，确保运营安全。环境健康是车站需要面对的问题，特别是噪声的控制，车站进行减噪处理装置一般位于车站的出入口、站厅、站台和系统设备用房等空间，其中站台是地铁站最易出现噪声的空间，因为乘车、换乘的人员较多，并且列车进站和出站时都会产生一定噪声。安装屏蔽门主要可以降低地铁空调环控系统的能耗，提高隔声降噪的效果，有效地保证车站的环境健康。

3.3.5.2 智能照明

智能照明控制系统由网关、开关驱动模块、系统电源模块、时间控制模块、照明手动控制面板、彩色可视化触摸屏等组成。每个车站设置一套智能照明控制系统，智能照明主机设置在车控室内。智能照明控制系统主要对站厅、站台的公共区照明、标志照明、地徽照明、广告照明、景观照明（预留）、区间照明等进行控制，并根据运营需要可将所控区域的灯光、景观照明预先设定为各种场景，如正常工作场景、节能模式、停运模式等，需要时可通过就地面板控制、时间自动控制、车控室可视化集中监控触摸屏控制。采用智能照明控制系统，对车站照明采用分区域、分时段控制，以减少电能损耗。

3.3.5.3 通风系统

2号线二期工程应用的圆形空调机组采用新型节能结构，将普通方形空调机组的风扇皮带传动结构改进为轴流风机直连结构，从而达到节能的效果。通过结构形式的改变，圆形空调机组在节能率、漏风率、气流均匀度、机械强度、噪声控制等方面的参数均优于传统方形空调机组，该产品为浙江省轨道交通领域首次应用，如图3-20所示。

图3-20 圆形空调机组

3.3.5.4 人脸识别等（通信）

采用人脸识别技术，利用视频监视系统实现人像捕获、人像特征提取数据化、黑名单比对（布控）、路人库检索、人员数量统计等功能，可满足轨道公安长期稳定采集社会数据的需要。对经过闸机人员脸部特征的采集，照片入库并提取特征码，便于事后检索；实现对布控库内人员的实时布控功能，对比对成功的人员进行报警，可提供声音和光电报警方式，并可将报警信息接入警用指挥平台。本系统的设置保障了乘客的人身安全。

3.3.5.5 综合监控

综合监控系统（ISCS）是一个高度集成的综合自动化监控系统，其目的主要是通过集成或者互联多个机电系统，形成统一的监控层硬件平台和软件平台，从而实现对地铁主要机电设备的集中监控和管理功能，实现对列车运行情况和客流统计数据的关联监视功能，最终实现相关各系统之间的信息共享和协调互动功能。通过综合监控系统的统一用户界面，运营管理人员能够更加方便、更加有效地监控管理整条线路的运作情况。综合监控和智能照明、智能环控、电力监控等专业做接口，获取更全面的能耗数据，结合车站各专业及线网能管系统推荐的节能控制策略控制相关设备。

3.3.6 风险保护分析

3.3.6.1 工程概况

宁波市轨道交通2号线二期工程招宝山站是2号线二期的中间站，车站位于宁波市镇海区城河西路与胜利路交叉口，沿城河西路敷设。本站为地下三层三柱四跨箱型混凝土结构，站台采用侧式站台。

车站西北象限有招宝广场13层建筑（砼13，1层地下室，桩基础，桩长60m），距离车站19.2m，距离附属17.5m；西南象限有镇海区财政局13层建筑（砼13，桩基础，桩长23m），距离车站11m；东南象限有镇海区建交局（混5，桩基础，桩长11m），距离车站17.7m，距离附属6.9m。车站北侧有吴杰故居和徐宅两个文物保护单位，车站基坑距离吴杰故居最近约36m，距离徐宅最近约40m。车站东南象限有南大街拆迁安置房，设有地下室，主体围护结构距离主楼（一层地下室）最近约为24m，距离安置房裙房最近约为21.6m。城河西路现状路宽22m，规划宽36m，胜利路现状路宽9m，规划宽16m，交通流量较大，如图3-21所示。

3.3.6.2 风险源保护措施

（1）通常情况下，地铁基坑围护结构采用800mm厚地下连续墙

考虑到本工程基坑宽度、深度大，工程、水文地质条件复杂，以及对镇海区原财政局、建交局及北侧吴杰故居、徐宅等建筑的保护，基坑围护结构采用1000mm厚地下连续墙（局部靠近镇海财政局主楼区域地连墙采用1200mm厚）。

（2）受场地限制，本站基坑原方案只能单侧开挖，导致开挖时间过长

为了施工期间土方能够双侧开挖，加快基坑开挖速度，减少无支撑暴露时间以减少基坑变形，同时为了减少施工重车对基坑边建筑物的影响，在基坑南侧设置临时栈桥板。

（3）车站标准段共设置七道支撑，端头井共设置八道支撑，除第一道、第五道为砼支撑外，其余均为钢支撑

其中标准段第3、6、7道，端头井第3、6、7、8道支撑采用$\phi 800$（$t=16mm$）钢支撑，其余均采用$\phi 609$（$t=16mm$）钢支撑。考虑到对镇海区原财政局的保护，标准段2~7轴区

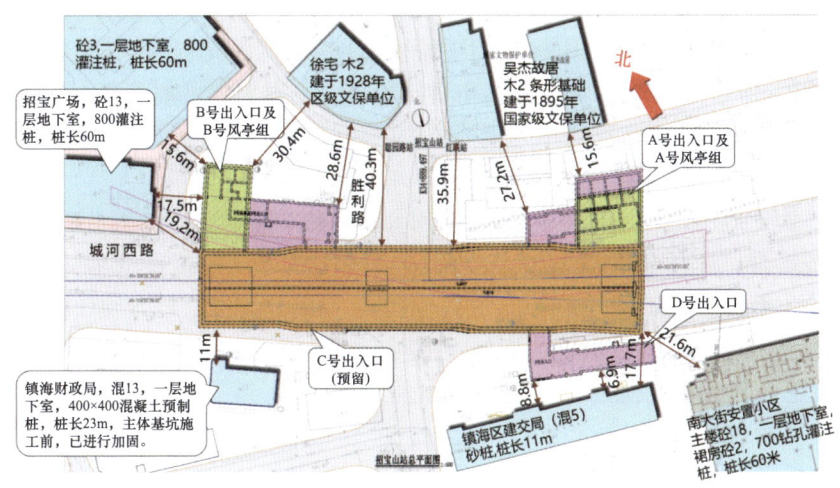

图 3-21 招宝山站总平面图

域除第二道钢支撑外,其余钢支撑均设置伺服系统;考虑到对建交局及北侧吴杰故居、徐宅等建筑的保护,标准段 7~16 轴区域第三、六、七道钢支撑增设伺服系统。

(4) 对基坑有影响的孔隙承压水分别为 2-2t 层、3-1b 层、6-4a 层、8-1 层、9-1t 层承压含水层

经计算,主体基坑抗 6-4a 层承压水、抗 8-1 层承压水稳定性系数均不满足规范要求,考虑到降承压水会对周边文保单位及其他建筑造成较大影响,故采用加深地连墙隔断承压水层和适当设置泄压井的方式进行处理,泄压井同时兼作观测井,基坑开挖期间对承压水头进行控制。

3.3.6.3 风险源保护分析

1. 模型尺寸及边界条件

本站采用 GTS NX 软件进行三维数值模拟计算分析,对基坑开挖及周边环境进行数值模拟,分析不同工况下围护结构变形、内力、周边建筑物变形及周围地层变形。计算模型及网格如图 3-22 所示。本工程三维模型尺寸为 310m×190m×109m,采用混合网格生成器,划分为 12697 个单元、16755 个节点元,其中对围护结构、周边建筑物及周围土体进行重点细分。

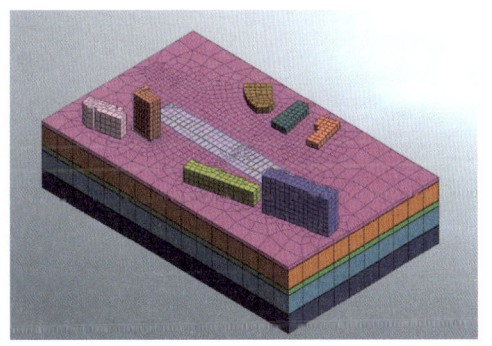

图 3-22 计算机模型及网格

模型边界条件:模型在垂直于车站延伸方向两侧边界约束其 x 方向的位移,车站延伸方向两侧边界约束其 y 方向的位移,底部边界约束其 z 方向的位移,地表为自由边界。

2. 基本假定及参数选取

数值模拟过程中,为了尽可能达到与实际相符的计算环境,需要对地层及结构进行部分简化和处理,以适应计算理论和软件,本次计算基本假定包括以下方面:

① 初始应力只考虑围岩的自重应力,忽略构造应力的影响。

② 所有材料均为均质、连续、各项同性,土体水平成层分布。

③ 围岩按摩尔-库仑理想弹性材料考虑，车站结构、围护结构、支撑等均为均质弹性材料。

④ 车站四周土体及坑内开挖土体采用三维实体网格进行模拟；地下连续墙采用三维实体网格进行模拟；周边建筑物采用实体网格进行模拟；支撑采用梁单元模拟；地连墙与侧墙之间、土体与地连墙之间采用接触单元模拟结构的相互作用。

⑤ 不考虑施工过程中的施工荷载。

本站位于软土地层中，土体本构模型采用修正 M-C 模型，此模型由非线性弹性模型和弹塑性模型组合，适用于淤泥或沙土行为特征，模型可以模拟不受剪切破坏或压缩屈服影响的双硬化行为。此本构模型等同于其他同类有限元软件的 H-S 硬化模型。

修正 M-C 模型中，各参数取值与详勘参数对应关系如下：

切线刚度 E_{oed}＝压缩模量（按详勘报告取值）

割线刚度 E_{50}＝E_{oed}

卸载弹性模量 E_{ur}＝$3E_{oed}$

土体的计算参数按详勘报告取值，围护结构、支撑及内部结构的参数按规范规定的数值取值。

3. 计算工况

施工阶段 1：初始应力场。

施工阶段 2：地墙、临时立柱施工。

施工阶段 3：开挖第 1 层土，筑第 1 道支撑。

施工阶段 4：开挖第 2 层土，架第 2 道支撑。

施工阶段 5：开挖第 3 层土，架第 3 道支撑。

施工阶段 6：开挖第 4 层土，架第 4 道支撑。

施工阶段 7：开挖第 5 层土，架第 5 道支撑。

施工阶段 8：开挖第 6 层土，架第 6 道支撑。

施工阶段 9：开挖第 7 层土，架第 7 道支撑。

4. 计算结果

① 各开挖阶段竖向位移云图如图 3-23 至图 3-29 所示。

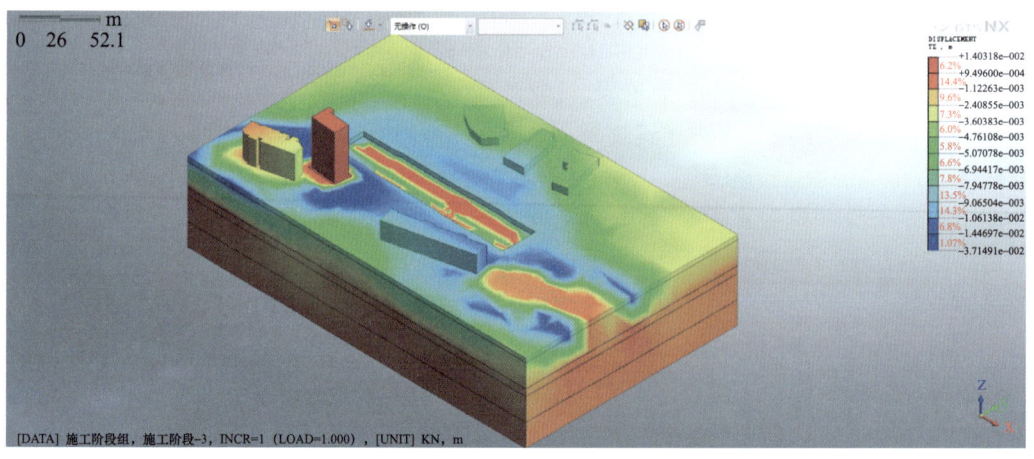

图 3-23　开挖第 1 步：竖向位移云图

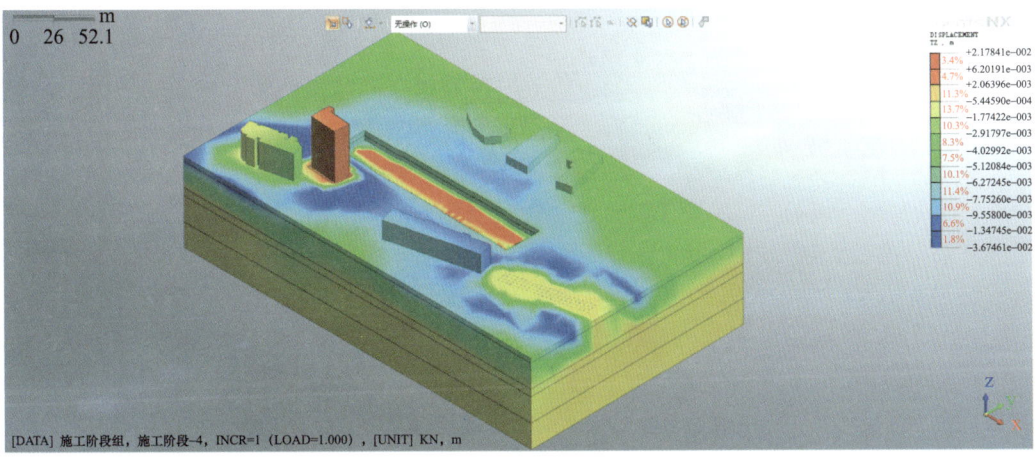

图 3-24　开挖第 2 步：竖向位移云图

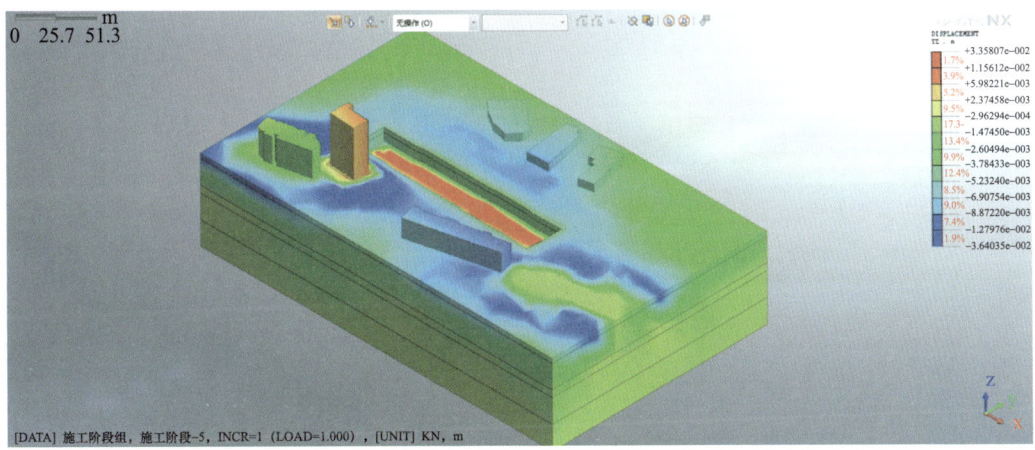

图 3-25　开挖第 3 步：竖向位移云图

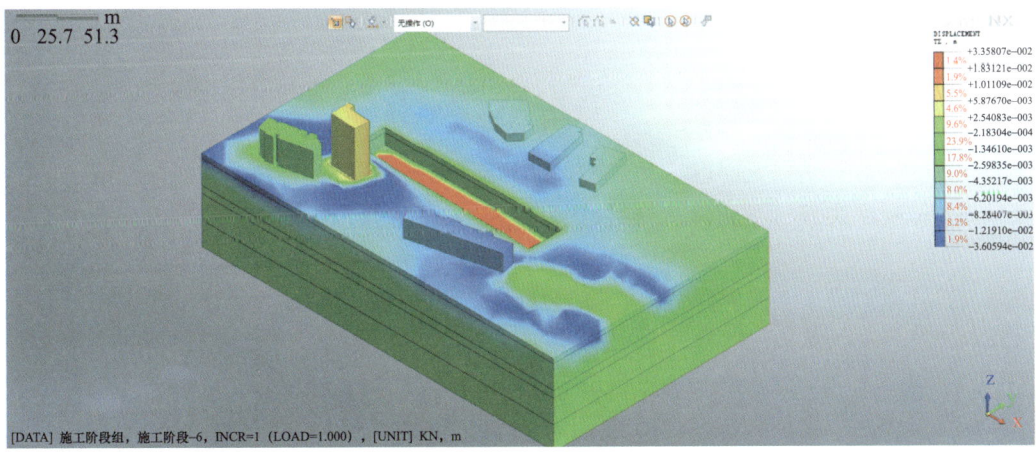

图 3-26　开挖第 4 步：竖向位移云图

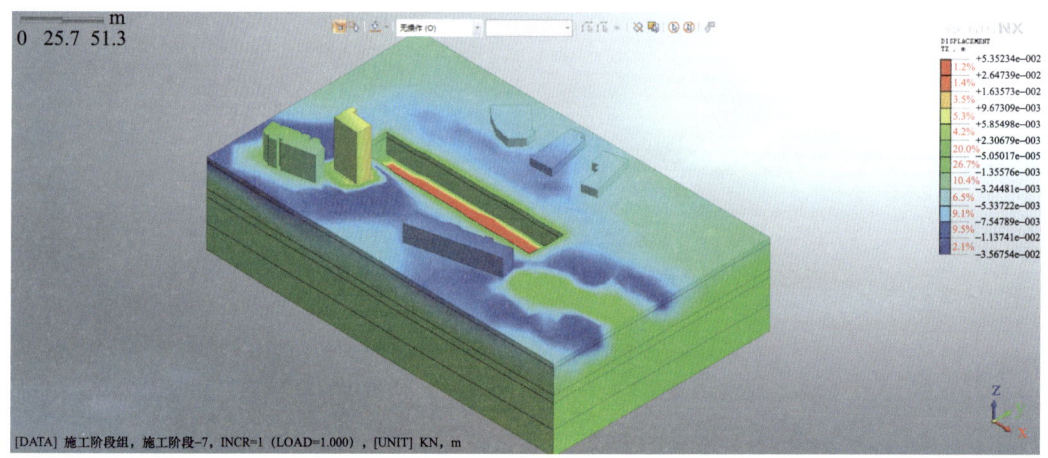

图 3-27　开挖第 5 步：竖向位移云图

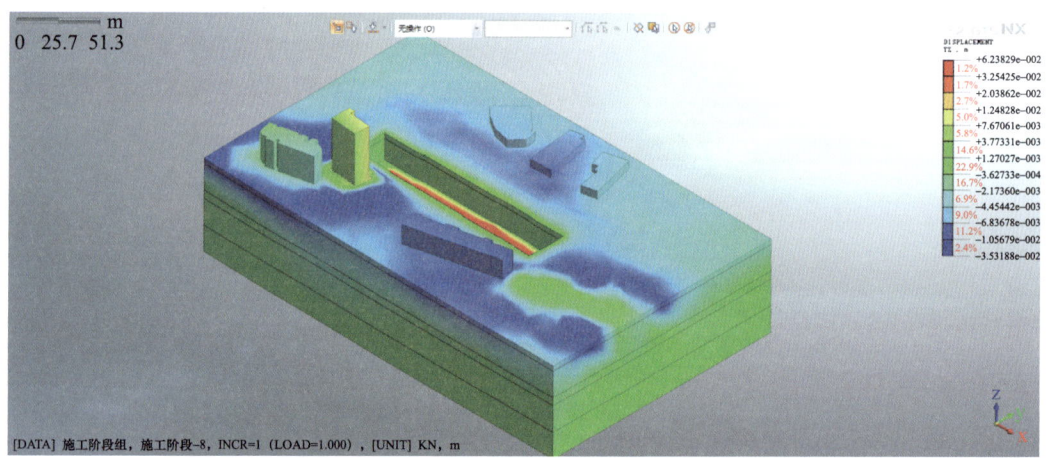

图 3-28　开挖第 6 步：竖向位移云图

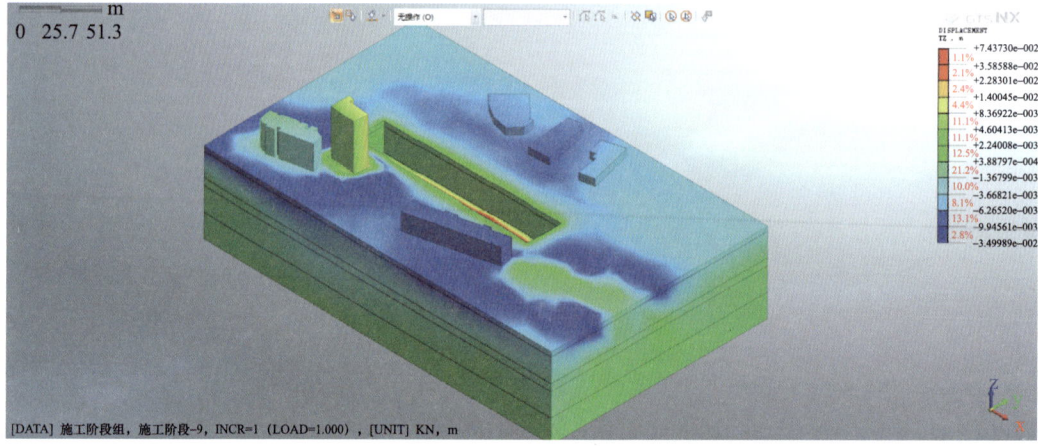

图 3-29　开挖第 7 步：竖向位移云图

② 各开挖阶段水平位移云图如图 3-30 至图 3-36 所示。

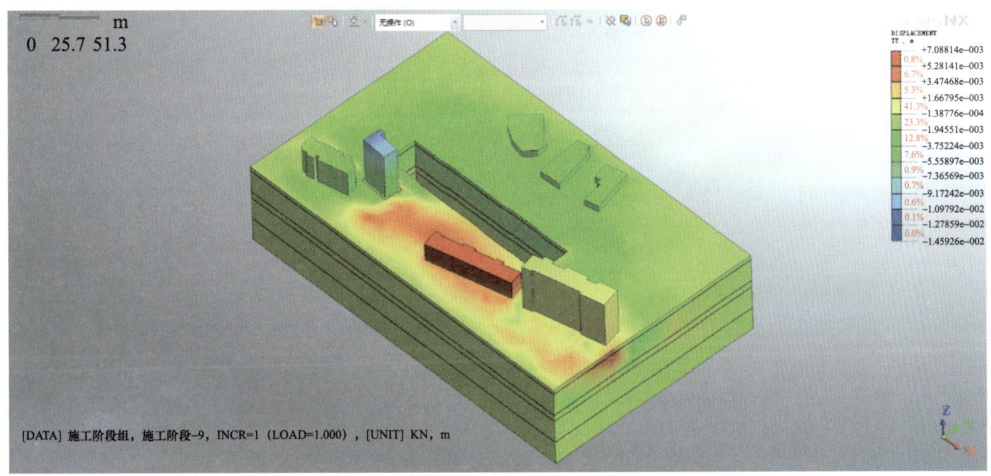

图 3-30　开挖第 1 步：水平位移云图

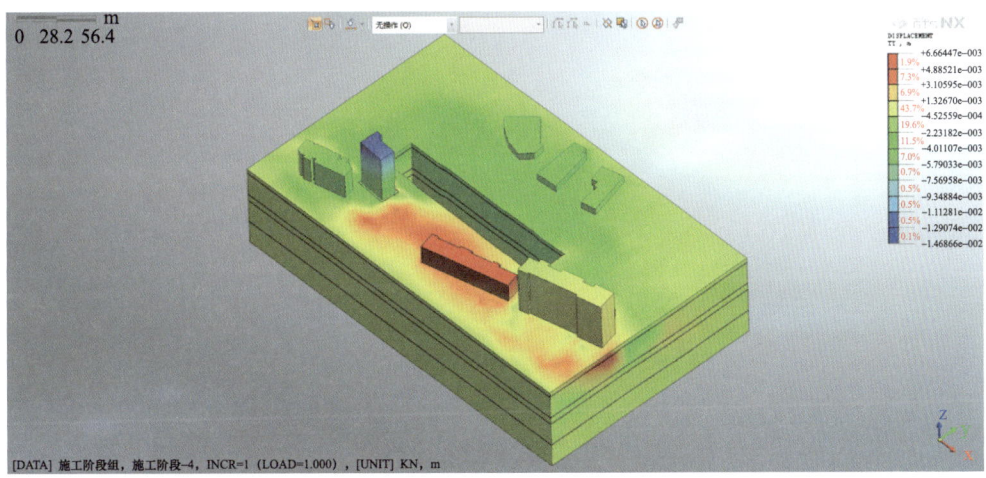

图 3-31　开挖第 2 步：水平位移云图

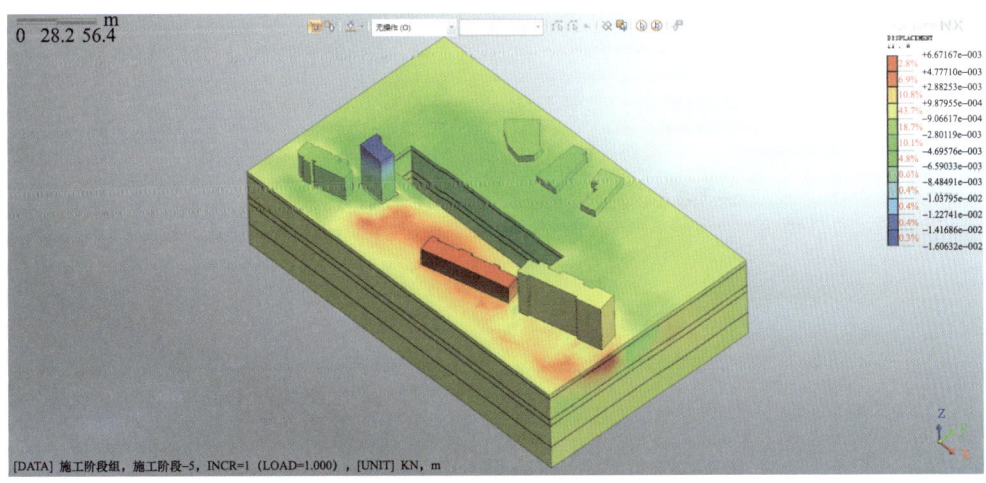

图 3-32　开挖第 3 步：水平位移云图

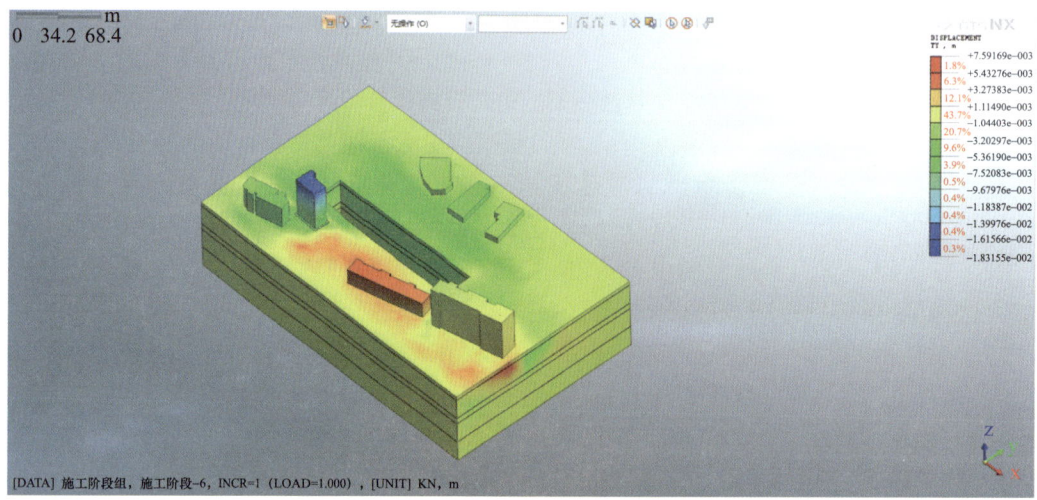

图 3-33　开挖第 4 步：水平位移云图

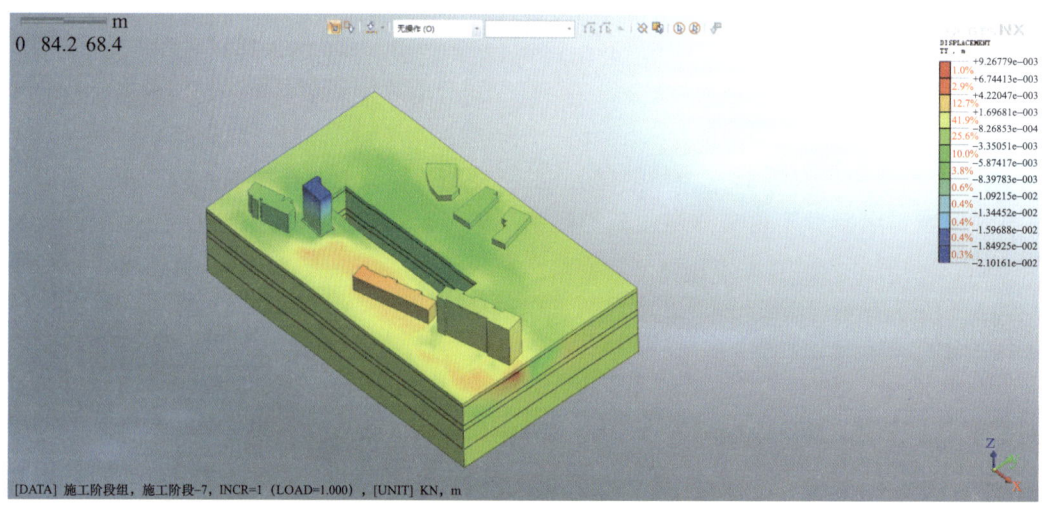

图 3-34　开挖第 5 步：水平位移云图

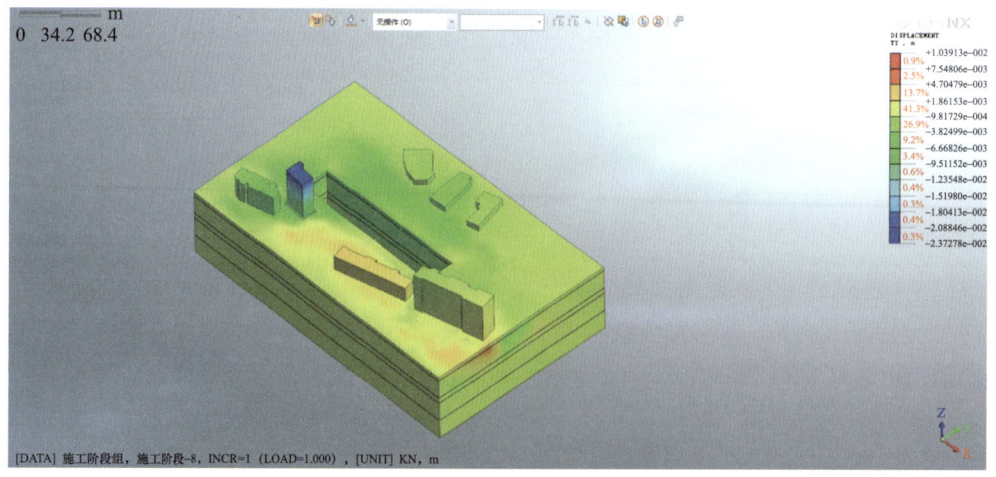

图 3-35　开挖第 6 步：水平位移云图

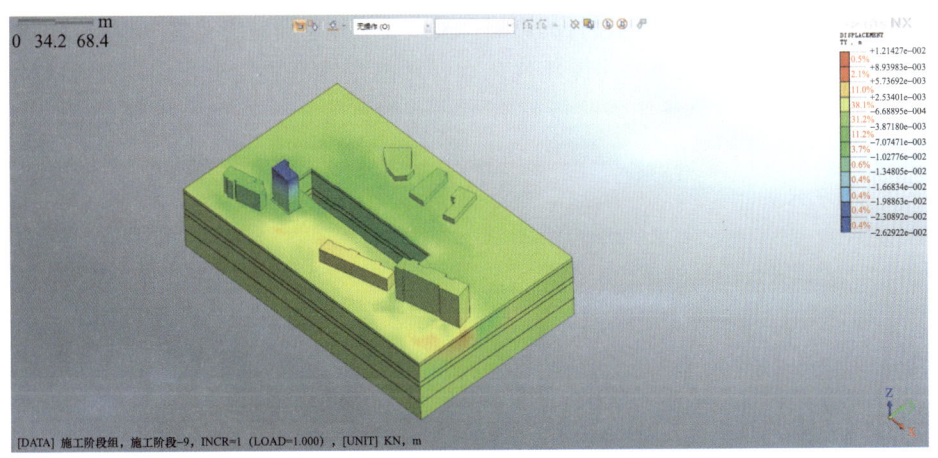

图 3-36 开挖第 7 步：水平位移云图

根据计算分析，各建筑变形情况如下：

1) 财政局主楼最大竖向位移 13.2mm，最大竖向位移差值 7.9mm，基坑开挖引起最大倾斜率 0.51‰。

2) 建交局最大沉降 13.2mm，最大差异沉降 3.1mm，基坑开挖引起最大差异沉降率 0.21‰。

3) 吴杰故居最大沉降 9.7mm，最大差异沉降 5.1mm，基坑开挖引起最大差异沉降率 0.13‰。

4) 徐宅最大沉降 7.2mm，最大差异沉降 2.0mm，基坑开挖引起最大差异沉降率 0.10‰。

根据计算结果得知，基坑开挖引起差异沉降率满足《建筑地基基础设计规范》（GB 50007—2011）所规定的 1‰ 的限值。

实际施工建筑变形统计如下：

1) 镇海建交局：招宝山站施工完成后，镇海建交局房屋累计最大沉降（JC42）226.77mm，最大差异沉降（JC42-JC46）68.57mm，差异变形引起倾斜率约为 4.7‰。

2) 镇海财政局：招宝山站施工完成后，镇海财政局最大沉降（JC35）53.21mm，最大差异沉降（JC35-JC36）5.79mm（南北向 12m），差异变形引起倾斜率约为 0.5‰。

3) 吴杰故居：招宝山站施工完成后，吴杰故居最大累计沉降（JC16）105.64mm，最大差异沉降（JC16-JC15）37.5mm（南北向 9.4m），差异变形引起倾斜率约为 3.9‰。

4) 徐宅：招宝山站施工完成后，徐宅围墙最大沉降（JC84）77.94mm，房屋最大累计沉降（JC9）27.2mm，最大差异沉降（JC9-JC10）5.3mm（南北向 12.5m），差异变形引起倾斜率约为 0.4‰。

理论分析与现场实际变形差异原因分析如下：

1) 本站基坑深、宽度大、地质条件差、周边环境复杂，基坑上部又设置了临时路面板，挖土和出土效率低，增加了无支撑暴露时间，基坑围护结构变形较难控制。

2) 动载对基坑及周边建筑物变形影响大，基坑北侧靠近文保单位的交改道路路面不平，交通流量大，车速较快，而且有比较多的公交车及混凝土泵车，车辆经过时明显感觉到震动较大,受车站施工及道路重载车辆通行的影响,吴杰故居外立面裂缝有进一步发展扩大迹象。

3) 镇海建交局基础形式差,房屋年代久远,距离主体基坑较近,前期受南大街安置房施工影响,仅地墙施工和地基加固阶段就有 14mm 的沉降。受基坑开挖和安置房的共同影响,房屋沉降尤为明显,最大沉降点位于房屋东北侧,紧邻基坑和安置房。建筑沉降观测点位置如图 3-37 所示。

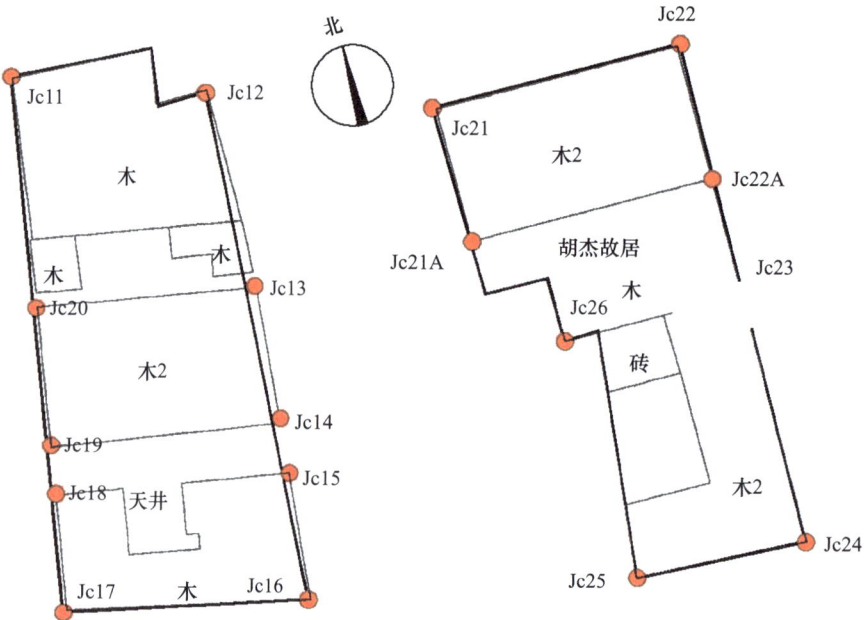

图 3-37　建筑沉降观测点布置示意图

3.4　设计重大变更总结

3.4.1　车站岛该侧变更方案

3.4.1.1　枫园站调整为侧式车站变更

根据宁波市发展和改革委员会文件(甬发改审批〔2016〕351 号)关于同意宁波市轨道交通 2 号线二期工程地下段部分区间采用类矩形盾构隧道的复函,由于车站前后盾构区间由圆形盾构隧道调整为类矩形盾构隧道,枫园站相应由原 190m 长地下两层岛式站台车站(标准段宽 19.7m)调整为 190m 长地下两层侧式站台车站(标准段宽 24.7m),同时附属结构布置相应调整。

由于枫园站前后区间调整为类矩形盾构区间,线路线间距减小,原岛式站台方案无法满足要求,需将车站调整为侧式站台车站,调整后的方案满足相关技术要求,技术合理可行。本次变更引起工程费用增加约 1750.7 万元。如图 3-38 和图 3-39 所示。

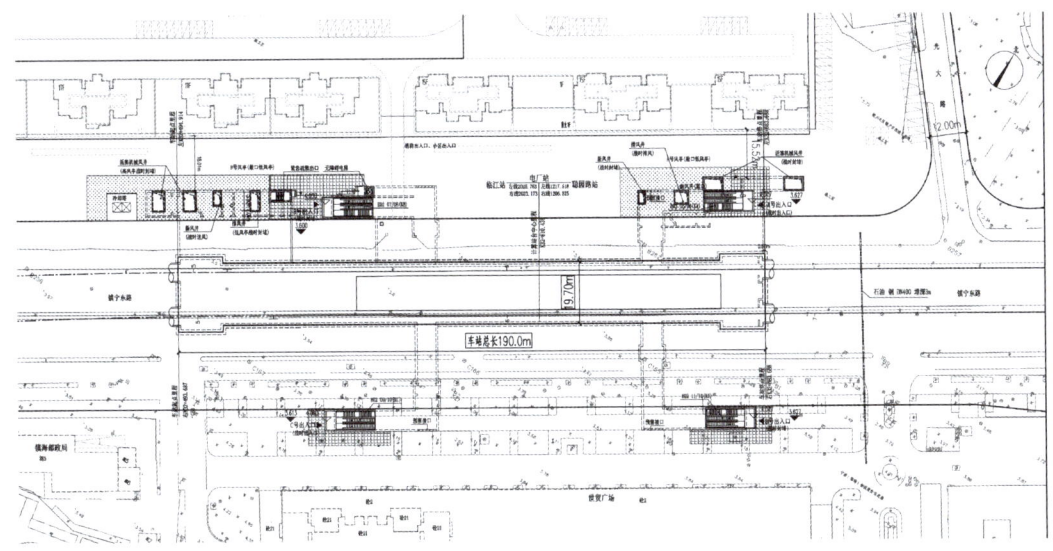

图 3-38　变更前枫园站总平面图

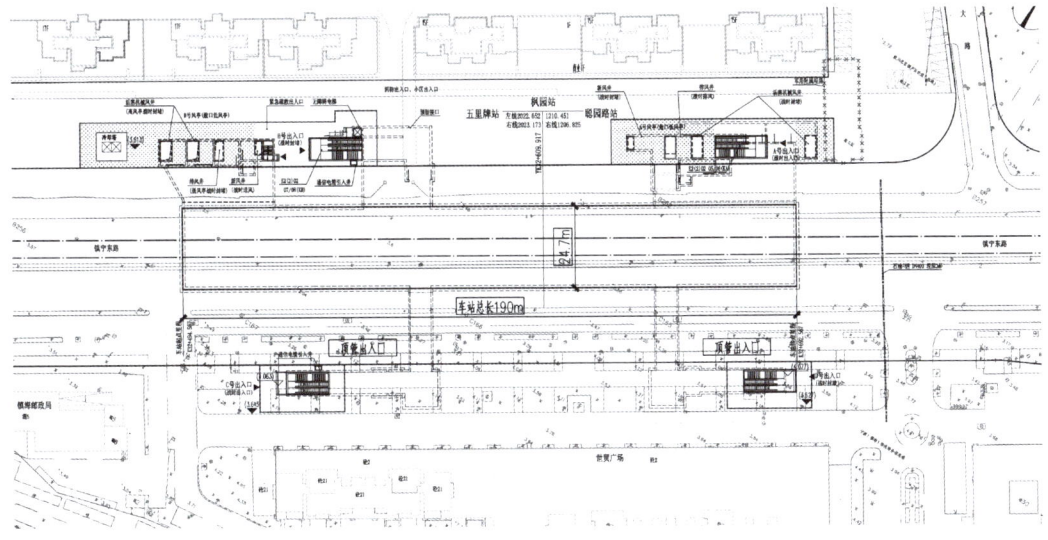

图 3-39　变更后枫园站总平面图

3.4.1.2　聪园路站调整为侧式车站变更

根据宁波市发展和改革委员会文件（甬发改审批〔2016〕351号）关于同意宁波市轨道交通2号线二期工程地下段部分区间采用类矩形盾构隧道的复函，由于车站前后盾构区间由圆形盾构隧道调整为类矩形盾构隧道，聪园路站由原266m长地下两层岛式站台车站调整为221.7m长地下两层侧式站台车站，同时附属结构布置相应调整。

由于聪园路站前后区间调整为类矩形盾构区间，线路线间距减小，原岛式站台方案无法满足要求，需将车站调整为侧式站台车站，调整后的方案满足相关技术要求，技术合理可行。本次变更引起工程费用增加约1280.6万元。如图3-40和图3-41所示。

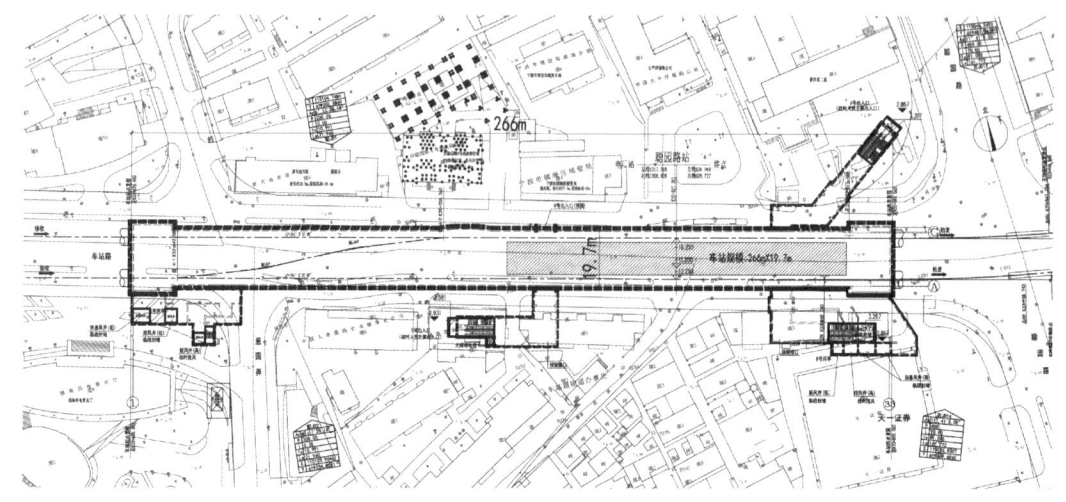

图 3-40 变更前聪园站总平面图

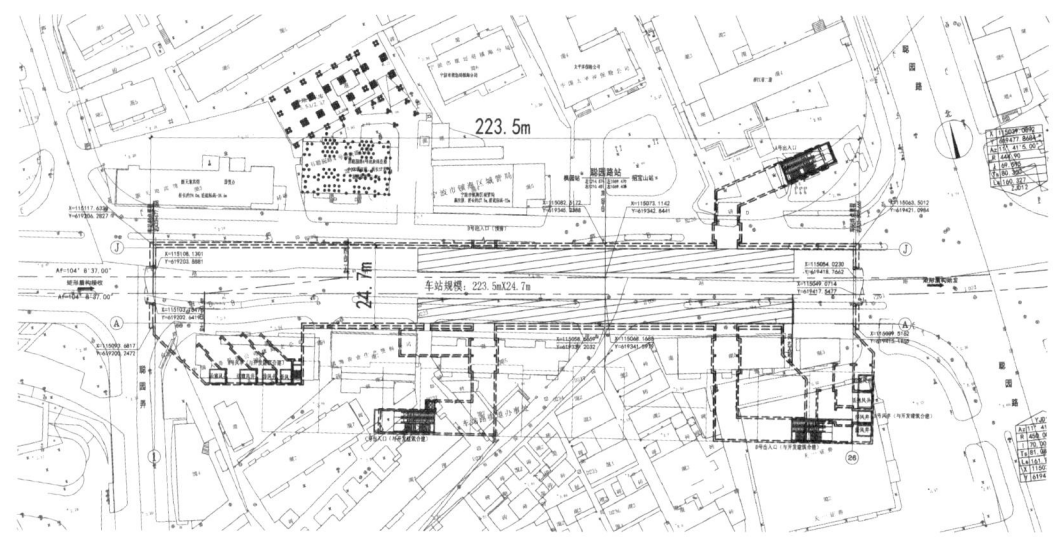

图 3-41 变更后聪园站总平面图

3.4.2 红联站变更方案

根据红联站主体基坑设计、施工方案专家联合评审相关意见，对红联站主体围护结构进行优化调整，便于现场施工的同时减少工程造价，总计减少工程费用 1275 万元，主要调整内容如下：

① 调整车站主体基坑划分，车站主体分为 A1、A、B、C、D 五个基坑，A1 基坑包括 B、F 风亭范围。

② 根据基坑划分调整，修改地墙分幅，调整 2 号线 A 基坑右线 15 轴～26 轴地墙深度，调整配套工程标准段地墙深度，入岩段地墙调整为"桩+墙结合"形式。

③ 2 号线 B 基坑左线小港广播电视台段及有 10-2b 块石段围护形式由 $\phi1000@1200$ 钻孔桩加 $\phi850@600$ 搅拌桩止水帷幕改为 $\phi1000@750$ 钻孔咬合桩，并将吊脚桩底嵌岩深度调整

为 3.5m；调整锁脚锚索布置、长度、锚索型号；基坑冠梁顶调整至整平地面以下 0.5m；取消桩间袖阀管注浆，桩间旋喷引孔入岩，优化旋喷桩深度及范围。

④ 优化 2 号线 A 基坑栈桥板宽度；取消原 B 基坑小港广播电台段栈桥板；新增 2 处管线改迁托板；取消 A 基坑换撑，并调整钢支撑型号；B 基坑第二道撑调整为砼支撑，吊脚桩侧第三道撑增设砼围檩，并增设立柱桩（工程桩兼作）；B 基坑工程桩（立柱桩）桩径由 $\phi1000$ 优化为 $\phi800$。

⑤ 根据基坑划分调整，修改配套工程支撑平面布置；取消配套工程西端头井北侧 1 轴～6 轴栈桥板，在西端头井南侧 1 轴～3 轴局部设 2.55m 宽（与标准段一致）栈桥板以便于施工；增设一处横坑基坑栈桥板、一处 DN600 给水管改迁拖板。

⑥ 优化格构柱间剪刀撑，除配套工程栈桥范围外，取消立柱间剪刀撑。

⑦ 调整钢支撑伺服系统设置范围：取消所有斜支撑伺服系统，取消小港广播电视台段第二道钢支撑伺服系统，配套工程 6-3 轴～6-7 轴第 3、6、7 道增设伺服系统，配套工程原 6-28 轴～6-42 轴伺服系统调整为第 3、6、7 道。

⑧ 取消 2 号线一品江南侧（右线侧）槽壁加固，对地墙入岩段增设槽壁加固，槽壁加固形式均改为双轴搅拌桩，加固深度 8m。

⑨ 2 号线除小港广播电台外，基底强加固深度优化为 3m，B 基坑软弱土层增加弱加固。配套工程第五道砼支撑底加固由 3m 优化为 2.5m，对第五道砼支撑底以下弱加固与地墙之间增设旋喷桩填充。所有下反梁处加固范围调整为梁两侧 1.5m，梁底 2m，弱加固深度统一自第二道支撑底起。

⑩ 取消配线区 9-10 轴、15-16 轴底板下反梁，采用厚板方案，底板厚度由 1300mm 加厚为 1500m。

3.4.3 圆形盾构改类矩形方案

原方案是 2 号线二期地下段为桥隧过渡段～红联站长约 4.81km，其中包含的车站依次为枫园站、聪园路站两个二层岛式车站、招宝山站三层岛式车站、红联站二层岛式车站，地下区间均为圆形盾构隧道方案。

拟变更方案为招宝山站采用侧式喇叭形曲线车站作盾构转换方案。从解决镇海段的拆迁困难和适当规避过江风险综合考虑，2 号线二期工程地下段部分，桥隧过渡段至招宝山站区间采用类矩形盾构隧道，枫园站、聪园路站为二层侧式站；招宝山站为三层侧式喇叭形车站，其小里程接类矩形盾构隧道，大里程接圆形盾构隧道；招宝山站至红联站区间仍采用圆形盾构施工，对线路线形作优化调整。

2 号线二期（桥隧过渡段至招宝山站）地下段应用类矩形盾构技术优势明显，主要有以下几点：

可大量减少房屋拆迁。经测算在招宝山站采用侧式喇叭形车站作盾构转换方案，比原方案可减少房屋拆迁面积 27620m^2，减少费用约 3.59 亿元。

可大大减少镇海区的拆迁压力。轨道线路经过镇海老城区，其房屋多为 20 世纪八九十年代建造，无桩基础或为浅基础，原方案在镇海区实施拆迁过程中，产生了如若拆迁第一排房屋，当地居民要求第二排也拆迁的情况。方案调整后，减少了路边第一排房屋的拆迁，可大大减轻拆迁可能带来的多米诺骨牌效应，镇海区也多次表达了相关意见。

类矩形盾构隧道地下占用空间小，为部分周边房屋留出可加固的空间，也为研究采取工程保护措施避免拆迁提供可能。

方案调整后，工程建造费、工程措施保护费和其他费用等约增加 2.59 亿元。

综合调整方案从技术方面考虑，3 号线开展研究的类矩形盾构技术基本成熟，可推广应用；从经济方面初步估算，概算费用总体约节约 1 亿元。

3.5 建设工期节约与设计筹划

3.5.1 背景描述

红联站是宁波市轨道交通 2 号线二期与后续线路的换乘站，车站的建设将完善线网功能。该站位于渡口路与江南东路的交叉路口，江南东路规划道路宽度 50m，现状宽度 32m，渡口路规划道路宽度 32m，现状宽度 14m，其中 2 号线二期红联站沿渡口路南北向布置，红联站配套工程沿江南东路东西向布置，两工程呈"T"形节点换乘。

该项目位于北仑区小港街道，属城市建成区，周围建筑密集、交通繁忙，沿线周边用地主要以居住、商业用地为主。交叉路口南侧为江南一品小区，东侧为华南镜园小区、华南医院、云鼎公寓、小港电视台等建筑，北侧为浦前小区，西侧为中国农业银行、奥力孚景明小区等。

2 号线二期红联站站后设交叉渡线及停车线，车站较长，约 470m；红联站配套工程设交叉渡线，长度约 360m。从节约工程投资角度考虑，2 号线二期红联站应为地下二层站，红联站配套工程应为地下三层站，2 号线二期站台层在上，配套工程站台层在下。

2 号线二期红联站沿渡口路设置，由于渡口路道路宽度较窄且周边小区已建成，出入口需拆除江南一品小区的部分裙楼并与裙楼合建，2 号线施工需拆除交叉路口西南象限 2 层沿街商铺作为车站施工场地及盾构始发场地，红联站配套工程施工时，也需利用该场地，同时红联站配套工程的附属建筑还可以与该地块的商业开发合建；2 号线盾构施工时需拆除东北角部分 5 层商业建筑，现红联站配套工程附属要拆除该 5 层商业建筑其余部分，配套工程附属也可以考虑与该地块复建后的商业合建。

2 号线二期红联站与配套工程采用"T"形换乘，实施 2 号线时需要将换乘节点同步实施，需要对路口进行交通疏解和管迁改迁，若只实施该节点，配套工程后期实施，则需要进行二次的施工围挡和管迁改迁，对周边居民和交通影响较大。2 号线小里程端两个双层的风道与配套工程主体相连，为保证 2 号线正常通车使用，与风道相连部分的配套工程主体也需要同步施工。另外配套工程为地下三层车站，基坑开挖深度比 2 号线车站深约 7m，后期施工会对 2 号线的结构安全及运营造成影响。

综上所述，为了减少将来配套工程实施时对已经投入运营的 2 号线的影响，合理利用施工场地，避免地铁施工对交通及周边居民的二次影响，整合地铁建设与周边开发，同时考虑安全，2 号线二期红联站与配套工程同步实施建设。如图 3-42 所示。

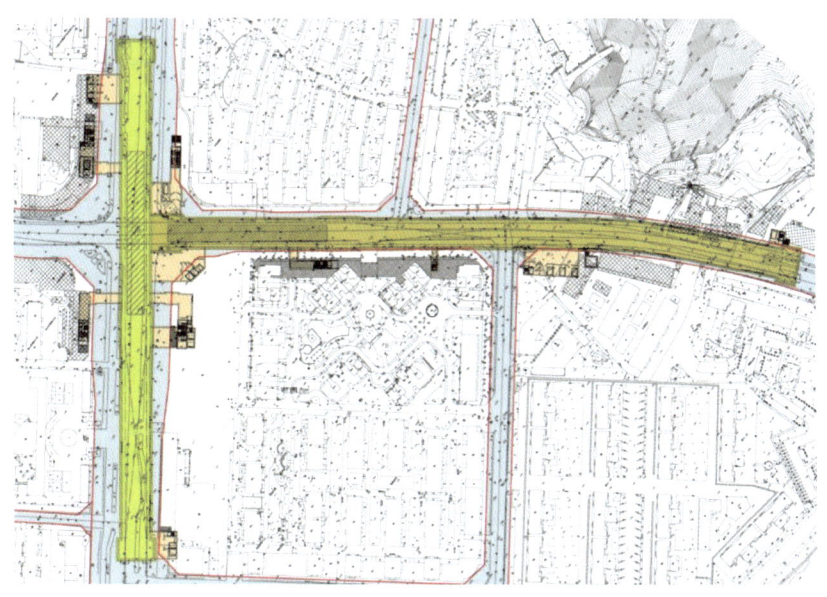

图 3-42 红联站总平面图

3.5.2 合建优势分析

3.5.2.1 减少对 2 号线运营影响的需要

第一，从结构方面分析，2 号线二期红联站与配套工程同时实施，可以避免基坑的二次开挖，减少周边土体挠动，稳定基坑，避免施工配套工程时对 2 号线车站造成土体偏压影响，减少配套工程施工时对 2 号线的相关保护措施。

第二，从建筑方面分析，如果不同期实施，2 号线二期运营时，为了使 2 号线和配套工程站厅连通，需要在 2 号线运营时拆除红联站与配套工程分隔的墙体，势必会对正在运营的 2 号线带来噪声及灰尘，严重影响 2 号线红联站的运营环境。

3.5.2.2 提高便捷换乘性的需要

若 2 号线二期红联站与配套工程分期实施，2 号线二期红联站与配套工程可采用通道换乘方案，两条线可以独立施工，互不影响，这对 2 号线二期的按期通车运营比较有利，但是两站需要采用 170m 的地下通道进行换乘，给乘客带来极大不便；同期实施，两工程采用"T"形节点换乘，共用一个站厅，可以实现站厅及"台-台"的换乘，换乘距离短，功能好，换乘便捷。

3.5.2.3 增加结构实施安全性的需要

若 2 号线二期红联站与配套工程分期实施，配套工程基坑开挖时会对已经运营的 2 号线结构安全产生影响；2 号线二期红联站与配套工程同时实施，配套工程的基坑开挖、节点区的纵梁、板、墙的连接均不需要考虑 2 号线的安全运营等因素，故施工控制条件较少，施工更加便利。另外，由于宁波地区软土与上海地区类似，具有高灵敏性，固结沉降的时空效应，同期施工配套工程基坑开挖对 2 号线周围土体的扰动较分期施工小，对 2 号线的沉降影响较小，更利于 2 号线的结构安全和使用。

3.5.2.4　避免地铁施工对交通及周边居民的二次影响

若2号线二期红联站与配套工程分期实施，需先实施2号线及换乘节点，此时需要对路口进行交通疏解和管迁改迁，配套工程后期实施，则需要进行二次的施工围挡和管迁改迁，施工周期也更长，对周边居民和交通影响较大；同期施工，一次性管迁改迁到位，围挡红联站及配套工程部分主体，分多个工作面施工，可以缩短工期，减少对交通及周边居民的影响。

3.5.2.5　合理利用施工场地的需要

若2号线二期红联站与配套工程不同期实施，先实施2号线及换乘节点，保证2号线通车，渡口路地面交通恢复正常，后施工配套工程时，位于交叉路口西侧的主体结构施工场地空间不足；同期施工时，西南象限拆迁的沿街商铺地块既可以作为2号线车站、盾构区间的场地，还可以作为配套工程的施工场地；一次施工围挡后，通过优化工筹，在优先保证2号线二期通车的前提下，实现施工场地的合理、充分、重复利用，避免了新增拆迁。

3.5.2.6　整合地铁建设与周边开发，提高地块利用价值的需要

由于2号线二期实施时需拆除交叉路口西南象限2层沿街商铺，2号线二期盾构区间需拆除东北象限部分5层商业建筑，配套工程附属需拆除该5层商业建筑其余部分设置风亭、出入口。

如果2号线二期红联站与配套工程同步实施，配套工程出入口、风亭与这两个商业地块还建的商业开发结合，既可以整合地面建筑，减少对周边景观的影响，也可以通过地铁带来人气和客流，提升地块的商业价值。

3.5.2.7　避免投资浪费

从管线改迁情况来看，2号线二期红联站实施时，管线需要改迁一次，配套工程施工时还需要进行一次改迁管线，管线改迁的费用需要数千万元，重复改迁造成投资浪费。

3.5.2.8　最大程度吸引客流的需要

2号线二期红联站位于渡口路和江南东路交叉路口的南侧，设置了3个出入口，分别位于华南镜园和一品江南侧，只能吸引路口两个象限的客流；站位位于小港街道的核心区，周边商业繁华，居民区多，客流量大，红联站与配套工程同步建设，可以在路口四个象限均设置出入口，能最大限度地吸引客流，方便乘客。这也是小港人民的迫切需求。

3.5.2.9　统筹城市空间的需要

红联站与配套工程同期建设，充分利用拆迁地块，进行地上、地下空间进行综合开发，与地下过街道、地下商场、物业开发建筑等进行结合或连接等方式，整合城市资源，最大限度地释放轨道交通的辐射力，满足区域客流的使用需要。

3.5.2.10　统筹城市景观的需要

红联站与配套工程同期建设，根据车站出入口及风亭并结合城市景观统筹考虑，尽量与现有或规划建筑合建，减少对城市景观的影响。

第 4 章

基坑工程实例

4.1 案例1（红联站）

4.1.1 工程概况

宁波轨道交通2号线二期工程TJ2219标一站一区间T形换乘站，车站施工为红联站，盾构施工主要包括招宝山站—红联站区间。标段总平面图如图4-1所示。

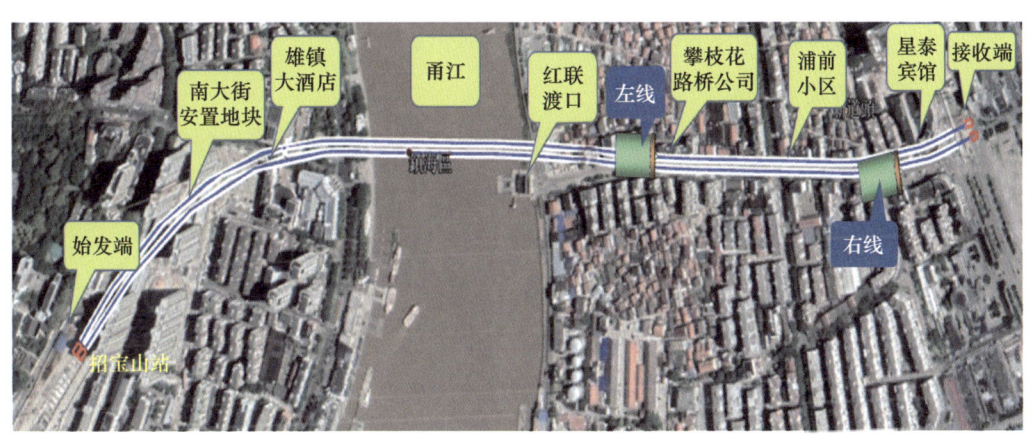

图 4-1 2号线二期TJ2219标总平面图

4.1.1.1 红联站设计概况

2号线车站为地下两层、12.5m站台的岛式车站，标准段为双柱三跨箱型（局部为单柱双跨）混凝土结构，主体围护结构采用地下连续墙、钻孔灌注桩及钻孔咬合桩，围护结构与侧墙体系为复合墙体系，标准段设置五道支撑加一道换撑，端头井基设置六道支撑加一道换撑。2号线红联站车站全长481.12mm，标准段基坑宽度21.2～22.5mm，深度16.52～17.42m。红联站共设4组风亭组、2个出入口及3个安全出入口，其中A号出入口与B号风亭组合建。6号线配套工程为地下三层、12.5m站台的岛式车站，标准段为双柱三跨箱型（局部为单柱双跨）混凝土结构，车站结构沿线路2‰找坡（小里程高，大里程低），顶板覆土厚度2.60～3.25m。车站标准段主体结构宽21.2～22.5m，底板埋深24.04～24.72m；配套工程共设 3 组风亭组及 3 个出入口，其中 D 号出入口与 E 号风亭组合建。红联站平面图如图 4-2 所示。

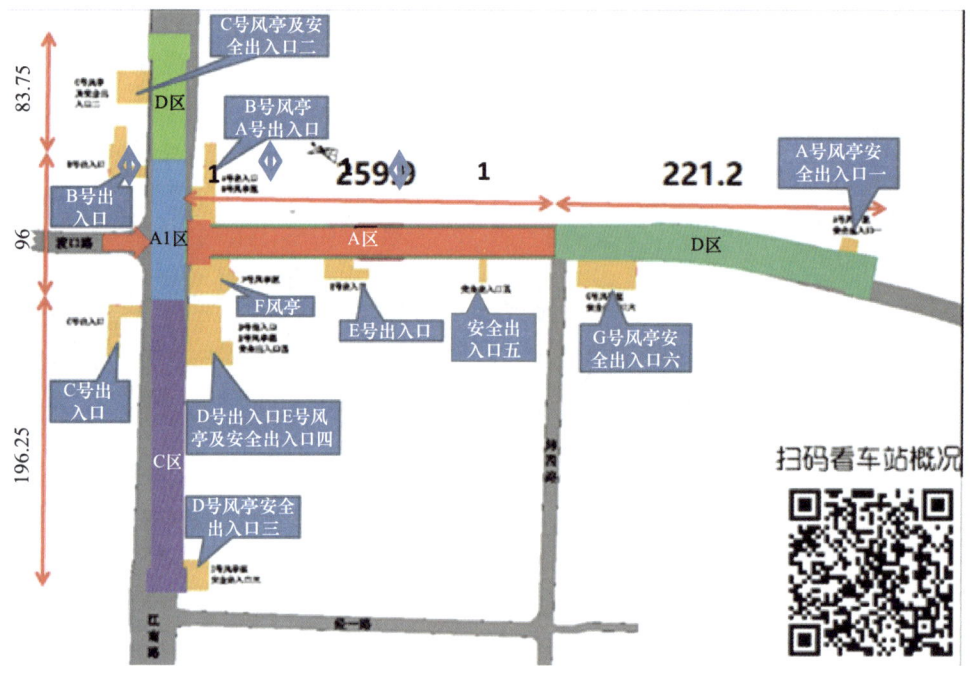

图 4-2 红联站平面示意图

4.1.1.2 地质水文情况

根据地质勘察报告，与本工程相关主要地层为①$_{1a}$层杂填土、①$_2$层黏土、①$_{3b}$层淤泥质黏土、②$_{2a}$层淤泥、②$_{2b}$层淤泥质黏土、③$_{1a}$层黏质粉土、③$_2$层粉质黏土、④$_{1b}$层淤泥质黏土、④$_{2a}$层黏土、⑤$_{1b}$层粉质黏土、⑤$_{1T}$层黏质粉土、⑥$_{3a}$层黏土、⑥$_{4a}$层粉砂、⑦$_1$层粉质黏土、⑧$_1$层粉砂、⑧$_{3b}$层砾砂、⑨$_{1a}$层粉质黏土、⑩$_{2b}$层块石、⑬$_{1a}$全风化晶屑玻屑熔结凝灰岩、⑬$_{1b}$强风化晶屑玻屑熔结凝灰岩、⑬$_{1c}$中等风化晶屑玻屑熔结凝灰岩等。红联站地质剖面图见图 4-3。

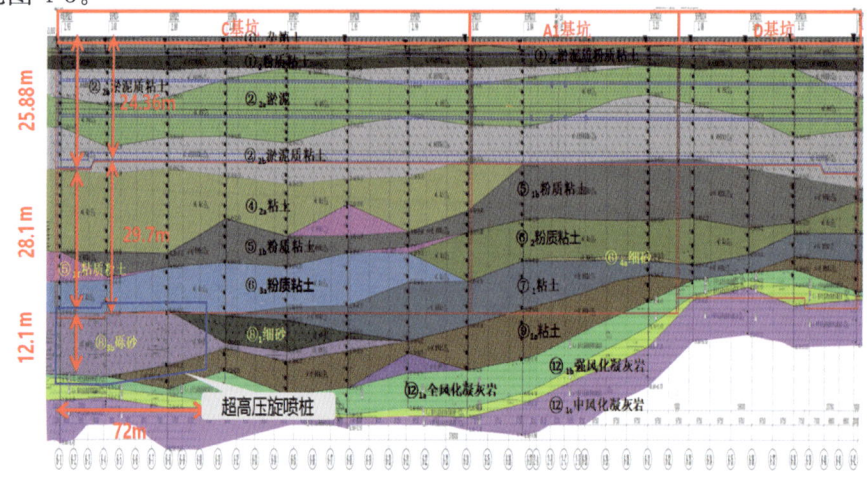

图 4-3 红联站地质剖面图

本标段工程沿线地下水主要为孔隙潜水、浅层承压水、I1层孔隙承压水、I2层孔隙承压水、基岩裂隙水。

(1) 孔隙潜水

松散岩类孔隙潜水主要赋存于场地表部填土和浅部黏土、淤泥质土层中。潜水与地表水联系密切，其补给来源主要为大气降水、地表径流，排泄方式主要以蒸发形式排泄。潜水水位变化受气候环境与地表径流影响显著，勘察期间实测的各勘探孔潜水稳定水位埋深为 0.80~2.00m，相应标高为 0.94~2.44m，经调查，水位季节性变化幅度为 1.0m 左右。

(2) 浅层承压水

场地浅层承压水主要赋存于③$_{1a}$层黏质粉土中，含水层呈透镜体状，分布不连续，含水层厚度较小，含水层厚 1.10~3.50m，室内试验渗透系数介于 7.8×10^{-6} ~ 7.0×10^{-6} cm/s，透水性一般，水量较小，水位埋深为 2.26~3.03m，相应标高为 −0.03~0.62m，渗透系数在 0.12×10^{-4} ~ 0.19×10^{-4} cm/s，水质为微咸水~咸水。本车站零星分布，未形成统一的承压水位。

(3) I1层孔隙承压水

第 I1 层孔隙承压水主要赋存于⑤$_{1T}$层黏质粉土、⑥$_{4a}$层粉砂中。⑤$_{1T}$层黏质粉土呈透镜体状分布，含水层厚 2.0~4.0m。透水性较好，涌水量小，单井涌水量一般小于 50m³/d，渗透系数在 2.5×10^{-3} ~ 2.6×10^{-3} cm/s，水位埋深为 1.12~2.10m，相应标高为 1.05~2.04m，水质为微咸水；⑥$_{4a}$层粉呈砂透镜体状分布，含水层厚 1.50~5.10m。透水性较好，涌水量小，单井涌水量一般小于 50m³/d，渗透系数在 5.20×10^{-4} ~ 5.78×10^{-4} cm/s，水位埋深为 2.35~2.90m，相应标高为 −0.10~0.45m，水质为微咸水。本车站零星分布，未形成统一的承压水位。

(4) I2层孔隙承压水

第 I2 层孔隙承压水赋存于⑧$_1$层细砂、⑧$_{3b}$层砾砂中。⑧$_1$层细砂、⑧$_{3b}$层砾砂透水性好，渗透系数 1.04×10^{-3} ~ 5.4×0^{-2} cm/s，水量丰富，单井开采量 1500~1800m³/d，系市区地下水主要开采层之一，水质为微咸水，水位埋深为 2.00~2.10m，相应标高为 0.70~0.80m，本场地⑧$_1$层细砂、⑧$_{3b}$层砾砂仅分布在配套工程渡口路以南部位。

(5) 基岩裂隙水

根据场地详勘钻孔 S5XZ15 基岩裂隙水压水试验成果资料，晶屑玻屑熔结凝灰岩基岩裂隙水水量贫乏，透水性差，渗透系数约 6.52×10^{-6} cm/s，水位埋深为 1.10m，相应标高为 2.174m，水质为淡水。

4.1.1.3 红联站施工筹划

1. 一阶段：车站主体围护结构及主体结构

本阶段施工主体围护结构等基坑开挖准备工作完成后，2 号线由北向南开挖及回筑车站主体结构，6 号线配套工程由东向西开挖及回筑主体结构。

2. 二阶段：2 号线附属结构

2 号线附属 A 号出入口 B 风亭、F 风亭、E 号出入口、安全出入口五、G 号风亭组、A 号风亭组待 2 号线主体结构及 6 号线 A1 基坑完成后开始施工。

3. 三阶段：6 号线 D 号出入口、D 号风亭组及北侧附属结构

本阶段施工 6 号线 D 号出入口、D 号风亭组及北侧附属结构。江南路及渡口路交通恢复至车站主体结构上方。待主体结构及 2 号线附属结构完成后，进行施工。

4.1.2 施工重难点控制

4.1.2.1 施工重难点分析及针对性措施

工程重点、难点和针对性措见表 4-1。

表 4-1 工程重点、难点和针对性措施一览表

重点、难点		重点、难点分析	针对性措施概要
车站基坑围护、开挖、结构回筑	围护结构施工	1. 本标段周边管线和建筑物较多,围护结构需加强施工质量,确保基坑施工安全,减少对周边环境的影响。 2. 6号线超深地下连续墙易塌孔地连墙施工范围内部分地连墙上部土层存在流塑状淤泥层,且较厚,下部地墙须嵌入中风化凝灰岩,入岩施工时对已成槽槽壁影响较大,极易造成上部淤泥层坍塌	1. 优化设备选型及围护结构施工工艺。 2. 入岩段进行槽壁加固处理,严格控制沉槽阶段泥浆比重,针对特殊地层可适当加入重金石粉增加泥浆比重,以达到护壁要求。同时槽段周边限荷,防止对槽段造成扰动
	基坑开挖	6号线配套工程为地下三层车站,开挖深度约25m,周边建筑物较近,且北侧存在国家级文物,开挖过程中基坑变形要求高	1. 地墙采用牙轮刷壁器和钢刷刷壁,提高地墙接缝抗渗止水能力。 2. 基坑第一、五道支撑采用2砼支撑,第一道为 800mm×1000mm 混凝土支撑,第五道为 900mm×1100mm 混凝土支撑;设置钢支撑伺服系统,提高基坑稳定性;严格按方案分层分段放坡开挖,加快钢支撑架设速度

4.1.2.2 管线改迁总结

对现场进行调查,对施工有影响的管线采取临时迁改或原位保护的措施,尽量避免二次迁改;基坑开挖影响范围内的管线绕开基坑范围;对于不能一次搬出基坑范围的管线,临时改移至附属结构区域。

4.1.2.3 施工进度筹划总结

项经部按照合同要求编制进度计划,在工程施工过程中,对照实际进度、客观条件进行分析、调整。由于我标段红联站在业主保通计划中,工期紧张,故项经部采取以下措施:

① 要求所有分包进场时领取总进度计划控制表,并接受交底。
② 安排班组实行双班制施工。
③ 项目部每周召开两次例会,解决施工中的具体问题,确保总进度计划如期实现。
④ 对管理人员实行奖惩制度,签订责任状,加强现场管理制度。
⑤ 服从业主协调,密切与本工程相关单位的合作与配合,主动疏通地方关系,取得地方政府及有关部门的支持。

4.1.3 施工过程

4.1.3.1 方案编制落实

在方案编制过程中,项目部根据各个站的特点分别确定对应的施工方案和工艺,严格落实企业规程的施工技术要求,针对不同的施工环境编制各类专项施工方案,并对现场管理人

员及施工班组进行两级交底,技术质量员现场监督,保证现场实际施工管理做到严格按方案进行。施工前对班组进行细致技术交底,如图 4-4 和图 4-5 所示。

4.1.3.2 地墙成槽施工过程的质量控制

增加牙轮刷,保证刷壁质量,有利于提高地下连续墙接头连接性能;同时提高接头止水作用,防止渗漏,降低施工成本,减少对基坑开挖的影响,确保主体结构防水效果。增加牙轮刷和超声波检测纠偏如图 4-4 和图 4-5 所示。

图 4-4 成槽机增加牙轮刷　　　　图 4-5 超声波检测纠偏

4.1.3.3 结构回筑前的地墙冲洗

本工程防水标准为一级,结构防水遵循"以防为主,刚柔相济,多道设防,因地制宜,综合治理"的原则。采用多道防线,层层设防,确保工程的防渗漏达标,同时在结构迎水面设置柔性全包防水层,使工程在受控状态下有序进行,如图 4-6 和图 4-7 所示。

图 4-6 基面处理　　　　图 4-7 基面修补

4.1.3.4 防水卷材质量控制

卷材防水层平面部位采用空铺,立面部分采用机械固定法铺设,如图 4-8 和图 4-9 所示。

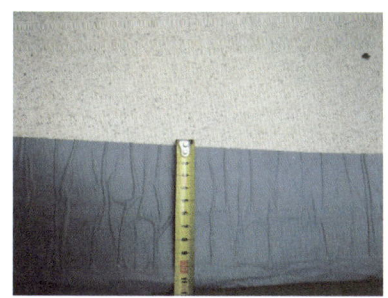 

图 4-8 侧墙防水卷材搭接　　　　图 4-9 侧墙防水卷材铺设

4.1.3.5 施工缝防水处理

结构施工缝先冲洗干净后喷洒水泥基渗透结晶,再进行涂刷,避免新老结构间裂缝等现象产生。结构侧墙迎水面预埋注浆管,结构施工完毕后进行注浆止水处理。相关操作如图 4-10 和图 4-11 所示。

图 4-10　侧墙施工缝涂冲洗　　　　图 4-11　预埋注浆管

4.1.3.6 斜腋定制钢模

传统地铁车站腋角施工采用木胶合板和木方背楞为主的模板支撑方式,存在施工效率低、质量难以控制等缺点。项目部根据现场情况采用组合钢模板施工,可防止混凝土浇筑时发生胀模、混凝土蜂窝麻面等现象,同时提高施工效率,如图 4-12 和图 4-13 所示。

图 4-12　腋角钢模安装　　　　图 4-13　腋角成型效果

4.1.3.7 顶板防水施工质量控制

在顶板防水施工前,拆除主体结构第一道砼支撑,让围护圈梁应力完全释放,再进行防水基面的修补、清理与验收,再进行防水制作、验收,如图 4-14 和图 4-15 所示。

图 4-14　防水基面倒角处理　　　　图 4-15　顶板防水厚度监测

4.1.4 施工过程问题及处置

在红联站第一次使用侧墙大钢模施工过程中,由于缺乏施工经验,未充分采取模板抗浮措施,底部发生漏浆现象,导致大钢模轻微上浮情况发生。

项目部根据现场情况进行改进措施:钢模板上方用 I 和 L 形 18mm 钢筋与侧墙主筋焊接形成抗浮三角稳定结构;底部用钢筋地脚螺栓按要求锚固的同时,每一幅钢模相交处均用 32mm 钢筋上下焊接。抗浮处理如图 4-16 和图 4-17 所示。

图 4-16 顶部抗浮处理(一)　　　　图 4-17 底部抗浮处理(二)

4.1.5 创新实践

4.1.5.1 设置定型方钢及定型垫块控制保护层

在红联站结构施工过程中,在模板上使用 4×5 定型方钢,同时侧墙钢筋按照垫块及一道 14 钢筋,竖向三道,确保保护层合格。中板及顶板采用定制保护层垫块,确保板保护层合格。具体操作如图 4-18～图 4-20 所示。

图 4-18 模板定制型钢安装　　　　图 4-19 钢筋保护层控制

图 4-20 板保护层定制垫块及现场应用

4.1.5.2 钻孔灌注桩桩头"零"超灌技术

在桩头位置安装感应器能有效控制坑内桩桩头超灌深度。本站约有 1000 根钻孔灌注桩,通过已完基坑开挖验证,平均超灌量均控制在 0.5m,在确保桩头质量的同时,减少钻头凿除量,节约大量成本。控制桩头超灌措施使用如图 4-21 所示。

图 4-21 控制桩头超灌措施使用

"零"超灌技术特点总结如下:

① 高灵敏探头,可以标定不同等级的商砼或介质,控制精度高。

② 设备可与移动设备配对共享数据,手机端轻松控制超灌高度。

4.1.5.3 "墙+桩"结合型地下连续墙施工技术

宁波市轨道交通 2 号线二期土建工程红联站,周边环境敏感,地质条件复杂,该工程中地下连续墙的嵌岩施工周期长,施工难度与风险大。研究采用新技术桩墙结合,该技术通过在地下连续墙底部设计两根嵌岩锁脚桩,使"墙+桩"竖向结合,发挥墙的支护作用,又发挥桩锁脚作用,用嵌岩桩深度代替地下连续墙入岩深度,在满足深基坑的各项稳定性要求的同时,减少施工时耗。相关示意图如图 4-22 和图 4-23 所示。

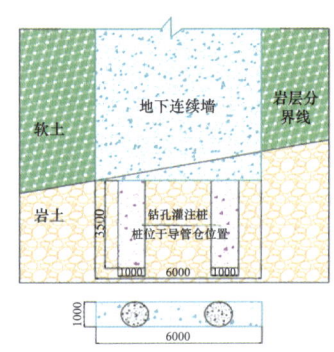 

图 4-22 桩墙结合示意图　　图 4-23 桩墙结合钢筋笼起吊示意图

"墙+桩"结合型地下连续墙施工技术特点总结如下:

① 减少地下连续墙入岩工程量,缩短施工周期,降低施工成本。

② 解决复合地层地下连续墙入硬质岩层的施工难题,为类似工程提供了技术参数。

4.2 案例2（聪园路站）

4.2.1 工程概况

宁波轨道交通2号线二期工程TJ2218标包含三车站三区间，车站施工主要包括枫园站、聪园路站、招宝山站，盾构施工主要包括五枫区间、枫聪区间、聪招区间。车站总结以聪园路站为典型代表进行介绍。标段总平面图如图4-24所示。

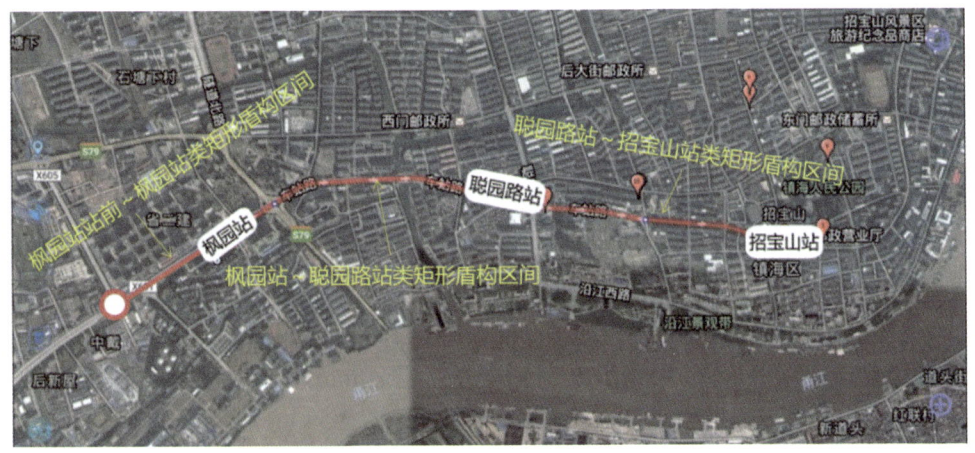

图4-24　2号线二期TJ2218标总平面图

4.2.1.1 聪园路站设计概况

聪园站为地下两层站台侧式车站，围护结构采用地下连续墙形式，标准段设置五道支撑加一道换撑，端头井基设置六道支撑加一道换撑。车站全长221.7m，标准段基坑宽度24.7m，深度约17.06m。车站设有4个出入口及2组风亭。聪园路站平面图如图4-25所示。

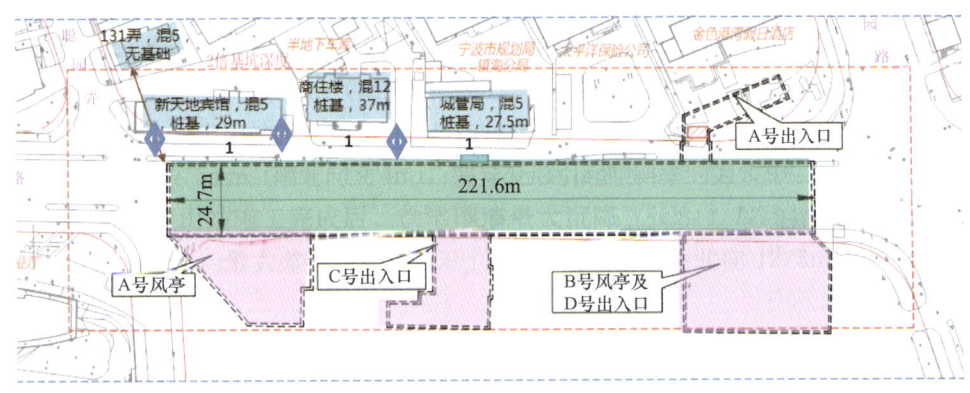

图4-25　聪园路站平面示意图

4.2.1.2 地质水文情况

根据地质勘察报告，与本工程车站相关主要地层为①$_{1a}$层杂填土、①$_{1b}$层素填土、①$_{1c}$层浜填土、①$_2$层灰黄色粉质黏土、①$_{3c}$层淤泥质粉质黏土、②$_1$层灰色粉质黏土、②$_{2b}$层灰色淤泥质黏土、②$_{2c}$层灰灰色淤泥质粉质黏土、②$_{2T}$层灰色黏质粉土、③$_{1b}$层粉砂、③$_{1T}$层灰色粉质黏土、④$_{1b}$层淤泥质粉质黏土等。聪园路站地质剖面图如图4-26所示。

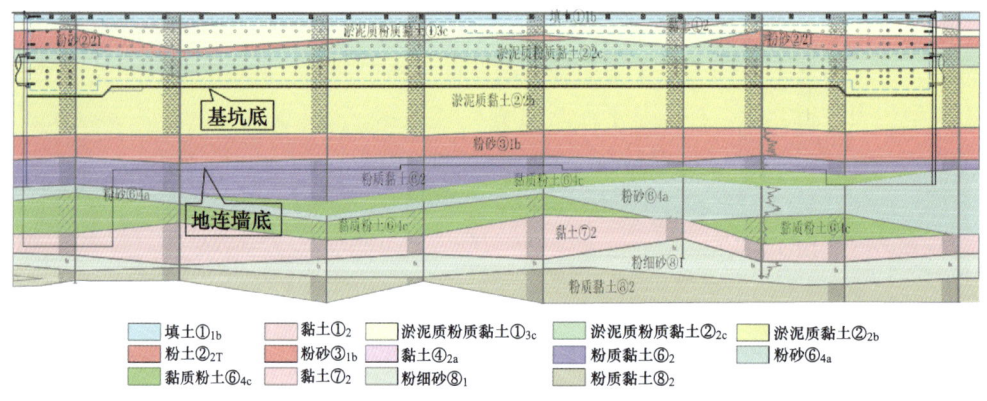

图4-26 聪园路站地质剖面图

本标段工程沿线地下水主要为第四系孔隙潜水类型、孔隙承压水类型。

（1）孔隙潜水

赋存于浅部的填土、黏性土层中。表部填土结构松散，空隙大，富水性差，透水性较好。经调查，水位季节性变化幅度为1.0m左右。

（2）孔隙承压水

主要赋存于浅部②$_{2T}$层、③$_{1b}$层、中部第⑥层承压含水层和深部第⑧、⑨层承压含水层中，分属于宁波市浅部承压含水层和Ⅰ、Ⅱ含水层。

4.2.1.3 聪园路站施工筹划

1. 一阶段：车站主体围护结构及主体结构

本阶段施工主体围护结构等基坑开挖准备工作完成后，由西向东开挖及回筑车站主体结构。

2. 二阶段：南侧附属结构

围挡范围及宁镇东路交通同一阶段不变。其中C号出入口待主体结构封顶后进行施工，A号风亭待枫园路站—聪园路站区间完成后进行施工，D号出入口及B号风亭待聪园路站—招宝山站区间完成后进行施工。导改路宽度为22m，双向4机＋2非，两侧交叉口可渠化；聪园路交通保持原状不变。

3. 三阶段：北侧附属结构

本阶段施工北侧附属。宁镇东路交通恢复至车站主体结构上方。待主体结构及南侧附属结构完成后，进行施工。

4.2.2 施工重难点控制

4.2.2.1 施工重难点分析及针对性措施

工程重点、难点和针对性措施见表4-2。

表 4-2　工程重点、难点和针对性措施一览表

重点、难点		重点、难点分析	针对性措施概要
车站基坑围护、开挖、结构回筑	围护结构施工	1. 本标段周边管线和建筑物较多，围护结构需加强施工质量，确保基坑施工安全，减少对周边环境的影响。 2. 钢筋笼接头对接多，接头处变形量大，招宝山站地墙深度不一，根据不同深度配置不同长度的接头板，总长为60～66m，单根接头板最长为15m。 3. 66m深GXJ接头板，深度大，底部压力大，油路爆管，起拔风险极大	1. 优化设备选型及围护结构施工工艺。 2. 定期进行油路检测，现场配置利勃海尔铲刀，防止因为混凝土绕流接头箱无法拔出，配置6只液压千斤顶备用
	基坑开挖	招宝山站为地下三层车站，开挖深度约25m，周边建筑物较近，且北侧存在国家级文物，开挖过程中基坑变形要求高	1. 地墙采用GXJ接头，提高地墙接缝抗渗止水能力。 2. 基坑第一、五道支撑采用2砼支撑，第一道为800mm×1000mm混凝土支撑，第五道为900m×1100m混凝土支撑。 3. 设置钢支撑伺服系统，提高基坑稳定性。 4. 严格按方案分层分段放坡开挖，加快钢支撑架设速度

4.2.2.2　管线改迁总结

对现场进行调查，对施工有影响的管线采取临时迁改或原位保护的措施，尽量避免二次迁改；基坑开挖影响范围内的管线绕开基坑范围；对于不能一次搬出基坑范围的管线，临时改移至附属结构区域。

4.2.2.3　施工进度筹划总结

项目经理部按照合同要求编制进度计划，在工程施工过程中，对照实际进度、客观条件进行分析、调整。由于我标段枫园站和聪园路站在业主保通计划中，工期紧张，故项经部采取以下措施：

① 要求所有分包进场时领取总进度计划控制表，并接受交底。
② 安排班组实行双班制施工。
③ 项目部每周召开两次例会，解决施工中的具体问题，确保总进度计划如期实现。
④ 对管理人员进行奖惩制度，签订责任状，加强现场管理制度。
⑤ 服从业主协调，密切与本工程相关单位的合作与配合，主动疏通地方关系，取得地方政府及有关部门的支持。

4.2.3　施工过程

4.2.3.1　方案编制落实

在方案编制过程中，项目部根据各个站的特点分别确定对应的施工方案和工艺，严格落实企业规程的施工技术要求，针对不同的施工环境编制各类专项施工方案，并对现场管理人员及施工班组进行两级交底，技术质量员现场监督，保证现场实际施工管理做到严格按方案进行。施工前对班组进行细致技术交底。

4.2.3.2 地墙成槽施工过程的质量控制

加大检测频率,保证泥浆质量,有利于降低槽壁坍塌的可能及减少墙鼓包的现象;同时保证了地墙的平整度,为后续侧墙防水施工提供了良好的作业基面。加大检测频率和超声波检测纠偏如图 4-27 和图 4-28 所示。

图 4-27　加大检测成孔泥浆频率　　　　图 4-28　超声波检测纠偏

4.2.3.3 结构回筑前的地墙冲洗

地墙表面从上到下用高压水枪分层冲洗,清理表面浮土砂砾及碎石泥浆土,保证结构侧墙防水基面平整干净。地墙表面冲洗顺序施工,避免了逆序作业造成墙面杂物流入侧墙施工缝难以清理的情况发生,有利于下一步结构防水施工。地墙冲洗如图 4-29 所示。

4.2.3.4 防水卷材质量控制

卷材防水层平面部位采用空铺,立面部分采用机械固定法铺设,如图 4-30 所示。

图 4-29　地墙冲洗　　　　图 4-30　侧墙防水卷材搭接

4.2.3.5 施工缝防水处理

结构施工缝先喷洒水泥基渗透结晶,再进行涂刷,避免新老结构间裂缝等现象产生。结构底板迎水面预埋全断面注浆管,结构施工完毕后进行注浆止水处理。相关操作如图 4-31 和图 4-32 所示。

4.2.3.6 斜腋定制钢模

传统地铁车站腋角施工采用木胶合板和木方背楞为主的模板支撑方式,存在施工效率低、质量难以控制等缺点。项目部根据现场情况采用组合钢模板施工,可防止混凝土浇筑时发生胀模、混凝土蜂窝麻面等现象,同时提高施工效率,如图 4-33 和图 4-34 所示。

图 4-31 施工缝涂刷水泥基渗透结晶

图 4-32 预埋注浆管

图 4-33 腋角钢模安装

图 4-34 腋角成型效果

4.2.3.7 顶板防水施工质量控制

在顶板防水施工前，拆除主体结构第一道砼支撑，让围护圈梁应力完全释放，再进行防水基面的修补、清理与验收，再进行防水制作，如图 4-35 和图 4-36 所示。

图 4-35 格构柱处修补

图 4-36 顶板防水基面干湿度试验

4.2.4 施工过程问题及处置

在枫园站第一次使用侧墙大钢模施工过程中，由于缺乏施工经验，未充分采取模板抗浮措施，底部发生漏浆现象，导致大钢模轻微上浮情况发生。

项目部根据现场情况进行改进措施：钢模板上方用 I 和 L 形 18mm 钢筋与侧墙主筋焊接

形成抗浮三角稳定结构；底部用钢筋地脚螺栓按要求锚固的同时，每一幅钢模相交处均用18mm钢筋上下焊接，如图4-37和图4-38所示。

图4-37　顶部抗浮处理（一）　　　　图4-38　底部抗浮处理（二）

在聪园路站应用时，项目部借鉴枫园站的施工经验，采取了以下改进措施：钢模板背部主棱底部与板面平齐，可直接落于结构板面或腋角上，减少漏浆、错台等情况发生；对大钢模底部固定方式进行调整，由水平方向固定改为斜向固定，提高大钢模抗浮能力。原钢模板形式和改进后的模板形式分别如图4-39和图4-40所示。

图4-39　原钢模板形式　　　　图4-40　聪园路站改进后的模板形式

4.2.5　新工艺实施效果总结

在聪园路站结构施工过程中，应用了新型诱导缝止水材料。

在施工过程中，仅在标准段南侧侧墙中设置，北侧未进行设置，由此进行南北两侧结构裂缝及渗漏水情况对比，如图4-41至图4-47所示。

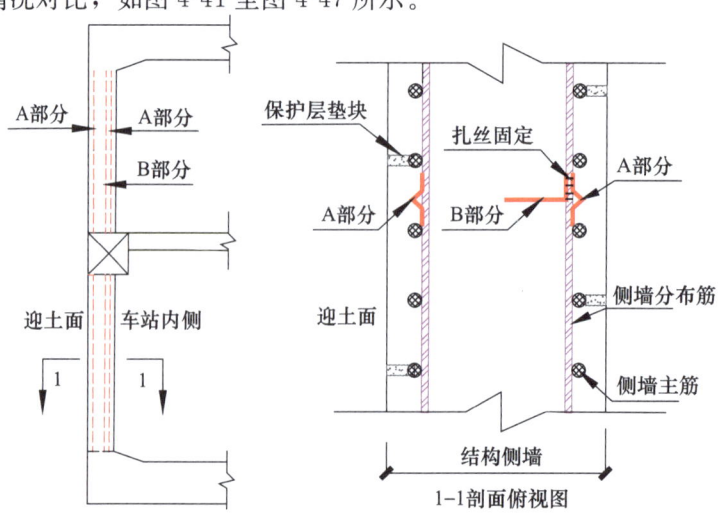

图4-41　安装示意图

图 4-42 现场施工照片

图 4-43 安装完成

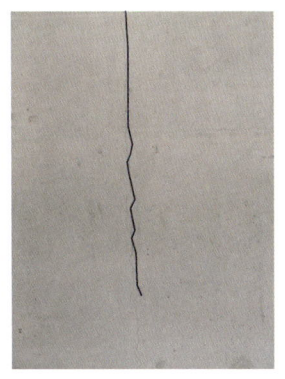
图 4-44 设置诱导缝止水材料处墙身结构裂缝

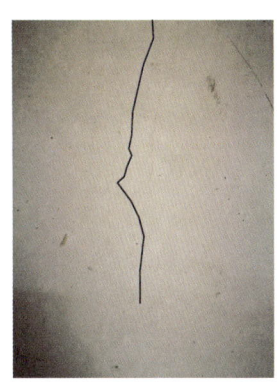
图 4-45 普通墙身结构裂缝

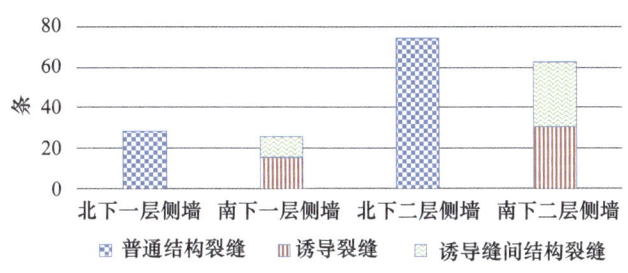
图 4-46 南北侧裂缝数量对比图

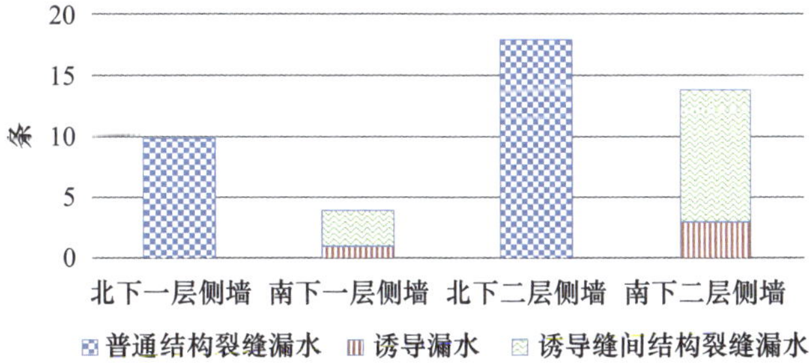

图 4-47 南北侧裂缝渗漏水数量对比图

由此总结经验如下：

① 新型诱导缝的使用确保了裂缝出现的位置可控，有效降低了裂缝的无序发展。

② 设置新型诱导缝有效减少了混凝土结构裂缝渗漏水情况的发生。

③ 如果侧墙墙身厚度大于 800mm，建议增加 B 部部材伸入长度，或设置两根 B 部部材，增大结构侧墙混凝土的截面损失率，有利于结构混凝土在诱导缝位置形成规则断裂。

④ B 部"L"形部件在浇筑砼时易发生倾覆，造成结构混凝土开裂不规则，建议将"L"形改为"T"形，提高稳定性。

⑤ 在诱导缝部位注入树脂材料，提高了混凝土结构裂缝处的止水效果。

第 5 章

区间工程实例

5.1 盾构工程概况

下面介绍盾构线路设计。

1. 类矩形盾构区间设计

枫园站—聪园路区间隧道穿越蛟川桥施工,枫园站—聪园路区间隧道在 YK33+400～YK33+440 里程穿越蛟川桥,蛟川桥桩基为 ϕ800 灌注桩,桩长 28.9m,桩底标高 -25.97m。桩基侵入隧道断面。蛟川桥和平面位置关系分别如图 5-1 和图 5-2 所示。

图 5-1 蛟川桥现场照片

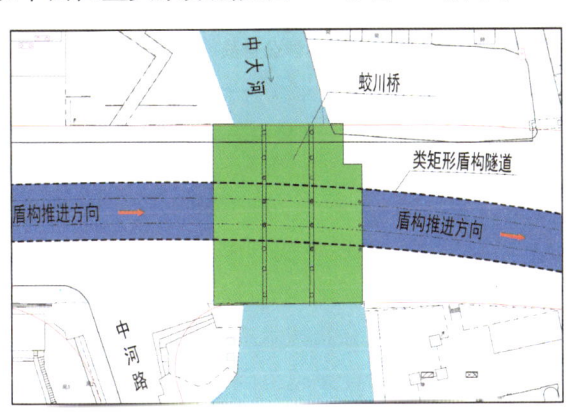

图 5-2 蛟川桥与隧道平面关系图

为确保盾构顺利施工,在掘进前需对蛟川桥拆除重建,蛟川桥侵入隧道及距离隧道 1m 范围内的桩基需在盾构穿越前拔除。拔除后对原桩孔进行回填,回填材料要求具有良好的均匀性、低渗透性,确保回填后桩孔不形成透水通道。新建桥梁桩基至隧道边最小净距约不小于 2.0m。立面位置关系如图 5-3 所示。

预先在桥梁墩柱上布置监测点。设置盾构施工模拟段,并将监测到的数据立即提供给技术人

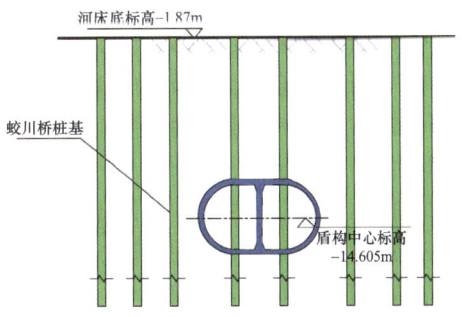

图 5-3 蛟川桥与隧道立面关系图

员，技术人员通过反分析，及时通知盾构施工人员调整盾构推进速度、刀盘转速、正面土舱压力、出土量、同步注浆量等施工参数，进行信息化施工。

在盾构到达穿越桥梁前20m处，根据监测到的数据及设计反分析的反馈信息，及时调整盾构推进参数，确保盾构机的平稳穿越，保证施工影响范围内地层损失率≤3‰。

随时调整盾构施工参数，减少盾构的超挖和欠挖，以改善盾构前方土体的坍落或挤密现象，降低地基土横向变形施加于桩基上的横向力。

盾构施工中加强监测，根据地面桥梁变形、沉降、位移信息，如若超过报警值，应及时打开管片内预留注浆管进行二次注浆，减少盾尾通过后隧道外周围形成的建筑空隙。

墩柱变形控制标准：沉降≤10mm；水平位移≤5mm。

聪园路站—招宝山站区间隧道穿越石化住宅楼等建（构）筑物施工，位置关系如图5-4和图5-5所示。

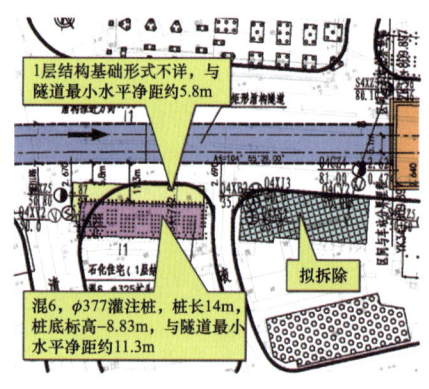

图5-4 石化住宅与隧道平面关系图

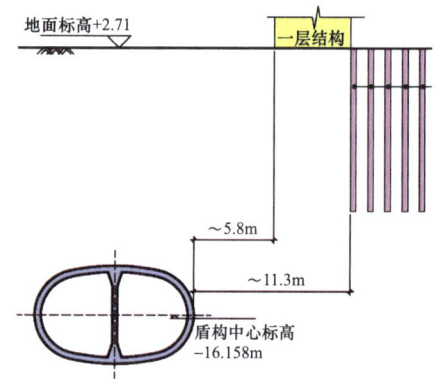

图5-5 石化住宅与隧道立面关系图

聪园路站—招宝山站区间隧道侧穿石化住宅楼，最小侧向净距约5.5m。石化住宅包括两部分结构：1层结构基础形式不详，混6结构基础为φ325扩头灌注桩，桩底标高−7.8m。

本区间盾构穿越石化住宅等建（构）筑物。盾构施工前需制订盾构推进施工设计方案，同时在施工中应采取有效技术措施予以保护，并制订详细的监测方案，确保结构安全。

施工前应详细调查穿越范围建、构筑物基础准确资料，必要时委托房屋鉴定机构对房屋质量进行检测鉴定，提出房屋允许沉降量和倾斜量。

详细调查建、构筑物基础资料、现状条件及保护要求等。对于基础条件较差、房屋结构不稳定，现状条件不理想的危旧建筑，需在区间隧道施工前对其基础进行注浆预加固或对房屋采取预支护措施。

采用加泥式土压平衡盾构，优选最佳施工参数，保证开挖面稳定，加强同步压浆与必要的补压浆措施，来控制建（构）筑物沉降。

随时调整盾构施工参数，减少盾构的超挖和欠挖，以改善盾构前方土体的坍落或挤密现象，降低地基土横向变形施加于桩基上的横向力。

采用同步注浆，减少盾尾通过后隧道外周围形成的空隙，减少隧道周围土体的水平位移及因此而产生的对桩基的负摩阻力。

加强监测，采取相应措施，包括对建（构）筑物的变形、沉降的监测，如发生较大变形，应及时反馈给监理、设计、施工单位以调整施工参数。

盾构穿越时，应杜绝急纠、猛纠现象，建议单次纠偏量≤2mm。

在盾构到达控制性建筑物前20m处时，降低推进速度，严格控制盾构方向，将检测到的数据及时反馈给盾构推进人员，及时调整推进参数，进行信息化施工，保证施工影响范围内地层损失率≤3‰。

(1) 房屋沉降、变形控制标准

① 砌体承重结构基础的局部倾斜≤1‰。

② 多层和高层建筑的整体倾斜（即基础倾斜方向两端点的沉降差与其距离的比值）≤2‰。

③ 工业及民用建筑相邻柱基的沉降差≤1‰L [L—相邻柱基的中心距离（mm）]。

④ 房屋整体沉降≤10mm。

(2) 其他设计优化

类矩形盾构技术作为一种新技术，自3号线一期出入段线首条类矩形盾构隧道贯通后，类矩形盾构设计、施工技术仍在不断深化完善。在2号线二期多个类矩形盾构区间建设过程中，我们对类矩形盾构相关技术细节进行了深化完善，主要包括以下方面：

① 完善了车站端部结构与类矩形盾构区间接口设计，应根据类矩形盾构区间井接头位置和车站端墙结构形式的不同进行不同的结构处理。

② 完善了中立柱管片设计，通过与建筑消防、环控等专业配合，优化了中立柱孔隙封堵板方案，并提出了类矩形盾构中立柱嵌缝方案。

聪园路站—招宝山站区间隧道侧穿石化住宅楼处，原设计方案需在隧道与建（构）筑物之间设置 $\phi600@800$ 钻孔灌注桩即隔离桩，后由于施工条件和工期限制，聪园路站—招宝山站区间侧穿石化住宅处取消隔离桩。施工单位加强施工控制的情况下，盾构穿越后石化住宅楼变形和沉降在允许范围内，验证了类矩形盾构工法能够有效降低环境影响的突出优点。

2. 圆形盾构穿越地块安全设计

招宝山站—红联站区间采用直径6.2m圆形盾构施工，线路出招宝山站后以$R=400$m的曲线半径向南下穿南大街拆迁安置地块。下穿地块范围的盾构区间埋深为17.1~24m。地下室底板与区间隧道之间的竖向净距不小于6m，地下室桩基与区间隧道之间的水平净距不小于3m（考虑到地块内桩基布置等因素，经各方协调一致，部分桩基与隧道水平净距按照不小于2.5m控制）。

由于南大街拆迁安置地块先于盾构施工，为满足后期盾构下穿地块条件，我院前期与地块设计单位进行过多次对接，提出了针对性的要求。镇海南大街拆迁安置地块设计文件中应明确区间隧道盾构施工前南大街开发地块房屋应完成地面以下结构（桩基及地下室结构）的施工及覆土。盾构穿越地块平面示意图如图5-6所示。

由于盾构在地块施工后掘进，为避免盾构施工中地块内遗留桩基的影响，南大街安置地块在施工期间若发现盾构结构外3m范围内桩基等影响盾构的障碍物，请及时报业主、轨道公司及设计单位。

由于区间隧道在施工和运营过程中会对其周围土体产生一定的扰动，其附近桩基和隧道上方影响范围内结构在设计中应考虑相应影响并适当加强。

地下室桩基应考虑后期盾构施工对桩侧摩阻力的不利影响。

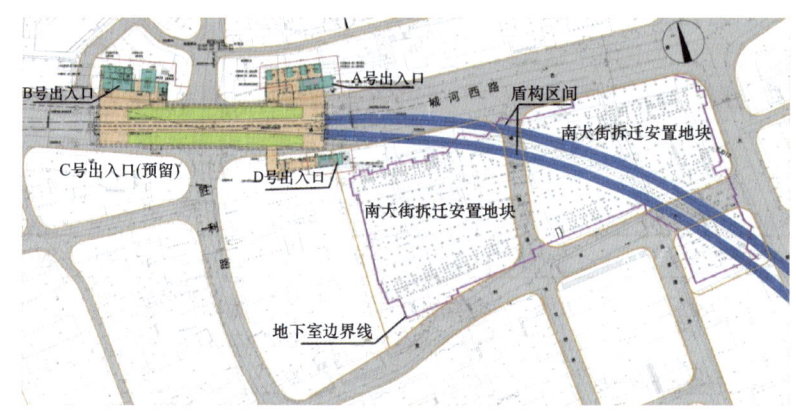

图 5-6 盾构穿越地块平面示意图

本地块塔楼紧邻区间隧道，其基础沉降会对地铁区间隧道产生影响，应对建筑物桩基采用注浆等措施尽可能减少施工期间的沉降和工后沉降，对隧道的影响需满足如下要求：

① 建筑物垂直荷载（包括基础地下室）及降水、注浆等因素而引起的地铁隧道外壁附加荷载≤20kPa。

② 地块开发引起的隧道沉降量及水平位移≤10mm。

③ 地块开发引起的隧道震动峰值速度≤2.5cm/s。

地块施工过程中应控制精度及定位，以保证地块内桩基与盾构隧道的净距。

3. 下穿甬江设计

甬江现状河宽约 250m，河底现状标高为 -12.29m，隧道顶距现状河底最小距离约为 11.1m。甬江百年冲刷线标高为 -17.3m，隧道顶距百年冲刷线约为 6.2m。穿越甬江纵断面详图如图 5-7 所示。

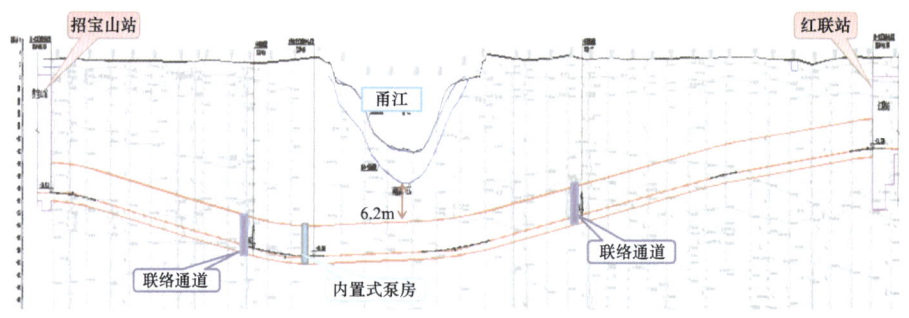

图 5-7 穿越甬江盾构纵断面示意图

为确保盾构穿越河流的施工安全，应根据盾构的施工特点和该段水压的具体情况，制定防喷涌、防漏、防浮、防磕、冒顶等的一些技术措施与对策，保证盾构安全通过河流。具体技术措施如下：

（1）盾构下穿甬江

要考虑河流情况（地质变化较大、地下水与地表水转化快、覆土厚度、开挖面的稳定、隧道结构上浮及管片变形、防水等问题），制定充分的对策，控制基础沉降与开裂。

（2）盾构下穿河流前

应复测河底标高，如与地质纵断面河底标高不符，应立即报监理、业主和设计单位进行研究。

（3）盾构在进入河流段前后

由于覆土有一个突变，因此在盾构掘进前需根据覆土深度的变化、地质情况、河流情况等调整盾构掌子面压力，增设螺旋机防喷装置，避免喷涌，同时要注意对岸堤的保护。

（4）盾构通过时

控制好盾构机的掘进姿态，防止超挖；必须注意时刻调整掘进参数，时刻保持与前方水土压力的平衡；严格控制同步注浆质量，并采用结硬性浆液。

（5）当盾构穿越过后

河底或护岸可能会有不同程度的后期沉降，因此必须准备足量的二次补压浆材料及设备，根据后期沉降观测结果，及时进行二次补压浆，以便能有效控制后期沉降，确保安全。

（6）加强监控量测

根据监测结果及时优化施工参数；盾构推进时控制地层损失率≤2‰，地面变形≤15mm。

（7）盾构穿越甬江前应对盾尾密封进行全面检查或更换

严禁盾尾密封带病作业或在江底进行盾尾密封更换。

（8）为保证盾构隧道运营阶段的安全，需在隧道范围外设警戒标志

要求河流疏浚时，考虑疏浚误差，保证河底覆土不低于规划标高。

（9）盾构下穿甬江前，应在相同地层条件下的陆地掘进段进行掘进实验

通过量测确定好掘进参数，按照该实验段确定好的掘进参数在甬江底进行施工，确保安全。

（10）在穿越前，进行100m的掘进试验

根据试验段数据确定各项掘进参数，并检查好盾构机各项性能，确保连续均匀掘进，严禁中途停机。

5.2 盾构施工准备工作

5.2.1 区间施工风险源调查

5.2.1.1 地下管线

区间沿线主要管线有沿城河西路布置的DN1200砼雨水管（埋深约2.4m，距隧道最小竖向距离约14.2m）；沿南人街布置的DN500砼雨水管（埋深约2m，距隧道最小竖向距离约25m）、DN700污水水管（埋深约2.6m，距隧道最小竖向距离约24.5m）；沿沿江路布置的DN700砼雨水管（埋深约2m，距隧道最小竖向距离约25.5m）、DN700污水水管（埋深约2.6m，距隧道最小竖向距离约24.9m）、DN500铸铁给水管（埋深约0.7m，距隧道最小竖向距离约26.5m）；沿渡口路布置的DN800砼雨水管（埋深约2.4m，距隧道最小竖向距离约9.6m）、DN1000砼污水管（埋深约5.6m，距隧道最小竖向距离约4.8m）、DN400砼给水管（埋深约0.7m，距隧道最小竖向距离约11.3m）；沿振兴路布置的DN500砼雨水管（埋深约2.2m，距隧道最小竖向距离约12.4m）、DN400铸铁给水管（埋深约0.5m，距隧

道最小竖向距离约 14.1m）、DN400 砼给水管（埋深约 0.9m，距隧道最小竖向距离约 13.7m）；沿江南东路布置的 DN800 砼雨水管（埋深约 2.9m，距隧道最小竖向距离约 7m）、DN400 砼雨水管（埋深约 2.7m，距隧道最小竖向距离约 7.3m）。招宝山站—红联站区间管线见表 5-1。

表 5-1 招宝山站—红联站区间管线列表

管线类型	起始里程	终止里程	起始环号	终止环号	关系	埋深	材质/型号
雨水管	ZK34+964.117	ZK35+011.219	0	39	下穿，最近 14.2m	约 2.4m	砼 DN1200
	ZK35+307.448	ZK35+326.512	286	302	下穿，最近 25m	约 2m	砼 DN500
	YK35+344.277	YK35+371.067	317	339			
	ZK35+407.017	ZK35+409.417	369	371	下穿，最近 25.5m	约 2m	砼 DN700
	YK35+402.677	YK35+405.677	366	368			
	ZK35+830.251	ZK36+056.554	722	910	下穿，最近 9.6m	约 2.4m	砼 DN800
	YK35+779.234	YK35+805.164	679	701			
	ZK36+052.023	ZK36+201.574	907	1031	下穿，最近 12.4m	约 2.2m	砼 DN500
	ZK36+341.627	ZK36+342.827	1148	1149	下穿，最近 7m	约 2.9m	砼 DN800
	YK36+346.203	YK36+347.403	1152	1153			
污水管	ZK35+000.052	ZK35+016.227	30	44	下穿，最近 24.5m	约 2.6m	砼 DN700
	YK35+288.832	YK35+315.359	271	293			
	ZY35+300.000	ZY35+302.4	280	282	下穿，最近 24.9m	约 2.6m	砼 DN700
	YK35+397.023	YK35+399.423	361	363			
	YK35+827.928	YK35+881.739	719	765	下穿，最近 4.8m	约 5.6m	砼 DN1000

5.2.1.2 盾构区间沿线环境

盾构区间沿线建（构）筑物见表 5-2。

表 5-2 盾构区间沿线建（构）筑物统计表

序号	风险源名称	环号 左线	环号 右线	风险源情况说明	环境接近关系
1	镇海区教育委员会（混 4）	1～37	—	基础为条形基础，基础深度 1.5m，基底标高 1.3m	隧道侧穿，左线隧道与房屋平面最小距离约 13.7m
2	南大街拆迁安置地块（混）（在建）	92～251	70～250	基础为 59mϕ700/800 钻孔灌注桩	隧道下穿，左、右线与桩基最小水平距离约为 2.5m
3	雄镇大酒店旁楼（混 4）	—	262～277	基础为灌注桩，桩长约 16m	隧道下穿，桩底与左、右线隧道顶净距约 8.2m
4	雄镇大酒店（混 2）	—	277～305	基础为浅基础，右线隧道与房屋平面最小距离约 21.6m	隧道侧穿，右线隧道与房屋平面最小距离约 21.6m

续表

序号	风险源名称	环号 左线	环号 右线	风险源情况说明	环境接近关系
5	石浦大酒店（混5）	274～331	—	基础为 $\phi600$ 钻孔灌注桩，桩长55m	隧道侧穿，左线隧道与房屋平面最小距离约2.7m
6	花园大酒店（混4）	—	301～355	基础为 $\phi377$ 静压砼灌注桩，桩长约24m	隧道侧穿，右线隧道与房屋平面最小距离约8.3m
7	石浦大酒店地下车库	318～343	—	基础为 $\phi600$ 钻孔灌注桩，桩长20m	隧道下穿，桩底与左线隧道顶净距离约2.7m
8	观光楼酒店（砖2）	382～392	—	基础埋深约6.2m，基底标高约-3.7m	隧道侧穿，左线隧道与房屋平面最小距离约14.5m
9	甬江北岸堤防护坡	394～399	384～390	基础埋深约6m	隧道下穿，桩底与隧道顶净距离约25.4m
10	红联渡口码头	—	553～604	基础为 $\phi600～700$ 泥浆护壁钻孔灌注桩，有效桩长46m	隧道侧穿，右线隧道与码头平面最小距离约6.5m
11	甬江南岸堤防护坡	608～613	599～604	基础埋深约5.8m	隧道下穿，基底标高-3.4m
12	里塘路7、9、11号（混3）	649～660	—	基础为条形基础，基础深度约1.5m	左线隧道下穿，左、右线隧道与基底净距约19.5m，右线侧穿，右线隧道与房屋平面最小距离约4.5m
13	红联渡口15#、16#楼（混6）	668～726	661～670	15#楼基础为 $\phi377mm$ 静压振拔沉管灌注桩，桩长16.5m；16#楼基础为 $\phi377mm$ 静压振拔沉管灌注桩，桩长16m	隧道下穿15#楼，左线隧道与桩底净距约6.5m 隧道下穿16#楼，左、右线隧道与桩底净距约2.1m
14	渡口路32弄1～5幢（混6）	—	669～763	1幢基础为 $\phi426mm$ 沉管灌注桩，桩长31.2m，桩底标高-32.5米；2幢基础为 $\phi426mm$ 沉管灌注桩，桩长30.4m，桩底标高-31.7m；3幢基础为 $\phi426mm$ 沉管灌注桩，桩长32.4m；4幢基础为 $\phi426mm$ 沉管灌注桩，桩长30.4m；5幢基础为 $\phi426mm$ 沉管灌注桩，桩长32.1m	隧道侧穿1幢基础，右线隧道与房屋平面最小距离约21.2m 隧道侧穿2幢基础，右线隧道与房屋平面最小距离约15m 隧道下穿3幢基础，左线隧道与房屋平面最小距离约8.3m 隧道下穿4幢基础，左线隧道与房屋平面最小距离约4.3m 隧道下穿5幢基础，左线隧道与房屋平面最小距离约3m

续表

序号	风险源名称	环号 左线	环号 右线	风险源情况说明	环境接近关系
15	红联渡口路14#楼（混6）	749~769	—	基础为粉喷桩，桩长16m，φ500mm，桩底标高−13.22m	隧道侧穿，左线隧道与房屋平面最小距离约6.6m
16	兴圆宾馆（混3）	—	761~783	基础为φ500mm水泥薄壁管桩，桩长16m	隧道下穿，右线隧道与桩底净距离约4.7m
17	红联渡口12#楼（混6）	773~817	—	基础为水泥浆喷搅拌桩，φ500mm，桩长12.5m，桩底−9.6m	隧道侧穿，左线隧道与房屋平面最小距离约8.2m
18	渡口路68弄1幢、2幢（混5）	—	780~840	基础为φ500mm水泥薄壁管桩，桩长16m	1幢：隧道下穿，右线隧道与桩底净距离约4.5m；2幢：隧道下穿，右线隧道与桩底净距离约3.6m
19	渡口路57号（混3）	819~831	—	无基础	隧道侧穿，左线隧道与房屋平面最小距离约8.1m
20	渡口路74~88号（混2）	—	840~861	基础为条形基础，基础埋深3.5m，基底标高−0.7m	隧道侧穿，右线隧道与房屋平面最小距离约1m
21	攀枝花路桥公司（混4）	874~906	—	基础为φ377mm沉管灌注桩，桩长18m	隧道侧穿，左线隧道与房屋水平最小距离约10.9m
22	中国邮政（混4）	—	916~946	基础为灌注桩，桩长14m	隧道侧穿，右线隧道与房屋平面最小距离约0.9m
23	振兴西路24号（混3）	—	917~929	基础为条形基础，基础埋深约2m，桩底标高0.79m	隧道侧穿，右线隧道与房屋平面最小距离约10.2m
24	红联村办公楼（混4）	923~962	—	基础为灌注桩，桩长10m	隧道侧穿，左线隧道与房屋平面最小距离约7.6m
25	渡口路106号（砖）	—	951~962	基础为条形基础，基础埋深约1m，桩底标高2.05m	隧道侧穿，右线隧道与房屋平面最小距离约1m
26	兴逸宾馆（混4）	—	962~982	基础为灌注桩，桩长14.5m	隧道侧穿，右线隧道与房屋水平最小距离约1.4m
27	小港派出所（混4）	964~978	—	基础为灌注桩，桩长14m	隧道侧穿，右线隧道与房屋平面最小距离约6.3
28	中国移动（混2）	—	990~1007	基础不详	隧道侧穿，右线隧道与房屋平面最小距离约1.9m

续表

序号	风险源名称	环号 左线	环号 右线	风险源情况说明	环境接近关系
29	红联渡口路 8 号楼（混 4）	995~1023	—	基础为 φ500mm 水泥搅拌桩，桩长 14.2m	隧道侧穿，左线隧道与房屋平面最小距离约 6.5m
30	渡口路 148 弄 1 幢（砼 6）	—	1010~1030	基础为 φ500 水泥搅拌桩，桩长 14.2m	隧道侧穿，右线隧道与房屋平面最小距离约 2.2m
31	浦前 31 号（混 4）	1023~1033	—	基础为灌注桩，桩长 14.8m	隧道侧穿，左线隧道与房屋平面最小距离约 5.7m
32	浦前桥	1037~1045	1047~1055	桩长 12m	隧道下穿，桩基侵入左、右线隧道
33	铺前区 1（混 5）、2（混 6）	1047~1086	—	1 幢基础为 φ37m 静压振拔沉管灌注桩，桩长 16m；2 幢基础为 φ377mm 静压振拔沉管灌注桩，桩长 16m	隧道侧穿 1 幢，左线隧道与 1 幢房屋平面最小距离约 11.1m；隧道侧穿 2 幢，左线隧道与 2 幢房屋平面最小距离约 9m
34	浦前小区 3（混 5）幢	1054~1091	1043~1082	3 幢基础为 φ377mm 静压振拔沉管灌注桩，桩长 16m	左线隧道下穿，桩基侵入隧道
35	中国银行（砼 6）	—	1054~1081	条形基础，基坑深 3.6m	隧道侧穿，右线隧道与房屋平面最小距离约 12.5m
36	甬江	400~608	390~599	河宽约 250m，河底现状标高为 −12.29m，隧道顶与现状河底最小距离约为 11.1m。甬江百年冲刷线标高为 −17.3m，隧道顶距百年冲刷线约为 6.2m	隧道下穿，隧道顶与现状河底最小距离为 11.1m

5.2.2 人员安全技术交底及值班制度

5.2.2.1 人员安全培训

所有作业人员上岗前均进行安全培训，如图 5-8 所示。

5.2.2.2 特殊工种证件

特种作业人员（电工、焊工、龙门吊司机、信号工、盾构机司机、电瓶车司机）满足盾构施工作业要求，操作证齐全。

5.2.2.3 安全技术交底

盾构施工前组织进行安全技术交底，如图 5-9 所示。

图 5-8　作业人员安全警示教育

图 5-9　盾构始发安全技术交底会

5.2.2.4　人员值班表

盾构下穿风险源前，项目经理部提前编制盾构下穿风险源人员值班表，明确过风险源期间人员岗位职责，确保盾构安全、快速穿越风险源（表5-3）。

表 5-3　盾构下穿甬江人员值班表

序号	姓名	值班位置	值班时间	职务	联系方式	岗位职责
1	陈贵忠	值班室	20h	常务副经理	1842×××226	全面负责现场施工及应急安排
2	赵星星			副总工程师	1361×××199	全面负责现场施工技术及应急措施
3	张杰			安全总监	1519×××523	全面负责现场安全生产及各项安全规定的落实
4	崔傲			设备部部长	1771×××629	负责盾构施工所有机械设备的检查及设备上突发情况的处理
5	万文占			物资主管	1826×××161	负责下穿甬江物资材料、应急物资的准备、调配与补充
6	张驰	值班室	白班	工程部副部长	1762×××811	负责过江盾构技术指令的复核、过河盾构参数的调整、优化，地面监控室值班
7	任聪	地面/洞内		设备部副部长	1310×××818	负责对施工设备出现的异常及时排除，对盾构机及相关配套设备的检查及故障排除
8	范甲	地面/洞内		项目队长	1310×××818	负责现场作业人员安排及施工组织
9	张斌卫	地面/洞内		队伍主管	1359×××545	配合项目队长负责现场作业人员安排、施工组织及应急抢险
10	施济青	地面		技术员	1832×××903	地面防水材料粘贴质量检查、进场管片验收、进场砂浆质量验收
11	董飞	地面/洞内		技术主管	1565×××987	负责过江盾构技术指令的开设与交底，负责井下推进技术值班，负责穿河期间技术把控
12	洪昌强	洞内		技术员	1870×××524	负责井下推进技术值班、各种记录、监督盾构司机按技术指令推进操作、信息及时反馈，井下二次注浆值班、记录
13	褚新宇	洞内		技术员	1538×××560	
14	杨梦博	地面/洞内		测量主管	1783×××502	负责过河期间测量换站、地表监测数据反馈、河面日常巡视，以及盾构机测量系统的检查和故障排除
15	吉枭雄	洞内		盾构司机	1589×××562	盾构机掘进及下穿甬江技术指令内容的执行
16	张吉营	地面		电工	1586×××629	设备故障排查、高压电缆线、光纤检查
17	钱良荣	洞内		机修	1381×××749	负责对施工设备出现的异常及时排除、盾构推进前的部分功能检查确认（具体以现场要求为准）

续表

序号	姓名	值班位置	值班时间	职务	联系方式	岗位职责
18	敦正英	洞内	白班	机修	1850×××324	设备故障排查、高压电缆线、光纤检查
19	曾青文	洞内		机修	1391×××264	负责对施工设备出现的异常及时排除、盾构推进前的部分功能检查确认（具体以现场要求为准）
20	党军	洞内		机修	1522×××973	
21	王宇	值班室	夜班	生产部部长	1386×××569	负责过江盾构技术指令的复核、过河盾构参数的调整、优化，地面监控室值班
22	陈圣	地面/洞内		设备主管	1310×××818	负责对施工设备出现的异常及时排除，对盾构机及相关配套设备的检查及故障排除
23	邹建红	地面		项目队长	1851×××320	负责现场作业人员安排及施工组织
24	张雨涛	地面/洞内		队伍主管	1893×××772	配合项目队长负责现场作业人员安排、施工组织及应急抢险
25	李治家	地面/洞内		技术员	1832×××903	负责过江盾构技术指令的开设与交底，负责井下推进技术值班，负责穿河期间技术把控
26	陈文明	洞内		技术员	1858×××637	负责井下推进技术值班、各种记录、监督盾构司机按技术指令推进操作、信息及时反馈，井下二次注浆值班、记录
27	李志伟	洞内		技术员	1832×××440	
28	赵启东	地面/洞内		测量员	1884×××947	负责过河期间测量换站、地表监测数据反馈、河面日常巡视，以及盾构机测量系统的检查和故障排除
29	余威	洞内		盾构司机	1766×××452	盾构机掘进及下穿甬江技术指令内容的执行
30	朱喜见	洞内		电工	1510×××519	设备故障排查、高压电缆线、光纤检查
31	张胜强	洞内		电工	1663×××183	负责对施工设备出现的异常及时排除、盾构推进前的部分功能检查确认（具体以现场要求为准）

注：以上人员在盾构机下穿甬江期间，不得离岗。值班期间必须保证通信工具正常，手机不得关机，提前充好电、交好话费，以免出现停机状态。

5.2.3 应急物资准备及专项应急演练

5.2.3.1 应急物资储备

严格按照应急物资清单储备应急物资，见表5-4。

表5-4 应急物资清单表

序号	物资名称	型号	单位	数量	摆放位置	备注
1	注浆机	—	套	1	6号台车	二次注浆机需配备注浆泵、注浆管（180m）、搅拌桶、三通接头（3个）、注浆头组合（6套）、管钳（2把）、刀片等成套机具设施
2	水玻璃	38玻美度左右	t	5		1t放在6号台车，其他放在地面
3	注浆水泥	42.5级	t	5		2t放在6号台车，其他放在地面
4	高分子聚合物	—	kg	200		防螺机喷涌
5	聚氨酯泵	—	台	1	行走大梁两侧走道板	聚氨酯齿轮泵配备组合开关、管路、接头、开关箱等成套设施
6	聚氨酯	油溶性50千克/桶	桶	6		—

续表

序号	物资名称	型号	单位	数量	摆放位置	备注
7	油溶性聚氨酯	副剂50千克/桶	桶	1	行走大梁两侧走道板	—
8	双快水泥	—	包	5		—
9	高压灌注机	手提式	台	1		—
10	针头	A8、A10、A15	包	3		—
11	小桶装聚氨酯	20kg 1桶	桶	10		—
12	海绵条	10cm×10cm	m	100		—
13	弧形插板	—	套	1		—
14	棉被	—	床	20		—
15	软管	φ32mm、φ50mm	m	40		—
16	引流管	φ10mm	m	10		—
17	堵漏王	—	箱	5		—
18	膨胀螺栓	M10mm×80mm	颗	40		—
19	冲击钻	—	台	1		—
20	洋镐	—	把	4		—
21	铁锹	—	把	3		—
22	木楔子	10cm×5cm	个	20		—
23	铁锹把	—	个	5		—
24	编织袋	—	个	200		—
25	手提式矿灯	—	把	2	盾构机操作室	—
26	便携式有害气体检测仪	—	台	1		—
27	菜刀	—	把	1		—
28	对讲机	—	个	4		—
29	救生圈	—	个	2	地面应急库房、场地	—
30	救生衣	—	件	10		—
31	安全绳	20mm	m	200		—
32	反光背心	—	件	50		—
33	潜水泵	5.5kW	台	2	地面应急库房、场地	—
34	泥浆泵	7.5kW	台	2		配套水管200m，三级开关箱
35	电源线	YC3×2.5+1	m	100		配套水管200m，三级开关箱
36	电源线	YC3×4+2	m	100		
37	安全警示带	—	卷	10		
38	反光条	—	卷	20		
39	连体防水衣	—	件	5		
40	割枪	—	把	2		
41	氧气乙炔	—	套	5		

续表

序号	物资名称	型号	单位	数量	摆放位置	备注
42	电焊机	—	台	1	地面应急库房、场地	—
43	焊条	J502	箱	3		—
44	药箱	—	个	1		—
45	担架	—	副	1		—
46	钢板	厚1cm、2cm	m²	4		
47	应急沙袋	—	个	50		
48	发电机	30kW	台	1		
49	泡沫剂	—	t	5		
50	分散剂	—	t	2		
51	剥除剂	—	t	3		
52	消泡剂	—	桶	2		

注：操作人员提前两天到位，调试机械设备、通管道、组装注浆头。盾体径向注浆孔、螺旋机注入孔提前装好球阀、转接头，机械设备用电提前接好电线和三级开关箱。

5.2.3.2 应急物资核查

联合监理对应急物资进行排查。

注意加强对防渗抖搂材料的督查。油溶性聚氨酯如图5-10和图5-11所示。

图5-10 油溶性聚氨酯
（上海茨夫）主剂

图5-11 油溶性聚氨酯
（上海茨夫）辅剂

5.2.3.3 应急措施制定

对不同的风险源制定不同的应急措施。以招宝山站—红联站区间盾构接收及盾构下穿甬江为例。

1. 接收洞门漏水漏砂应急措施

（1）洞门凿除过程中（第二层未凿除完成）掌子面漏水漏砂应急措施

① 若出现漏水漏砂现象，立即停止洞门破除，用棉纱对漏水部位进行填塞，同时使用双快水泥进行封堵。

② 若出现漏水漏砂现象，且排除降水井未抽水原因，对洞门进行水平垂直注浆加固（注意不要封住盾构机），加固完成后，重新补打探孔，若无漏水，恢复洞门凿除加固装置。

③ 若出现漏水漏砂现象，证明环箍未起到密封效果，重新打设环箍，阻隔加固区外侧水流向洞门。

④ 测量降水井水位，若降水井水位较高，更换大泵。
（2）洞门第二层凿除完成后掌子面漏水漏砂应急措施
除（1）中的①、③、④外，还有以下措施：
① 启用盾体预留注浆孔，使用新型高强聚氨酯堵漏材料通过盾构预留孔打入土层中。
② 利用地面垂直注浆孔，进行地面垂直注浆加固。
③ 严重时，使用钢封门密封洞门圈。
（3）盾构到达时管片环缝张开导致漏水应急措施
使用棉被和堵漏王临时封堵，同时打开注浆孔，进行双液注浆封堵。
（4）盾构接收完成后因洞门封堵不密实出现漏水
① 盾尾完全出洞门圈后，及时使用砖封堵洞门，若出现漏水，使用双液浆进行二次补浆封堵。
② 严重时，从后面第三环注聚氨酯进行封堵。

2. 穿越河流应急措施
（1）富水粉砂层螺机喷涌
① 及时关闭螺旋机闸门。
② 打开刀盘前及螺旋机边上的注泥球阀，向刀盘前及螺旋机中注聚合物等添加材，并空转刀盘使刀盘前的土体与聚合物充分混合。
③ 适当提高土仓压力
④ 喷涌较严重时，可从隧道顶部对应的河面处抛填 1~2m 厚的黏土。
⑤ 加密相邻成型隧道对应位置位移监测。
（2）盾尾密封刷失效引起的盾尾漏水、漏砂
① 泄漏部位进行集中压注盾尾油脂，填堵盾尾密封可能出现的泄漏位置。
② 用橡胶环管加弧形插板封堵盾尾间隙。
③ 配置初凝时间较短的双液浆进行壁后注浆，压浆在盾尾后 3~6 环进行，邻近盾尾环采用聚氨酯封堵。
④ 在实际情况允许的条件下适当降低切口环的水压，待渗漏得到治理后再恢复正常。
⑤ 加密相邻成型隧道对应位置位移监测。
（3）管片错台、破裂引起盾构隧道内进水
① 使用棉花、快速水泥封堵。
② 采用聚氨酯封堵。
③ 初步封堵后，使用双液浆进行壁后注浆。
④ 采用槽钢拉紧管片。
⑤ 加密相邻成型隧道对应位置位移监测。
（4）盾构机意外停机且停机较长
因盾构设备、压浆设备发生故障，预计停止 3d 以上时，盾尾与管片间的空隙采用橡胶环管加弧形插板密封处理，管片使用 10#槽钢拉紧，槽钢与盾构机连接，以防止盾构在停机期间后退，加强监测（倒九环、已贯通隧道位移监测）。
（5）铰接漏水应急措施
① 调节切口水压：

若铰接出现漏水漏浆现象，则可能是外界水压太大，盾构机姿态控制不好造成，此时，可适当降低切口压力，同时把铰接适当缩回一定量，观察泄漏情况。

② 充气密封：

铰接内有一道可充气的密封气囊，当漏水严重或无法堵漏时，往气囊中充入压缩空气，气囊体积增大，达到封堵漏水通道的作用。

(6) 盾构机停电应急措施

① 通过螺机闸门蓄能装置紧急关闭螺机闸门。

② 及时查明停电原因，若是线路、设备原因，应及时排查故障并修复；若是外部断电，需及时联系供电单位尽早送电。

5.2.3.4 专项应急演练

定期组织应急演练，以提高全员安全意识，增强员工在紧急情况下的应变处置能力。

5.2.4 设备检查与维保

穿越风险源前联合监理对盾构机进行检查，确保设备各系统正常运行，顺利穿越风险源。

5.2.5 理论技术参数制定

以区间右线盾构下穿甬江为例。

5.2.5.1 盾构位置关系模拟

招宝山站—红联站区间盾构下穿甬江位置如表 5-5 和图 5-12 所示。

表 5-5 招宝山站—红联站区间右线下穿甬江位置说明表

序号	环号	穿越段位置说明
1	379 环~383 环	379 环推进行程 669mm 至 383 环推进行程 1261mm 盾构机刀尖穿越桩基
2	384 环	行程推进至 1298mm 时，盾构机刀尖到河边
3	392 环	行程推进至 1378mm 时，盾构机盾尾全部进入甬江
4	590 环	行程推进至 1383mm 时，盾构机刀尖离开甬江
5	591 环~594 环	591 环推进行程 597mm 至 594 环推进行程 659mm 盾构机刀尖穿越桩基
6	598 环	行程推进至 1463mm 时，盾构机盾尾离开甬江

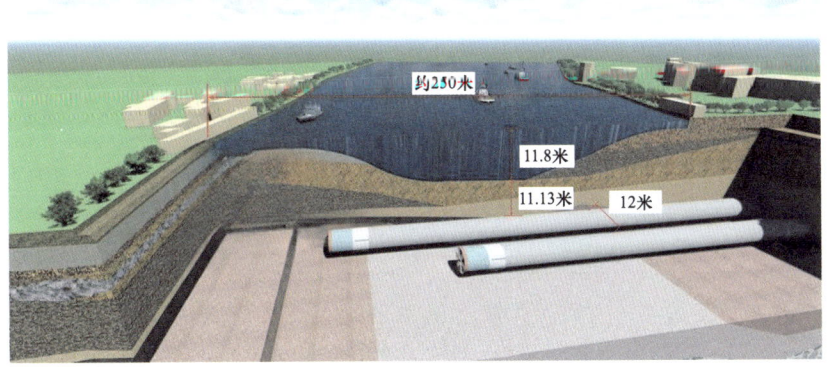

图 5-12 招宝山站—红联站区间盾构下穿甬江位置示意图

5.2.5.2 土仓压力制定

理论土压力计算结果见表5-6。

表5-6 理论土压力计算结果表

序号	计算区段位置	理论土压力（$P_0 \sim 1.2P_0$）
1	甬江北岸	2.68~3.22bar
2	甬江江底（水位最深处）	2.17~2.6bar
3	甬江南岸	2.59~3.11bar
备注	（1）1bar=1.6MPa。 （2）盾构下穿过程中应根据河底地层深度变化及甬江实际水位深度逐环计算土压力理论值，土仓压力的设定由理论值结合河床沉降监测及试掘进参数合理调整	

5.2.5.3 理论出渣量制定

为防止因超排土或欠排土导致地层失稳，造成沉降或隆起，盾构掘进时地层损失率按≤3‰控制。

出渣采用重量及体积进行双控：通过渣斗上的体积刻度进行出渣体积记录，通过门吊称重系统实时监控出渣重量，根据出渣重量及体积实时控制超挖和欠挖。

根据相关规范要求，盾构机出渣量严格控制在（37.86±0.11）m³/环。同时为保证准确判断出土量，渣斗每次到位，值班技术员都必须进行检查，必须做到"每斗必看，每斗必量"。

5.2.5.4 渣土改良参数制定

穿越段地层及改良材料选用建议见表5-7。

表5-7 穿越段地层及改良材料选用建议表

环号（右线）	主要穿越地层	建议改良材料
384~412	粉砂、黏土（粉砂为主）	膨润土
413~478	黏土、粉质黏土、粉砂（黏土为主）	泡沫剂
479~599	黏土、粉质黏土、淤泥质粉质黏土（黏土为主）	泡沫剂

各种改良剂的性能指标见表5-8。

表5-8 各种改良剂的性能指标表

性能指标	泡沫剂	膨润土	高分子聚合物
工作原理	利用微细泡沫的润滑效果使开挖土塑性流动，减少渗透性	利用添加的胶质减摩效果，使开挖土塑性流动，减少渗透性	利用树脂的吸水能力达到止水目的和改善土的流动性
pH值	7.3~8	7.5~10	8
黏度	0.003~0.2 Pa·s	2~10Pa·s	0.5~15 Pa·s
适用土层	黏土~粗砂地层	砂~砂砾地层	固结黏土~砂砾地层

渣土改良参数见表5-9。

表 5-9 渣土改良参数表

相关参数	泡沫剂	膨润土	高分子聚合物
配合比	原液含量 2%～3.5%	膨润土：水＝1:5（质量比）	浓度 0.3‰～1‰
发泡率	FER＝8～10 倍	—	—
注入率	10%～15%	10%～15%	8%～10%

5.2.5.5 盾尾油脂注入控制

在每环推进过程中，盾尾油脂保持少量勤注，盾构司机应当不定时检查所有的压力传感器显示值，发现有压力偏低时，应及时补注，保证油脂压力高出水压力 1～2bar（0.1～0.2MPa），同时每环推进之后会复核油脂的消耗量，将油脂泵故障所造成的风险降到最低，使穿越期间盾尾无漏浆、漏水等现象发生，确保安全掘进。

5.2.5.6 盾构姿态设定

编制线路线型曲线要素表并粘贴在司机室，见表 5-10。

姿态调整以控制为主，调整与控制相结合为原则。在姿态符合施工要求时，盾构掘进姿态以控制为主，若盾构姿态发生较大变化时，必须以调整为主，同时结合姿态的控制，以达到姿态的完美回归，如此在盾构姿态大幅变坏情况下，最大限度地提高盾构隧道成型质量。

姿态较好时，在垂直线路无变坡或者水平线路无变化时，姿态调整以控制为主。项目经理部结合测量系统数据，确认一个合适的水平及垂直趋势（此趋势能保证姿态无变化），要求司机保持此趋势进行推进。

姿态较差时，以调整为主，同时结合姿态的控制。西集区间右线为主动铰接盾构机，在姿态较差时，常规办法是加大推进油缸油压差，若使用常规办法姿态仍很难纠偏过来，最直接有效的办法是使用主动铰接（与推进油缸同步纠偏使用），同时利用管片楔形量辅助纠偏，先做趋势（趋势不超过 5mm/m），再保持趋势推进，姿态到位及时反压（重点，若控制不好，姿态又会变差）。

5.2.5.7 管片选型

按照以下四个原则进行管片选型。

1. 管片选型要适合隧道设计线路

由于使用通用型管片（每环都是转弯环）盾构机在进入曲线掘进时，须提前计算管片拼装点位如何搭配使得管片线型与隧道转弯相符。

2. 管片选型要适应盾构机姿态

在实际掘进过程中，盾构机因为地质不均、推力不均等原因，经常要偏离隧道设计线路。所以当盾构机偏离设计线路或进行纠偏时，都要十分注意管片选型，避免发生重大事故。

若姿态偏下，需向上推，在间隙较好时，可适量做下超管片，辅助盾构机纠偏。

若姿态偏上，需向下推，在间隙较好时，可适量做上超管片，辅助盾构机纠偏。

若姿态偏左，需向右推，在间隙较好时，可适量做左超管片，辅助盾构机纠偏。

若姿态偏右，需向左推，在间隙较好时，可适量做右超管片，辅助盾构机纠偏。

表 5-10 招红区间右线线路曲线要素

	平曲线				竖曲线				
	里程	环数	累计环数	线型		里程	坡度（‰）	环数	累计环数	线型
隧道起点	34963.975			直线	隧道起点	34963.975	−2	0	0	−2‰ 下坡
ZH	34992.49	24	24		1 变坡终点	34963.975	−2	63	63	凸曲线 R=3000m
HY	35057.49	54	78	缓和曲线	1 变坡起点	35039.526	−28.351	225	288	
	35310.00	210	288	圆曲线	1#联络通道	35310.000	−28.351	−9	280	−28.351‰ 下坡
YH	35367.714	48	336		2 变坡终点	35299.694	−28.351	109	388	凹曲线 R=4000m
HZ	35432.714	54	390	缓和曲线	2 变坡起点	35430.306	4.302	136	524	4.302‰ 上坡
ZH	35595.197	135	526	直线	3 变坡终点	35593.255	4.302	94	618	凹曲线 R=5000m
HY	35640.197	37	563	缓和曲线	3 变坡起点	35706.745	27	129	748	27‰ 上坡
	35683.651	36	599	圆曲线	2#联络通道	35862.000	27	179	927	
YH	35728.651	37	637	缓和曲线	4 变坡终点	36077.440	27	38	965	凸曲线 R=5000m
HZ	35812.281	70	706	直线	4 变坡起点	36122.560	17.976	156	1121	17.976‰ 上坡
ZH	35857.281	37	744		5 变坡终点	36310.036	17.976	32	1153	凸曲线 R=3000m
HY	35887.713	4	748	缓和曲线	隧道终点	36348.935	−2			
	35932.713	21	769	圆曲线						
YH	36132.971	37	807	缓和曲线						
HZ	36202.971	167	973	直线						
ZH	36297.541	58	1032							
HY	36297.541	79	1110	圆曲线						
YH	36348.935	43	1153	缓和曲线						
隧道终点										

右转半径 R=400m
右转半径 R=1000m
左转半径 R=1000m
左转半径 R=450m

3. 管片选型要适应盾构机千斤顶行程

把推进油缸按上、下、左、右四个方向分成四组。而每一个掘进循环这四组油缸的行程的差值反映了盾构机与管片平面之间的空间关系,可以看出下一掘进循环盾尾间隙的变化趋势。当管片平面不垂直于盾构机轴线时,各组推进油缸的行程就会有差异,当这个差值过大时,推进油缸的推力就会在管片环的径向产生较大的分力,从而影响已拼装好的隧道管片及掘进姿态,如图 5-13 所示。

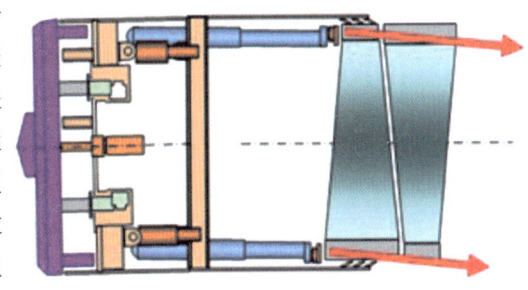

图 5-13 推进油缸分力示意图

4. 管片选型要考虑盾尾间隙

当盾尾间隙接近于警戒值 15mm 时,根据盾尾间隙进行管片选型。

5.2.5.8 盾构同步注浆及二次注浆参数

盾构推进至甬江方时,为控制河道沉降,应适当增加注浆量,以保证间隙填充率,减少后期沉降,同时结合现有工程经验,盾构在穿越过程中的注浆填充率控制在 2.5 立方米/环。注浆压力原则上以 0.3MPa 控制。注浆结束标准以注浆压力与注浆量进行双重控制。同时为避免盾构机注浆系统蘑菇头损坏造成"假注浆"现象,需要经常关注台车浆罐液面下降深度是否与显示注浆量一致。

地表存在超限趋势时进行二次注浆(管片拖出盾尾第 4 环开始注浆,每隔 5 环形成一道止水环箍),进一步填充空隙并形成密实的防水层,同时也达到加强隧道衬砌的目的。二次注浆量以现场压力控制,压力不超过 0.6MPa,实际施工中应根据盾尾漏浆及地面沉降情况合理调整注浆压力。注浆完成后确保注浆孔完全封堵。盾构施工如图 5-14 所示。

图 5-14 盾构施工二次注浆

5.2.6 设备微改造

5.2.6.1 盾构机台车尾部警示灯带装置

根据现场实际情况可知,在盾构机 6#台车尾部一般会安装一台 100W LED 照明灯,其目的一是为隧道照明,二是方便作业人员施工。但正是由于该照明设备,当电瓶车在通过该区域时,由于强烈的光照会使电瓶车司机出现视野盲区,严重影响电瓶车的行车安全,因此特设计警示灯带装置，如图 5-15 所示。

图 5-15　台车尾部警示灯带

5.2.6.2　电瓶车防溜车装置——螳螂制动钩

螳螂制动钩是电机车的一种紧急制动装置，制动力通过拖拉轨枕提供，用以阻止制动力不足的电机车发生溜车情况，防止对设备、人员造成严重损伤，如图 5-16 和图 5-17 所示。

图 5-16　整体装配图　　　　图 5-17　操作室控制阀（左）

电瓶车自身配备了气刹车系统和手动刹车系统。正常情况下，电瓶车启动气刹系统进行制动；当电瓶车出现故障，自身就会启动应急措施，使悬挂的螳螂制动钩放下，防止事故发生，以避免由于制动不够而发生的溜车现象。

5.2.6.3　电瓶车智能连锁开关装置

电瓶车事故是盾构施工过程常发性事故之一。当电瓶车进入台车区域时，由于台车与电瓶车之间安全距离不足、视野不开阔，电瓶车司机在倒车过程中，习惯性将头伸出车外，最终导致事故的发生。因此，为避免此类事故的发生智能连锁开关装置。

在车门处安装布置接近开关，当车门完全关闭后，接近开关给出信号，电瓶车可正常启动。在行驶过程中如果车门非正常打开，接近开关给出信号，切断电瓶车行驶，电瓶车即刻自动停止，保证驾驶人员的安全，如图 5-18 和图 5-19 所示。

5.2.6.4　自动抽水变频设备

自动抽水变频设备配置的目的是实现端头井内污水自动抽排，降低人员工作强度，提高可靠性。其优点是可以全天二十四小时的无人值守排水，安全、可靠，既可防止端头井污水的积累、方便施工，也可节约大量人力、财力。自动抽水变频柜及其内部线路连接分别如图 5-20 和图 5-21 所示。

图 5-18 盾构智能连锁开关

图 5-19 盾构操作室智能防瞌睡装置

图 5-20 自动抽水变频柜

图 5-21 内部线路连接图

5.2.7 拆复桥施工

5.2.7.1 工程概况

2号线二期 TJ2218 标含蛟川桥拆复建工程，蛟川桥与现状河道正交，现状桥共有三幅，分别为南幅、北幅及中幅，南幅及中幅跨径布置为 10m+10m+10m，北幅跨径布置为 10m+10m+6m，全桥宽 36m，为简支梁桥，桥梁上部：采用 55cm 厚钢筋砼板梁；桥梁下部：墩台采用单排 $D=80cm$ 钻孔灌注桩基础，盖梁式桥台，南侧墩台为扩大基础。蛟川桥平面位置如图 5-22 所示。

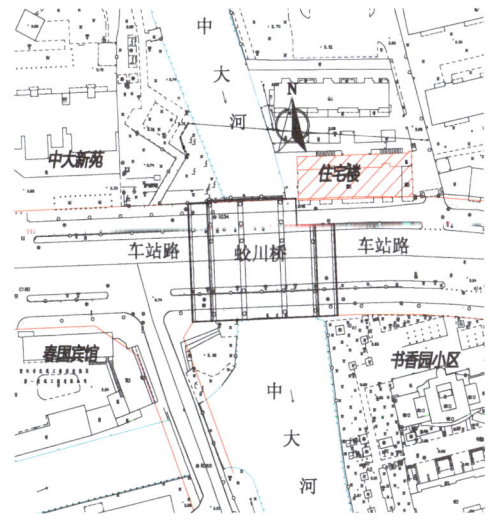
图 5-22 蛟川桥平面图

因现状桥梁与轨道 2 号线盾构冲突,需拆除重建中幅,同时对边幅桥梁进行桥面系改造。重建中幅桥梁跨径为 11m+10m+10m 简支梁桥,下部结构采用盖梁式墩台,基础采用单排 $D=150cm$ 钻孔灌注桩,上部构造:主梁采用先张法预应力砼空心板。主要工程内容包括老桥拆除、重建桥梁结构、附属设施、路桥接坡处搭板结构等。

5.2.7.2 拆复桥管理要点

宁波水系发达,在交通建设过程中桥梁拆复建不可避免,桥梁拆复建整体工艺流程成熟,在此不再赘述,以下针对本拆复桥遇到的特殊问题进行阐述。

在桥梁正式启动施工前,需对桥梁自身、桥下河道、桥梁周边河道及河堤进行照片留存及情况记录。

由于蛟川桥非整桥拆除,保留两侧辅桥,仅抬高桥面系以保证后期使用。在施工后期发现北侧辅桥板梁出现不同程度裂缝,经鉴定不满足正常使用要求,后期经协商进行板梁更换,此部分增加成本支出。

非整桥拆除情况下,保留部分结构协商权属单位共同进行现场取证,可协商制定由权属阶段移交主体方出具桥梁使用功能鉴定报告,以此确保施工前期已不满足使用功能结构责任由施工方全权担负。

桥下河道施工前制定移交标准,施工前在放水期后第一时间进行拍照确认,施工过程中不可避免产生施工垃圾且残留于河道,在围堰拆除前及板梁铺设前进行清淤工作,规避后期移交的工作量。

桥外河道范围河堤进行细致排摸,防止施工前已产生的裂缝、沉降、破损等问题全盘归咎于拆复建施工。

河堤施工前制定加固措施,桥梁下方及沿河堤通常管道众多,出现不可抗力影响河堤坍塌,影响两岸建筑物及管线安全。采取加固措施后,可降低施工风险、管道损伤风险、社会影响风险。

宁波轨道交通建设各项管理制度完善,现场实际施工在遵守法律及宁波轨道交通建设管理制度的前提下,充分进行全过程细节考虑及实施,把握重点,必然降低施工及移交风险。

5.3 盾构掘进管理

5.3.1 开设盾构掘进技术指令

技术主管根据上班推进情况,由工程部部长审核后下发值班技术员及盾构司机。

5.3.2 材料进场验收

穿越风险源期间加强进场管片的检查,确保管片质量符合设计及规范要求。混凝土管片外观质量缺陷等级见表 5-11。

表 5-11 混凝土管片外观质量缺陷等级表

缺陷	缺陷描述	等级
露筋	管片内钢筋未被混凝土包裹而外露	严重缺陷
蜂窝	混凝土表面缺少水泥砂浆而形成石子外露	严重缺陷
空洞	混凝土内孔穴深度和长度均超过保护层厚度	严重缺陷
夹渣	混凝土内夹有杂物且深度超过保护层厚度	严重缺陷
疏松	混凝土中局部不密实	严重缺陷
裂缝	可见的贯穿裂缝	严重缺陷
	长度方向延伸穿过密封槽，宽度大于 0.1mm、深度大于 1mm 裂缝	严重缺陷
	管片吊装孔周围与手孔四角，宽度大于 0.1mm、深度大于 1mm 的裂缝	严重缺陷
外表缺陷	密封槽部位在长度 500mm 的范围内存在直径大于 5mm、深度大于 5mm 的气泡超过 5 个	严重缺陷
	管片吊装孔周圈混凝土气泡、蜂窝沿孔周累计分布长度超过孔周长的 1/3	严重缺陷
预埋件缺陷	管片预埋注浆孔堵塞、破损、松动	严重缺陷

项目经理部技术人员现场验收管片，若发现上述质量缺陷等级为严重时，我部将直接拒绝签收，确保我部管片成型质量，如图 5-23 和图 5-24 所示。

图 5-23 管片进场验收

图 5-24 砂浆进场验收

5.3.3 管片防水材料粘贴质量检查

针对防水材料粘贴质量，我们设立了三道防线：第一道防线防水粘贴人员自检；第二道防线地面值班技术人员及监理检查验收；第三道防线隧道值班技术员及监理检查验收。

5.3.4 设备保养制度

盾构下穿风险源前对盾构机各系统，门吊、轨道运输车、地面储浆罐等机械设备进行一次全面检查和维护，对于发现的故障及故障隐患及时进行消除，并配备足够的备件，以确保盾构机及配套设备在施工过程中一直能处于良好的工作状态。下穿施工期间加强机械设备的维保和加快设备故障处理速度，减少停机时间。

5.3.5 管片姿态测量制度

项目经理部测量小组定期测量管片实际姿态，确认管片上浮量，进而调整盾构姿态，如

图 5-25 所示。

图 5-25　每日管片姿态复测

5.3.6　出土量管理制度

现场同时采用以下两种方法确保出渣正常：
① 盾构司机观察每斗装满推进行程是否正常。
② 及时处理龙门吊称重数据，出现异常进行分析并调整参数。

5.3.7　监测数据分析制度

盾构下穿甬江期间严格按下穿甬江方案实施施工监测，并将相关信息按流程反馈及上报。由项目总工签署当日监测数据分析意见，并由项目经理、项目副经理分级签署审阅意见，具体由技术主管负责逐项落实，最后由项目总工负责督查落实情况。根据监测数据及时微调盾构掘进参数。

5.3.8　盾尾清理及螺栓复紧制度

为避免盾尾漏水不能及时发现，项目经理部要求盾尾不得有积水，每环管片拼装前须上报盾尾照片。

5.3.9　赶工措施

5.3.9.1　管理重心前移，强化一线力量

将后台管理力量移至宁波 2219 标，形成一支指挥能力强、技术储备充实、管理体系健全的一线管理主力军，同时也将作为 2219 标盾构项目的管理团队。

将 2219 标作为建设分公司管理工作出发点，再次对各部门职责进行梳理优化调整，形成一套部门职责分明、程序严谨、落实有力、运转灵活的工作机制。

5.3.9.2　电瓶车使用新能源电池，提高电瓶车运输效率

通过对现场施工过程跟踪和施工节点统计再分析，剖析近几年盾构施工中各工序的耗时情况，寻找盾构在循环工序中存在的时间漏洞。最终发现电瓶水平运输工作在组织正常情况下，随着运输距离不断增加运输效率也随之降低，出现洞内盾构推进长时间等待电瓶车的情况，其问题主要在于电瓶车铅酸电池因老化及自身缺点问题，储电量逐渐降低，在进行长距

离运输施工期间，电池更换频率增加，延长了电瓶车在洞外等待时间，同时也伴随着电瓶故障的发生，导致其在洞外停留时间增加，降低整体施工工效。因此，电瓶车的运输效率对洞内盾构能否连续推进起着至关重要的作用。

为应对电瓶车工效降低所带来的影响，采用引进新技术、工装改进等手段，特对一批电瓶车进行改造升级，最大限度提高设备的综合效能，加快盾构施工进度。电瓶车的改造升级是将车辆供电的铅酸电池系统全部拆除，将车身原本安装铅酸电池的位置改造成为新能源电池安装平台，然后将新能源电池安装在电瓶车上。因为新能源电池充电时不需要吊至地面，采用电源线与电瓶车上新能源电池直接连接的方式进行充电，因此新能源电池的配套充电桩可直接安装在底板靠近电瓶车轨道附近。充电的时间为电瓶车在洞外等待进洞的间歇时间或换班时间，新能源电池具有随用随充、即插即用的优势，消除了更换电池所带来的影响。充电工作可由底板挂钩人员兼职负责，也可节省一名地面充电人员劳务费。

5.3.9.3 提高浆液存储能力，减少外部影响因素

盾构同步浆液使用商品浆，浆液进场后先存储在地面浆箱内，再利用浆管放入电瓶车浆箱，但在宁波 2219 标进入施工高峰期时，会出现短时间内大方量放浆的情况，现场原有的浆罐储浆量无法满足施工需要时，就出现电瓶车在外部长时间等浆的情况。

在解决电瓶车自身运输效率的基础上，项目经理部着手浆液供应问题，首先是增大现场储浆能力，应对施工高峰期现场浆液供应不足的问题。在车站中板安装一个可储备 15 立方米浆液的浆箱，并将地面的储浆罐与中板浆箱相连接，地面的浆液由顶板接收后，先转移至中板浆箱，然后再配合电瓶车进行放浆。同时与浆液供应单位建立联动机制，双方密切沟通，根据现场施工情况，灵活调整浆液配送频率，保证施工开始前浆箱储浆充足，施工期间送浆连续稳定，保证浆液供应连续。

5.3.9.4 相互监督提醒，营造安全氛围

在安全管理方面将青安岗、群安员安全管理制度落到实处，以点带面扩大安全管理范围，强化安全管理团队。面对作业面急速增加的严峻局势，在提高安全管理力度的基础上，继续调整、优化风险预防手段，以作业班组自身为安全管理主体，从被动管理转向主动预防，方法如下：

第一步发挥专业化优势，梳理、细化盾构施工各阶段、所有作业面施工风险源的危险性、预防措施、处理办法，形成风险管理清单。

第二步通过进场教育、早晚点名班前安全讲话、过程监督提醒等方式向工人明确施工风险，灌输安全防范意识，达到作业人员人人知风险，全员控风险的目的，形成遇到危险作业主动提醒、相互监督、互帮互助的安全预防方式。

第三步发挥班组长带头作用，日常管理中班组长先规范自身作业标准，再以工友带动的形式提高全员安全意识。然后继续发挥青安岗、群安员安全管理作用，发现危险作业及时纠正，并针对现场作业环境宣贯施工风险，做到开工有预警，施工再教育。

5.3.9.5 渣土外运保证措施

① 选择有实力的渣土外运公司。

② 加强对本工程工地渣土运输和车辆出门清洗的管理工作，工地设置专职管理员，负责对工地渣土运输和车辆出门清洗的控制。

③ 在工地出入口，对进入工地渣土车的车容车况、相关证照开展检查，对不符合规定要求的车辆，不予进入工地。

④ 在工地出入口设置防止车辆带渣土出工地的设施，所有车辆出工地前必须冲洗轮胎，密闭运输，不得超载超限，杜绝渣土运输车辆带泥上路和抛洒滴漏现象。

⑤ 检查施工工地出入口及周边道路清洁情况，及时安排人员进行保洁。

⑥ 积极配合管理、执法部门现场执法检查，主动介绍运输作业情况。

5.4 施工重难点控制

5.4.1 盾构始发施工

（1）盾构始发风险预防措施如下

盾构机推进过程中组织人员对盾构机注浆管位置进行观察，保证盾构机外置注浆管顺利通过翻板。

盾构机推进前安排电焊工将底部圆环板焊接至洞圈钢板上。于底部洞圈内帘布橡胶板底部填充水泥。

应在帘布橡胶板外侧及边刀上涂抹黄油。

管片推出后，指定专人在管片外侧安装木楔子，用钢丝绳将管片与始发架固定。

盾构始发要注意盾构推进力不能大于反力架的承受力，要观察反力架的变形情况，如发现变形较大要及时采取措施，降低总推力。

关注台车桥架与上、下横梁位置关系，观察台车能否顺利通过，若台车桥架有阻碍，立即停止推进，进行处理。

当盾尾完全进入隧道后时，固定好圆环板，正4环拼装完成后，第5环启动盾尾同步注浆，及时填充管片壁后间隙。

防扭转装置进入洞门前，盾构推进过程中要派专人跟踪。

凿洞门时，须每2小时进行水位测量，确保降水井运行正常，保证水位始终在洞门底1~2m处。

（2）降水井含砂率测定

为确定降水井降水地层的稳定性，以及井中有无大量涌砂，取每口降水井水样进行含砂率测定。经检测，各个降水井抽排出的地下水颜色呈淡黄色，水质清澈透明，砂的含量均在0.5%以下，说明此次含水层破坏并不严重，含砂层涌砂量小，地层较为稳定。

5.4.2 盾构钢套筒接收施工

5.4.2.1 钢套筒接收工程概况

红联站接收端工程环境等施工条件复杂，北端头加固区范围内管线复杂。考虑到对既有管线的保护，同时为避免盾构接收时发生沉降过大及坍塌等危险情况，甚至危及周边建（构）筑物及地下管线安全，选择盾构钢套筒接收施工方法，模拟盾构在原状土中的掘进，保持土层压力平衡，控制地层沉降确保盾构接收安全。如图5-26所示。

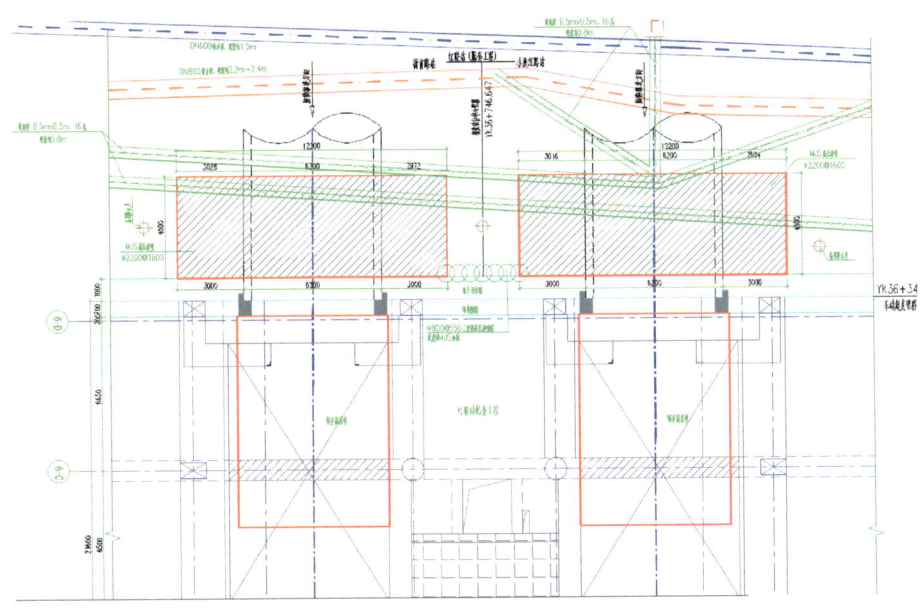

图 5-26 管线平面图

红联站收井位于红联站北端头,为地下三层岛式车站。预留井口尺寸为 11.5m×7.5m。红联站接收端头管线见表 5-12。

表 5-12 红联站接收端头管线列表

位置	位置	管类	材质	规格	根数	埋深（m）
地下管线	接收端	燃气	钢	DN350	1	0.58
		电力	塑	840×650	1	0.81
		饮水	钢	DN600	1	1.5
		雨水	砼	DN800	1	2.77
		电信	塑	500×400	1	0.94
		通信	塑	600×400	2	0.8
		雨水	砼	DN800	1	2.2~2.4

5.4.2.2 钢套筒概况

钢套筒筒体部分长 11430mm,直径（内径）6800mm,分六段（包括过渡环、四段钢环和后盖）,每段又分为上、下两块,筒体材料用 20mm 厚的 Q235B 钢板,每段筒体的外周焊接纵、环向筋板形成网状以保证筒体刚度,筋板厚 20mm,高 150mm,间隔约 585mm×595mm;每段筒体的端头和上、下两段圆弧接合面均焊接法兰,法兰用 40mm 厚的 Q235B 钢,上、下两段连接处及两段筒体之间均采用 M30×146 根 8.8 级螺栓连接,中间加 3mm 厚橡胶垫,以保证密封效果。在筒体底部框架分四块制作。底部框架承力板用 20mm 厚 Q235B 钢板,筋板用 30mm Q235B 钢,底板用 20mm Q235B 钢板。接收钢套筒筒体示意图如图 5-27 所示。

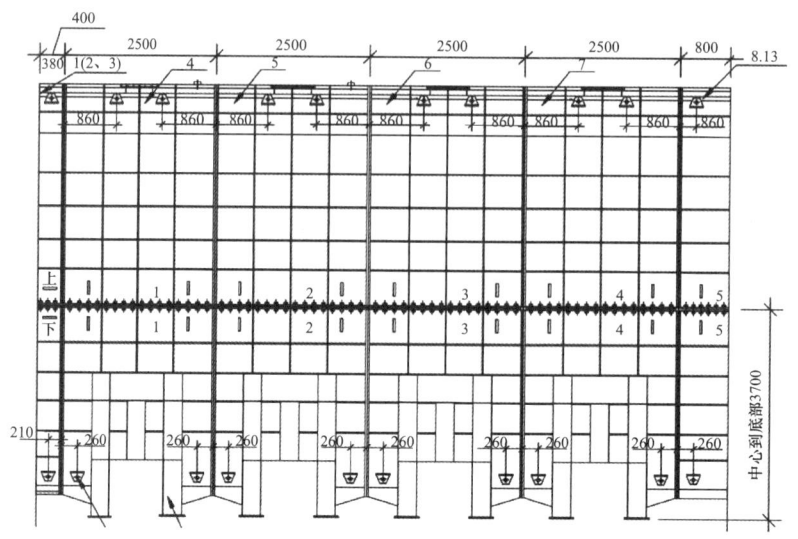

图 5-27 接收钢套筒筒体示意图

钢套筒重量如表 5-13 所示。

表 5-13 钢套筒重量表

序号	名称	宽度（mm）	数量	材料	单重（t）	钢套筒总重	备注
1	过渡环	800	1	焊接件	约 4.7	总重约 125.55t（包含钢环、下料管等其他配件）；总长 11.2m，内径 6.8m	吊装作业单件最重为 15.85t（过渡环下半圆与筒体 4 下半圆及底部框架）
2	筒体 1	2500	1	焊接件	约 15.3		
3	筒体 2	2500	1	焊接件	约 15.7		
4	筒体 3	2500	1	焊接件	约 15.6		
5	筒体 4	2500	1	焊接件	约 15.3		
6	后盖	630	1	焊接件	约 18.8		
7	底部框架	—	1	焊接件	约 23.4		

5.4.2.3 施工工艺

（1）密封垫粘贴

钢套筒吊装下井前，需在各组成块之间粘贴 8mm 橡胶密封垫，确保各橡胶垫粘贴位置处无缝隙、连接均匀，密封垫接口不能存在缝隙，密封垫粘贴时将其外圈外露 3~5cm（后期检测螺栓复紧情况），内圈需预留 1cm 间隙（组装完成螺栓紧固后填充快硬水泥），密封垫接口处及靠近内圈处需整环涂抹中性结构胶。另外，钢套筒各部件之间连接均采用螺栓连接，对螺栓连接面也应进行检查，对连接面出现变形部位提前进行打磨处理。每处法兰连接面只粘贴一面。

（2）钢套筒吊装下井

① 测量放线：钢平台移交后，需再次对钢平台的尺寸、标高进行复核，并在钢板上放出套筒中心线的位置。

② 套筒吊装：钢套筒下半圆吊装，由于钢套筒下半圆重量较重，为防止下半圆筒体在吊装过程中发生变形，吊装前勿将筒内钢支撑进行切除，下半部分吊装顺序为过渡环下块与筒体 4 下块吊装下井→筒体 3 下块吊装下井→筒体 2 下块吊装下井→筒体 1 下块吊装下井。

钢支撑摆放位置如图 5-28 所示。

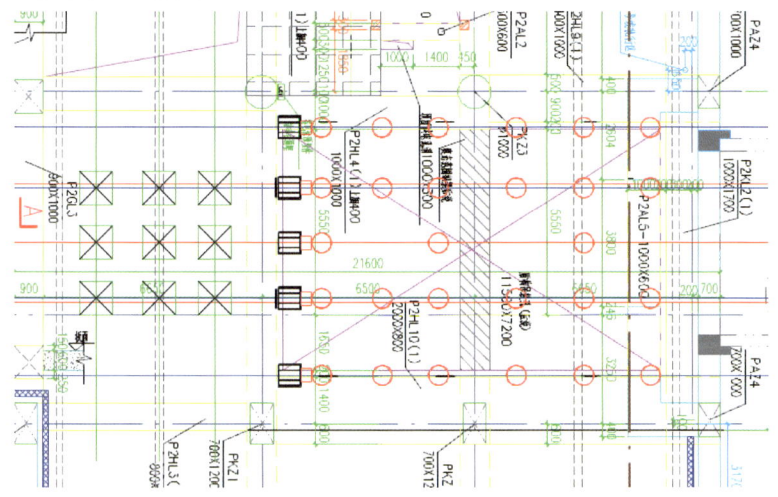

图 5-28 钢支撑摆放位置示意图

③ 上半圆吊装下井：由于钢套筒上半圆筒内钢支撑在井下切除作业具有一定的难度和风险性，故在吊装前对筒内的竖向钢支撑进行切除（保留横向钢支撑），上半部分吊装顺序为过渡环上块吊装下井→筒体 4 上块吊装下井→筒体 3 上块吊装下井→筒体 2 上块吊装下井→筒体 1 上块吊装下井。

④ 后端盖吊装下井：待筒体吊装下井完成后，先将后端盖下块吊装下井，接着完成上块下井作业。

吊装计划采用 130t 汽车吊（配重 30t），作业半径 18m（最大），主臂长 30.5m，有效起重量为 16.5t，距离最远处的筒体 1 及其底部框架重约 13.5t，满足现场吊装要求。吊车现场吊装站位位于右线接收端头。

(3) 钢套筒安装

① 主体部分连接：下放安装第 4 节标准钢套筒的下半段（第 4 节和过渡环统称为第 4 节），使钢套筒的中心与事先确定好的井口盾体中心线重合，在与第 3 节的下半部连接过程中要注意水平位置与纵向位置的一致性，确保螺栓孔对位准确，并用 M30 的高强螺栓连接进行初次紧固，重复以上方法将后续标准段的下半部套筒及后端盖下半部安装到位。将套筒下半部连接安装好以后，再将第 4 节上半部吊装下井，采用定位销定位好上下两半套筒的位置，用高强度螺栓紧固好法兰板及橡胶密封板。

② 将已经连接好的钢套筒与洞门环板贴紧；经过测量组复测中心线，确认无误后，将洞门钢环环板与过渡连接板进行焊接。钢套筒的过渡环连接板与洞门钢环环板相接触后，要检查焊接面是否全部连接可靠，由于洞门环板在预埋的过程中可能出现变形或平面度偏差较大的情况，所以有可能出现过渡连接板有些地方无法与洞门环板密贴的情况，这时就需在这些空隙处填充钢板，在确保洞门钢环环板与过渡环环板全部密贴后将过渡板满焊在洞门环板上。焊接过渡板，由于作业的特殊性，上半部分在套筒外侧满焊，下半部分在套筒内侧满焊。

(4) 钢套筒加固

① 上下水平支撑加固：

钢套筒与洞门环板焊接完成，检查确认后，即进行安装左右底部框架的水平支撑。每段筒体框架安装2道，一侧布置8道；一边支撑在车站侧墙上，另一边斜撑在钢板上。之后再安装顶部支撑，一侧布置8道，支撑在中板环框梁上。水平支撑均采用18#工字钢制作，支撑与车站结构接触部位塞垫10mm钢板。顶部支撑直接撑在筒壁上，不要直接撑到肋板上，上部支撑现场核实尺寸后再进行下料。钢套筒水平支撑加固剖面示意图如图5-29所示。

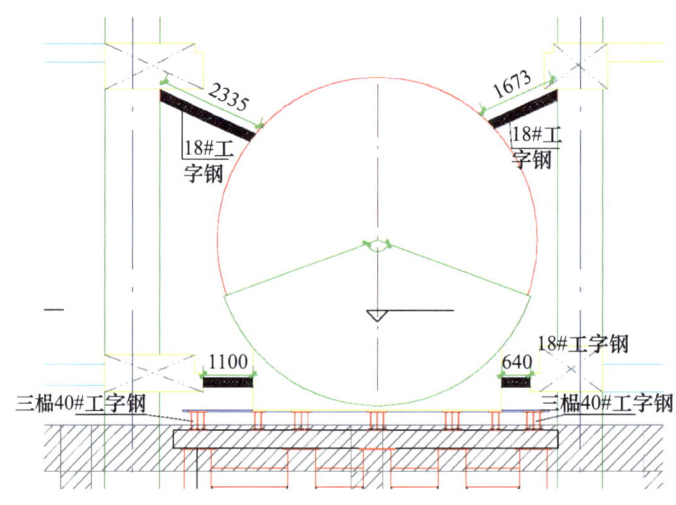

图5-29　钢套筒水平支撑加固剖面示意图

② 反力架后支撑加固：

反力架立柱紧靠在钢套筒后端盖上，确保接触面贴合紧密，在有缝隙处塞填钢板或填充水泥浆，将反力架底部与底板钢板进行焊接。安装好反力架后，上紧端盖与筒体的连接螺栓。紧固时，分别采用对角上紧，保证后盖的均匀受力。完成后，检查各部连接处，尤其是对于钢套筒的上下半圆和节与节部分之间的连结，还要检查过渡连接板与洞门环板之间的焊接，看是否存在着点焊或浮焊，发现有隐患，要及时处理。反力架共9根支撑，每排3根，共3排，采用φ609钢支撑制作（具体位置以现场实际为主，按照现场技术员要求架设）。钢支撑与底板接触部位切成斜口焊接在底板埋设的钢板上，埋设的钢板尺寸为1000mm×1000mm×25mm，埋设钢板与凿出的底板钢筋焊接。钢套筒后支撑加固剖面示意图如图5-30所示。

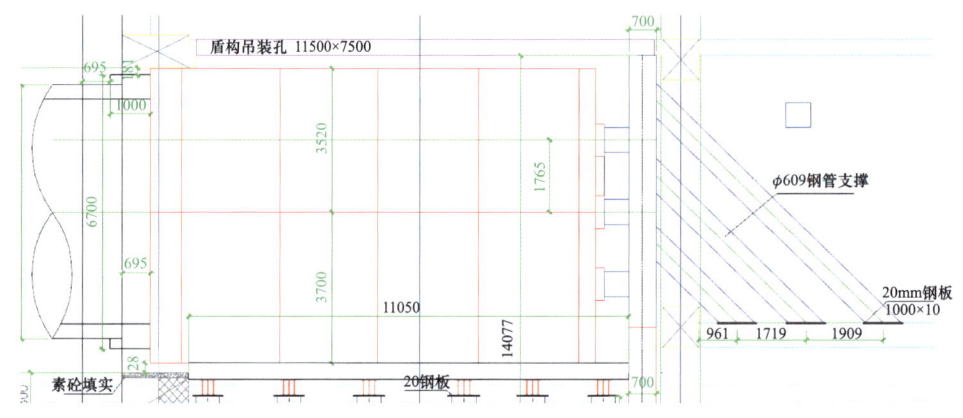

图5-30　钢套筒后支撑加固剖面示意图

(5) 砂浆底座浇筑

钢套筒内径为 6800mm，盾构机外径为 6340mm，盾体与钢套筒存在 230mm 的间隙，为防止盾构机进入钢套筒时出现栽头，需在钢套筒底部 60°范围内铺设砂浆垫层，铺设厚度 180mm。砂浆垫层示意图如图 5-31 所示。

(6) 钢套筒密封性检查

从加水孔向钢套筒内加水，至加满水后，检查压力，如果压力能够达到 0.18MPa（测试

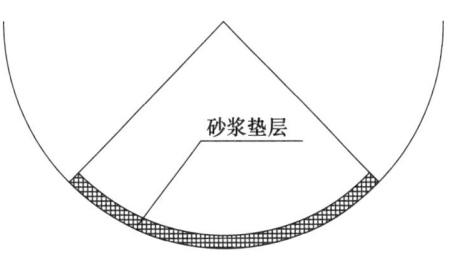

图 5-31 砂浆垫层示意图

压力不小于盾构机的土仓压力），则停止加水，并维持压力稳定。如无法通过水压达到 0.18MPa，则将水管解开，利用空压机向钢套筒内加气压，直至压力达到 0.18MPa 为止，之后对各个连接部分进行检查，包括洞门连接板、钢套筒环向与纵向连接位置、钢套筒与反力架的连接处有无漏水。

每级加压过程及停留保压时间说明：0～0.1MPa 每级加压时间控制在 10min 左右，停留检测时间 10min；0.1～0.15MPa 每级加压时间控制在 15min 左右，停留检测时间 25min；0.15～0.18MPa 加压时间控制在 25min 左右，停留检测时间 45min。

加压检测过程中一旦发现有漏水或焊缝脱焊情况，必须马上进行卸压，并及时处理，上紧螺栓或重新焊接。完成后再进行加压，直至压力稳定在 0.18MPa 并未发现有漏点时方可确认钢套筒的密封性。

(7) 洞门凿除

本区间地下连续墙厚度为 1000mm，凿除留下最后一层保护层，厚度 70mm。盾构机到达停机位置时，钢套筒组装完成开始加固的同时进行地连墙凿除，保护层凿除后，按照由上至下分块进行凿除。每块凿除结束后要及时清理混凝土块，将其破碎成小块，从过渡环两侧底部的清渣门运出。凿除作业分为 2 个班组，每个班组安排 5 名工人进行施工。

(8) 填料

钢套筒全长约 11.43m，内径为 6.8m，填料采用盾构掘进渣土。填料通过直径为 609mm 的下料管将填料从地面运输至钢套筒内，下料管顶部安装方形漏斗。填料过程中如果填料输送不够顺畅，可采取冲水方式，便于填料下放且易于填料充填密实。钢套筒顶部共设置两个下料开口，填料过程中从两个孔分别进行填料，保证填料均匀密实。填充过程分阶段进行，派人在填料孔观察，填至一定高度时平整密实，平整后再继续填料直至完全充满整个钢套筒。

(9) 质量标准

① 密封垫粘贴：各橡胶垫粘贴位置外无缝隙、连接均匀，密封垫接口不能存在缝隙，密封垫粘贴时将其外圈外露 3～5cm（后期检测螺栓复紧情况），密封垫粘贴时内圈需预留 1cm 间隙（组装完成螺栓紧固后填充快硬水泥），密封垫接口处及靠近内圈处需涂抹中性结构胶。

② 螺栓紧固：根据现场钢套筒各块之间外露的密封垫紧固情况，连接螺栓复紧次数在 5 次左右，并且所有复紧均在后反力系统焊接前完成，待钢套筒加固完成后，利用扭矩扳手（刻度调至 450N·M 左右）对各连接处螺栓复紧情况进行测试，经测试不合格处进行再次复紧。

③ 钢套筒反力系统加固及洞门弧形板焊接过程中所有焊接均采用气保焊进行满焊，尤其是弧形板和炮撑连接面处，且焊接工作完成后，需对焊接面焊渣进行清理，确保后期焊缝

探伤检测满足要求。

④ 焊接质量标准：所有焊接部位均采用二保焊进行焊接，焊缝高度不得低于规范厚度，不得有浮焊、漏焊，焊渣要及时敲掉。

⑤ 反力架立柱与钢套筒后端盖要完全密贴，在有缝隙的地方塞钢板或者填充水泥浆，保证接触面处不留缝隙且受力均匀。

5.4.3 盾构下穿甬江施工

5.4.3.1 盾构下穿甬江概况

本区间在 YK35431.766～YK35682.775 段下穿甬江，对应环号为第 390 环～第 599 环，甬江现状河宽约 250m，河底现状标高为 -12.29m，隧道顶与现状河底最小距离约为 11.1m。甬江百年冲刷线标高为 -17.3m，隧道顶距百年冲刷线约为 6.2m。线路净间距 5.8m，另外在河床里程范围内设浮置板减震道床。

5.4.3.2 针对性措施

针对性措施如下：

① 施工参数的精细化管理（通过计算加建模拟定过河段盾构掘进技术参数）。
② 过江前设置试验段，总结盾构掘进参数。
③ 选用有过江过河业绩的优质油脂，同时确保油脂注入量饱满。
④ 进场管片、管片防水材料、砂浆严格进行现场验收。
⑤ 加强现场信息化管理，通过增设摄像头使得地面值班室能够看见盾构机关键部位的现场施工情况，通过接通盾构机内的网络使得隧道内技术人员能够及时以视频或图片的方式反馈现场施工情况。
⑥ 盾构出土量逐环及时计算，确保不发生超挖或欠挖的情况。
⑦ 设计了一种盾尾间隙密封装置，盾尾发生险情时，可以采用橡胶环管加弧形插板封堵盾尾间隙，盾尾弧形插板安装示意图如图 5-32 所示。

图 5-32 盾尾弧形插板安装示意图

⑧ 实行现场交接班制度、领导带班制度、江面巡视制度。
⑨ 过江前进行专项安全技术交底，建立应急指挥系统并组织进行盾尾涌水涌砂应急演练。
⑩ 应急物资、应急设备、盾构机常用配件储备齐全。

5.5 盾构施工后评价

5.5.1 进度方面

施工单位 TJ2219 标招宝山站—红联站区间施工以来不断刷新往年单台盾构机单月施工

记录,其中左线 7 月份完成 458 环。同时,单日完成环数也有了新的突破,左右线单台盾构机单日完成环数连续保持在 20 环以上。招宝山站—红联站区间施工进度见表 5-14。

表 5-14 招宝山站—红联站区间施工进度

区间名称	始发时间	接收时间	掘进环数	设计米数
招宝山站—红联站区间左线	2020/5/11	2020/12/12	1158	1393.244
招宝山站—红联站区间右线	2020/4/4	2020/12/22	1152	1384.96

因红联站车站无接收条件盾构机停机。招宝山站—红联站左线于 8 月 23 日~11 月 14 日停工;招宝山站—红联站右线于 7 月 20 日~11 月 26 日停工。

5.5.2 质量方面

施工单位 TJ2219 标质量满足设计及规范要求,现场施工验收如图 5-33 所示。

图 5-33 盾构区间成型图

5.6 高架区间

5.6.1 大运路梁拱组合体系桥

2 号线二期桥梁设置在宁镇公路路中隔离带,道路两侧有密集的住宅及厂房,且周边管线众多。

其中,大运路与宁镇公路交叉口处,既有石油、液化石油气及天然气等重大管线 21 条,另有饮用水、供电等管线 11 条,重大管线共计 32 条,管线前后布置范围约 105m,同时考虑大运路口规划情况,桥梁主跨需达到 130m。由于此处接近线路入地点,轨顶至地面距离较小,如采用常规连续梁结构,梁高较大,无法满足桥下净空要求,因此桥梁结构高度须尽量减小。同时由于宁镇公路路中隔离带宽度较小,道路两侧住宅较多,道路无法横向拓宽,要求桥梁尽量减小横向占地面积。

综合考虑以上控制因素同时兼顾景观效果,桥梁采用梁高较小的单拱肋梁拱组合体系,跨度设置为(35+130+35)m,桥梁一跨跨越管线带及大运路口,满足了跨度及净空要求,桥梁结构采用中间单拱肋的布置形式,有效地减小了桥宽,桥宽 12.2m,降低了对既有道路红线宽度的影响，避免了道路两侧民房拆迁，社会影响小，满足了各方要求。本节点桥总长200m，桥梁矢高20m，矢跨比为1：6.5，拱肋为等高度钢箱结构，主梁为预应力混凝土结构，桥梁采用"先梁后拱"法施工，拱肋分为7节，单节最大重量约64t。2018年8月宁波电视台新闻频道报道了"宁波轨道交通2号线二期高架桥拱肋顺利合龙"。

本节点桥是目前国内城市轨道交通项目中最大跨度单拱肋下承式梁拱组合体系桥梁，如图5-34和图5-35所示。

图5-34 上跨大运路（35＋130＋35）m 单拱肋梁拱组合体系桥拱肋合龙

图5-35 上跨大运路（35＋130＋35）m 单拱肋梁拱组合体系桥成桥

5.6.2 桥梁的立体交叉难点

在控制节点处根据具体情况设置节点桥，分别采用（32＋45＋32）m单线连续刚构上跨柴家港河道、采用简支梁下穿铁路北环线及500kV高压线走廊、采用（38＋60＋38）m连续梁上跨既有道路交叉口（图5-36）、采用（48＋80＋48）m（图5-37）连续刚构上跨既有绕城高速公路、采用（55＋55）m连续刚构跨越规划金丰路、采用（35＋130＋35）m梁拱组合体系上跨大运路及石油、燃气管线带，采用桩板结构由高架桥与U型槽顺接。

图5-36 上跨临江路（38＋60＋38）m连续梁

图5-37 上跨绕城高速（48＋80＋48）m连续刚构

5.6.3 高架桥采用整孔现浇方案

由于宁波地区地质情况较差，属于软土地基，适宜加大跨径，减少墩柱数量。经综合比选，将标准梁跨度提高至35m，减少了下部结构数量，降低了投资。大跨径现浇梁体施工照片如图5-38所示。

5.6.4 桥梁整体优化

结合宁波市综合规划和对景观的要求，在满足轨道交通桥梁功能的前提下，综合考虑文化、绿色、生态、科技、景观等要求，对高架区间桥梁整体进行优化。

图 5-38 大跨径现浇梁体

高架桥采用单箱单室整体大箱梁，下部结构采用花瓶式桥墩，线形简约的箱梁截面与花瓶形桥墩的线形搭配，相映成辉，给人以美的享受。

5.6.4.1 全线上部结构外形优化

通过对全线高架桥箱梁断面的细化设计，利用箱梁翼缘板将箱梁侧面分解成几段较细的形体，强化流线型和桥梁的速度感。箱梁四周设置圆侧角，清除箱梁的尖锐感，给人以顺滑、流畅的感觉。本次箱梁腹板上下转角处均设置了 $R=50mm$ 的圆倒角。

配跨梁的梁高统一，因配跨梁数量较少，为了保持高架桥梁高的一致性，本次配跨梁梁高采用与标准梁梁高一致的做法。连续梁的边跨也尽量与简支梁梁高一致。

梁腹板斜度设计，墩柱顶部顺应箱梁斜腹板的坡度，并设曲线与墩柱的铅垂段过渡，使桥梁上、下部结构协调一致，上、下部结构线条连贯、流畅、舒展，结构显得挺拔、轻巧。桥梁整体景观效果图受到市民好评，效果图如图 5-39 所示。

 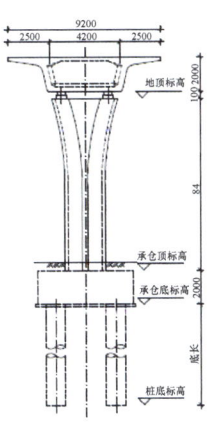

图 5-39 桥梁整体景观效果图

5.6.4.2 全线桥梁墩柱外形选择

在满足结构受力要求，施工方便、安全的基础上优化桥墩形式，采用独柱桥墩，使之符合城市尺度要求。考虑上部结构及周边环境和谐统一，同时侧重于宁波地域特色的表达，桥墩外形选择花瓶墩，矩形截面，注重倒角设计，样式古朴、大气，体现古城风貌。构件受力明确，施工模板制作简单，经济性较好，外形大方美观，整体景观效果好。花瓶墩浇筑完成效果如图 5-40 所示。

图 5-40　花瓶墩浇筑完成效果

5.6.4.3　声屏障、栏杆景观设计

采用弧形混凝土栏板，接触网立柱、声屏障均置于栏板上，声屏障采用透明屏，侧重于高架整体景观的统一。横向线形流畅、匀称、协调，进一步增强了高架桥的水平向延伸感和动感，具有良好的景观效果。施工照片如图 5-41 和图 5-42 所示。

图 5-41　护栏板钢筋绑扎施工

图 5-42　箱梁护栏板浇筑完成

5.6.4.4 桥跨、净空与街景的空间融合

本工程桥下净空基本在 14m 左右，跨径采用 35m 时，桥梁高跨比较为合理，可以对对面街道 60m 以上的水平段形成较完整的视角，桥墩对人的视线切割较少，对桥梁后建筑物遮挡较小，更加通透。高架桥成桥如图 5-43 所示。

图 5-43　高架桥成桥

第6章

机电安装工程管理

6.1 设备区砌筑及装修

设备区砌筑及装修工程做好常规施工的同时，一定要在材料、测量、试验、成品保护等四个方面做好充足的工作，只有这样才能保证设备区砌筑和装修工程的工艺和质量高标准的要求。

6.1.1 材料准备

（1）严格控制材料进场

从源头把控，拌制砂浆要有计划，做到随拌随用，砌筑砂浆、混凝土的质量要求和试件的制作、强度等级评定要符合现行标准的规定。

（2）地铁施工中，提报地砖的材料计划时要根据批次平方数大小进行最少 $10m^2$ 的地砖材料预留

以防产生因现场铺贴的地砖损坏更换导致的颜色误差，减小对后期装修效果的影响。

（3）混凝土供应要考虑跨区供应的情况

若存在跨区供应混凝土的情况，需要商砼站提前办理跨区域的通行证，以免因没有通行证导致混凝土无法及时供应、打乱施工计划的情况。

6.1.2 测量放线

首先要仔细审查图纸，对所有尺寸、建筑物关系进行校核。检查平面、立面、大样图所标注的同一位置的建筑物尺寸、形状、标高是否一致；室内外标高之间的关系是否正确。施工前测量方案审批通过（方案中要有建立测量网络控制图、结构测量放线图、标高传递图、砌筑定位放线图、抹灰放线控制图等）。测量主要操作人员必须持证上岗。

根据土建单位提供的标高基准点，通过测量防线，找出并标记好砌筑专业的1m线。根据施工图纸弹出墙身线、门洞口线、构造柱位置，并在框架柱上弹好拉结筋位置线。在构造柱定位的时候，技术人员要充分考虑到构造柱的位置是否合理，构造柱成型后不能与管线有碰撞的情况。

砌筑的过程中，对植筋的深度、灰缝的宽度、马牙槎和横梁的设置、箍筋的设置间距、

门框拉线等关键指标和工序要严格按照规范要求进行测量，以免造成砌筑质量问题，并给后道工序造成影响。常用工具如图 6-1 所示。

(a) 定位工具：红外线激光投线仪

(b) 弹线工具：手动卷曲墨斗

图 6-1 安装常备定位工具

6.1.3 试验检测

见证人员按见证取样管理办法的要求，做到客观、公正，取样方法规范、正确，使样品具有较充分的代表性和真实性并做好见证记录。

建立见证取样送检工作台账，注明项目名称、见证人名称、见证材料和试块数量、使用部位、见证日期、见证人签字、检测结果、不合格材料处理情况等。

6.1.4 成品保护

设备区砌筑装修是机电工程最早进场、最晚竣工的专业，其作业面大，施工周期长的特点使其成品易被破坏。我们对门窗、墙壁、静态地板、地砖的成品保护做出以下经验总结：

① 推小车或搬运物料时，要注意不得碰撞墙角、门框等。压尺和铁铲等工具不要靠在刚完成的墙面抹灰层上。

② 拆除脚手架要注意轻拆轻放，不要撞坏门窗和墙面。

③ 要保护好墙体上已安装好的配件，电线槽盒等设施，对被砂浆粘上、污染的要及时清刷干净。

④ 抹灰层结硬以前要防止水冲、撞击、振动和挤压。

⑤ 保护好地漏、水管等处不被堵塞。

⑥ 粘在门窗框上的砂浆应及时清理干净。

⑦ 抹灰结硬后出入口阳角处用夹板进行保护。

⑧ 设备房间及走廊的地砖铺贴完成后，及时铺上五厘板进行成品保护，以免地砖在施工、运输中被刮后留有划痕。

⑨ 弱电房间和综合监控室等铺设静态地板前应告知弱电和动照专业，让其提前安装桥架和敷设电缆，以免后期反复拆装静态地板，导致出现静态地板支腿损坏、地板之间缝隙不对齐、缝隙过大等问题。

6.2 公共区装修

公共区装修是机电工程最精细的一个专业,从一开始进场的标高确定,施工前的测量放线、排版加工,施工中的定尺安装,需要每个环节严格执行,不能出错。

6.2.1 确定基点

作为站后第一个施工的专业,施工时轨道未铺设、站台门未安装,无法依据CP3引测标高,我标段根据土建单位在轨行区侧墙设置的标高基准点引测每一个轴线的一米线控制标高,并由测控中心复测合格,出具了一米线合格报告,使得地面标高精确度符合要求,为今后地面、墙面和顶面各专业施工提供了准确的标高基准点。

6.2.2 测量放线

测量放线是公共区装修非常重要的一个施工工序,需要测量放线人员充分熟悉图纸的同时加强与其他专业的沟通和交流。这样才能消除设计单位专业分工、分单位、"各自为战"的局限性,避免交叉作业、工序冲突和位置冲突。如护栏与闸机等终端设备的距离要满足规范要求;根据设计方案,对灯箱、配电箱、消火栓箱、导向、地漏等设备位置标识,需根据墙面平整程度和设备需要厚度,确定墙面装饰厚度,确保装修净厚度能装下相应的设备。

6.2.3 排版加工

根据图纸和现场测量数据,绘制详细的排版图,经监理、设计和业主确认后,分批次下单,杜绝了材料浪费和返工现象。特别注意以下两点要求:

① 站台层天花施工中,保证屏蔽门上方条形灯带及支架与站台门盖板的净距离大于50mm,保证站台门专业的绝缘效果和检修空间。

② 挡烟垂壁的施工,要保证垂壁下沿与同一防火分区内所有排烟风口的距离在500mm以上,确保符合地铁防火规范要求。

6.2.4 工序衔接

进入施工场地,首先进行地面石材铺贴,对墙面烤瓷铝板进行排版放线,并安装龙骨,安装完成立即对每块标板铝板进行测量,并下单生产,铝板厂家积极配合,下单后全部按照合同约定日期到货。标板铝板进场安装后,立即测量防火门周边、墙面转角处、墙面最下一排、楼梯间内、扶梯下三角房等部位的非标铝板,在垂梯尚未安装时,我标段即通过施工经验对垂梯周边的铝板也及时下单,缩短了非标铝板的生产周期。

在出入口踏步浇筑完成后,扶梯尚未进场时,预估出扶梯安装后侧面不锈钢板的安装位置,对踏步石材宽度进行测量,并及时下单,减少了石材生产周期带来的工期损失。踏步石材生产期间安排步梯一侧斜坡段干挂石材的施工,电扶梯安装完毕后,立即对扶梯一侧斜坡段的干挂石材进行施工,出入口钢结构的钢柱、钢梁也已及时进场准备施工。

各出入口及地面装修,具备测量条件时及时进行测量,对钢结构的钢材、玻璃、铝板和防盗卷帘门、门楣导向牌提前下单，缩短材料生产周期对工期的影响。公共区施工成型后的照片如图 6-2 所示。

(a) 招宝山站公共区　　　　　　　(b) 红联站公共区

图 6-2　公共区成型照片

6.3　通风空调专业

通风空调专业具有管线、设备多且体积大等特点，施工时要充分考虑大型设备运输吊装的合理性。管线安装时利用 BIM（建筑信息模型）技术作为辅助工具，合理排布管线的空间位置，避免出现管线碰撞、净空不够、排布不开的情况。尤其在环控机房、公共区与设备区接口等管线密集的部分需要在避免风管与其他专业管线碰撞的前提下，尽可能地使风管美观、便于施工。可以通过管综平面图与剖面图相结合，提前发现管道交叉部位，合理调整部分管线走向，高效利用现场空间，使该空间内管道布置饱满整齐。

通过 BIM 模型技术，在三维立体图形中提前预制机房模型，在模型中将各设备、管道都表现出来，再在模型中调整管线碰撞、空间布局等问题，从而总结出最佳施工方案。

6.3.1　风管安装

（1）配合土建的结构施工或土建按图预留孔洞、套管等，确保已按图施工完成，混凝土强度已满足设计要求

（2）风管安装要在室内砌筑工程基本施工完毕后进行

（3）风管内咬口符合风管制作要求，咬口处无明显漏光，复合风管打胶严密

（4）异型管应根据现场实际测量尺寸制作，不应有误，应反复校核以免造成浪费

（5）主管工程师和质检员应不定期检查风管连接处法兰螺栓是否安装或拧紧，避免工人安装时存在侥幸心理，以空间不足、操作不便为由不装螺栓或者不拧螺栓

（6）防火阀两侧 2m 范围内的风管需进行防火保护，使其达到要求的耐火极限，如包覆耐火极限 3 小时防火板（尤其注意车控室、环控机房、消防泵房、气瓶间等特殊房间）

（7）安装排烟风口时需要与装饰装修专业提前对接，排烟风口底边与挡烟垂壁下沿的垂直距离不应小于 0.5m

（8）防火阀需要设置独立支吊架，且距墙间距要满足 100～200mm

6.3.2 设备安装

通风空调专业设备安装时容易出现风机、空调机组安装不平整,风机安装不牢固,风机安装方向与气流方向相反,空调机组安装封闭不严,空调机组内有积尘,空调机组漏装减震设备等质量通病。针对以上问题总结以下五点措施:

(1) 安装前认真检查设备基础是否平整,吊架安装是否满足标高要求
(2) 严格按照工艺规范进行安装施工,设备安装固定牢固
(3) 专业技术人员仔细核对气流方向是否与设计文件一致
(4) 风管的咬口缝、铆钉缝、法兰处风管的翻边四角、静压箱与风管连接处采用锡接或涂密封胶等措施,调节阀轴孔处装密封圈及密封盖
(5) 设备安装完毕后做好成品保护,防止灰尘进入

6.4 动力照明专业

动力照明专业给车站提供动能和照明,接口众多,是地铁车站系统的"血管",主要包括动力配电系统和照明系统两大系统。动力配电系统有桥架安装,各类电线、电缆及导管的敷设,系统接地,配电箱、柜安装及系统调试;照明系统分为正常照明、备用照明、应急照明、区间照明、智能照明、站台板下安全电压照明及广告照明,含管内穿线、照明灯具及开关插座的安装。工程划分主要分部分项,如图6-3所示。

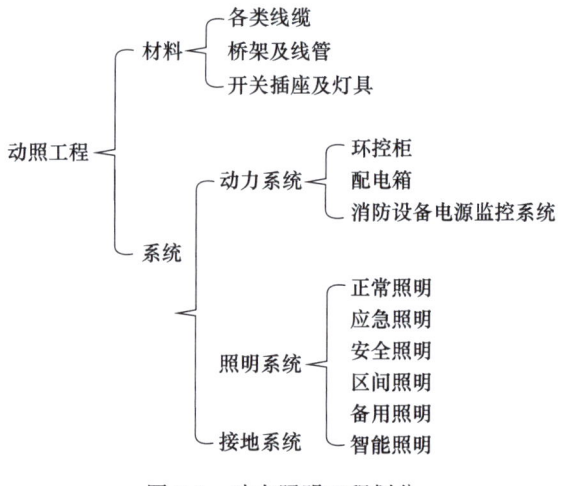

图6-3 动力照明工程划分

6.4.1 材料计划

动力照明的材料众多,主要分为钢管、型材、线缆、配电箱等设备。其中针对线缆、电气设备的材料计划,总结以下经验:

① 要根据图纸和现场调查建立电缆清册,这样可以让自己更直观、系统地了解动力照明图纸。建立完电缆清册后再根据清册提报电缆计划,提报电缆计划时需要注意电缆的垂直距离和水平距离,中间还要加上电缆的拐弯长度,最后加上电缆做头和损耗的长度,将这些电缆长度加起来就是每条电缆回路的长度。

② 提报设备计划时,需要考虑厂家的排产周期,提前提报计划。提报计划之前仔细研读用户需求书和图纸,加强和厂家、设计单位的沟通,如设备的防护等级、灯具的照度、配电箱的容量和回路、断路器的分断能力等。做好充足的准备工作,来降低后期设备不符合现场要求的风险。

6.4.2 设备安装

设备安装需要格外注意基础接地预埋和设备排布这两点,避免遗漏或不合格导致返工造成墙体和设备基础的成品破坏。

安装 EPS 柜、环控柜、空调机组、冷水机组等设备时需要提前预制设备基础,设备基础的接地需要在混凝土浇筑前提前施工完成。

地铁系统设备管线众多,施工和设计也是多家单位,这样会造成沟通不及时,设备之间产生碰撞、安装标准不统一、安装效果不美观等缺陷。我们不仅需要在施工过程中加强沟通和协调来解决这些问题,更需要在施工准备阶段就提前谋划、合理排布设备的安装位置。

(1)气灭控制盘安装在装有门禁卡的门口附近,室外墙面箱柜(设备)安装顺序按离门框距离从近到远依次为

门禁读卡器、消防壁挂电话、手/自动切换盒、气灭控制盘、FAS 模块箱、防火阀复位箱、走道照明开关(若有)。门禁读卡器距离门框 200mm,相邻箱柜(设备)水平间距均为 50mm,底边距地坪装饰完成面 1300mm、底边保持齐平。声光报警器与放气指示灯安装高度底边平齐,设备之间间距为 100mm。单门施工大样示意图如图 6-4 所示。

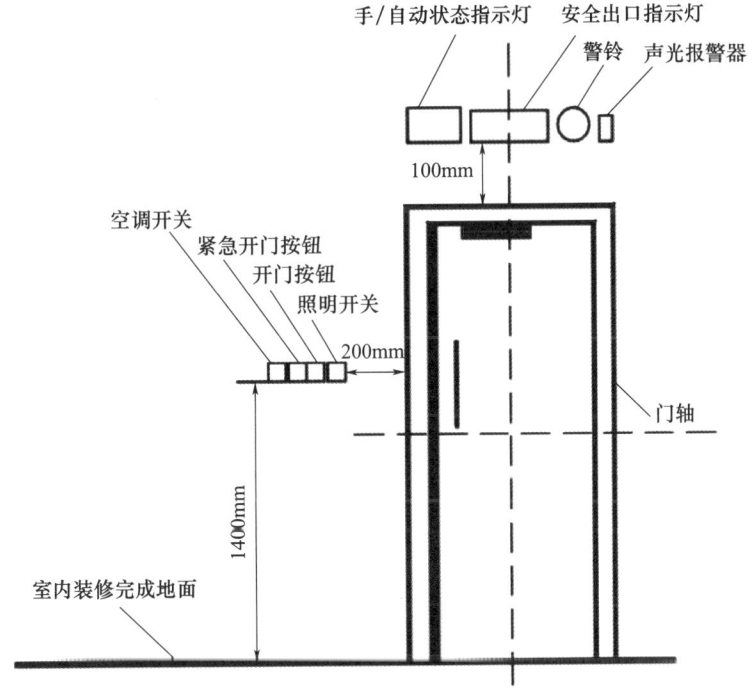

图 6-4 单门施工大样示意图

(2)设备机房要考虑多联机不能装在设备正上方,以免冷凝水滴落在设备上造成事故

设备房间内的灯具无特殊要求的情况下设为壁装的安装方式,可以避免与多联机位置上的碰撞。

(3)配电箱和配电柜的进线方式必须采用下进线,以免凝露滴落造成设备短路和损坏

6.5 给排水及消防专业

给排水及消防系统主要包括车站及区间生产、生活给水系统、消防给水系统及灭火器配置、排水系统（污水、废水及雨水）和管道保温系统。给排水及消防工程的特点技术卡箍件、阀门、支架种类和数量众多，施工中要熟悉各类管件的作用。给排水专业各类设备如图6-5所示。

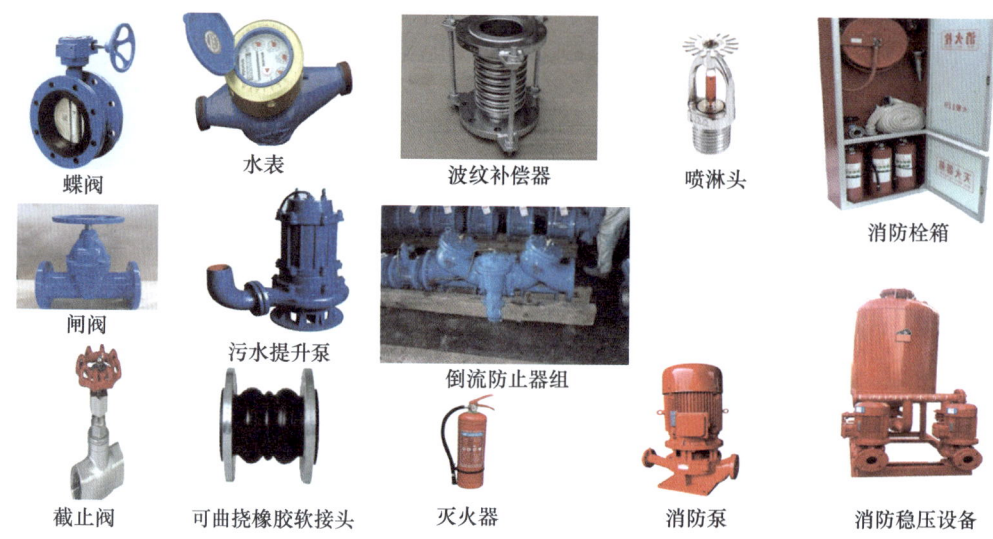

图6-5 给排水专业各类设备

6.5.1 质量通病

给排水及消防工程施工中容易遇到以下几种质量通病：
① 给水管道漏水或断裂。
② 未按要求设置波纹补偿器。
③ 入户端未按照要求设置橡胶软接头。
④ 消火栓阀门漏水。
⑤ 消防水带接口处漏水。
⑥ 大便器与排水管连接处漏水。
⑦ 蹲便器皮碗处漏水。
⑧ 外水接驳施工之前无法确定绿化道路红线，导致不满足距离要求。接合器盖板未按要求施工。
⑨ 外水工程水管埋深深度不符合要求，未进行管道冲洗。

6.5.2 治理措施

针对以上质量通病，总结了以下治理措施：
① 要在施工前严格检查管材及管件的产品质量，严格按本施工工艺要求进行水压试验。

② 管道支架要按规定设置，避免支架偏移导致管道局部受力过大，造成接口处渗漏；冬季进行水压试验完毕后要用空压机吹洗干净。

③ 对消防水进行多次冲洗，达标后安装栓头。

④ 楼板灌洞前，应对孔洞周边进行清理，支设模板，将孔洞浇水湿润，用不低于C20混凝土分两次进行浇灌、捣实，浇灌后的孔洞宜低于楼板10～20mm，用水泥沙浆抹光、压实。

⑤ 大便器安装前先检查冲水口是否光滑，选用相应的胶皮碗，不得使用再生胶制作的产品，绑扎皮碗时应注意不要划伤皮碗。

⑥《高层民用建筑设计防火规范》(GB 50045—2005) 规定，"室外消火栓应沿高层建筑均匀布置，消火栓距高层建筑外墙的距离不宜小于5.00m，并不宜大于40m；距路边的距离不宜大于2.00m"。

⑦ 严格按照设计规范进行施工，了解施工区域冻土层厚度。

⑧ 做好旁站记录。

6.6 弱电专业

弱电专业所含专业众多，包含AFC（自动售检票系统）、BAS（环境与设备监控系统）、FAS（火灾自动报警系统）、ISCS（综合监控）、ACS（门禁），遍布车站每个位置，是车站的"大脑"和"神经"。弱电专业需要重点做好设备成套、设备定位、电缆敷设、设备安装等工作。其中设备成套、设备定位的经验同动力照明专业，此处不再叙述。

6.6.1 弱电电缆敷设

弱电电缆敷设注意事项如下：

① 弱电电缆型号众多，同一种规格的电缆会有耐火和阻燃、屏蔽和非屏蔽之分，一定要按设计要求提报电缆材料计划和施工，避免电缆混淆使用，造成质量缺陷。

② 到风机、风阀的弱电电缆一定要和动照专业电缆区分开来，避免接线时混淆、强弱电混接、电压不同导致设备损坏。

③ 有电缆桥架沿电缆桥架敷设，其余采用穿镀锌钢管沿墙面等暗敷。施工中应统筹好各专业间的工序和空间关系，须以管线综合图纸为根本，以本专业设计为基准开展施工，如遇到敷设困难或现场敷设不合理处，应及时与设计单位联系协调处理。

④ 电缆在桥架内敷设应规整有序，挂好回路标牌、套管。

6.6.2 设备安装

（1）由于车站控制室内有多个专业进行施工安装，如个别专业没有按规定位置安装设备，将可能导致其他专业设备无法安装。因此，车控室设备布置应按综合监控下发的布置图进行设备安装，不得随意改变安装位置

（2）车站控制室、综合监控设备室的地板完成面会根据装修制定的完成面标高有所调整，应密切与装修专业的施工单位配合，明确了每个房间的架空地板实际完成面高度后才制作和安装底座

（3）设备底座安装时需注意与楼板的预留孔洞和其他专业管线冲突的问题，要及早发现问题，及时沟通，避免位置冲突

（4）需密切注意车控室 IBP 盘台与观测窗的位置配合问题，保证 IBP（综合后备盘）的侧板不得遮挡观察窗，临窗操作台面不得高于观察窗的下沿

（5）车控室观察窗由 ISCS 专业指定观察窗起点位置，建筑装修专业指定观察窗尺寸大小。施工时应关注观察窗安装的起点位置是否与 ISCS 施工图一致

（6）安装一类机房处气灭、FAS、门禁等专业的设备时，要与设计、业主、运营单位沟通，统一规划，做到整齐美观、符合规范要求

（7）安装烟感时要避开通风空调专业的风口位置

6.7 车站机电安装施工界面

6.7.1 与土建工程的界面

6.7.1.1 施工界面

（1）车站主体、端头井、出入口、风井、集水井等的土建结构工程与机电工程施工面基础标高基点

（2）车站主体、附属结构及区间预埋件、预留孔洞及套管，轨顶风道预埋钢板，车站接地环网引出端子，车站设备吊装用永久设备吊钩

（3）车站及区间联络通道各类集水井盖板，车站内各类人员检修用爬梯，吊装孔永久盖板

6.7.1.2 车站机电安装承包商责任

（1）检查车站、区间等土建工程中为机电安装所做的预埋件、预留孔洞和设备基础等是否符合相关要求

（2）负责根据土建施工方提供的基准标高，确定车站内的安装基准标高

（3）负责车站（含高架车站）综合接地网用的强弱电接地母排、绝缘铜导线的采购、安装

（4）负责新增 $0.1m^2$ 及以下面积新增孔洞的开孔和 $0.1m^2$ 及以下面积预留孔洞的封堵工作

（5）负责车站及区间联络通道各类集水井盖板，车站内检修用爬梯，吊装孔永久盖板、人员检修孔盖板的制作及安装

（6）负责高架车站与区间交界处、车站轨道梁与站台板下纵向后砌墙交界处散水板的安装施工

（7）负责单线桥无声屏障区段疏散平台侧防护栏杆的制作、安装

6.7.1.3 土建工程承包商责任

（1）负责设备基础孔洞、电缆孔洞、预埋件、预留沟槽及预埋孔洞套管、穿洞钢制套管、穿洞防水套管的施工

（2）负责新增面积超过 $0.1m^2$ 新增孔洞的开孔和面积超过 $0.1m^2$ 预留孔洞的封堵工作

（3）负责综合接地网的布置及接地端子的预留

(4) 负责提供车站基准标高点

(5) 负责车站及附属设备房伸缩缝的渗水导流

6.7.2 与轨道工程的界面

6.7.2.1 施工界面

区间轨行区基础标高、轨道道床。

6.7.2.2 车站机电安装承包商责任

(1) 负责检查轨道专业是否按设计要求预留过轨通道，以及给排水、消防系统各类管道和沟槽、线路排水沟、沉沙坑的预留

(2) 负责根据轨道专业提供的基准标高，确定车站内的安装基准标高

6.7.2.3 轨道工程承包商责任

(1) 负责设置电缆过轨通道，以及给排水、消防系统各类管道和沟槽、线路排水沟、沉沙坑的预留

(2) 提供轨行区基准标高

6.7.3 与供电系统的界面

6.7.3.1 施工界面

区间电缆支架、桥架、AC 0.4kV 开关柜馈线侧、车站综合监控设备室交换机接线端子进线侧、环形接地干线接入端、车控室隧道感温光纤系统主机柜接线端子进线侧、车站照明配电室区间正常照明总箱、应急电源装置出线侧。

6.7.3.2 车站机电安装承包商责任

(1) 负责 AC 0.4kV 开关柜至车站动力配电系统、照明配电系统电缆敷设，以及与设备的连接及试验

(2) 负责提供隧道感温光纤系统主机配线架位置及端口

(3) 负责 AC 0.4kV 开关柜馈线至射流风机电缆采购、敷设及连接，负责射流风机、就地控制箱的安装及调试

(4) 负责 AC 0.4kV 开关柜馈线至水泵电缆的采购、敷设及连接，负责水泵、水泵电源箱、水泵控制箱安装及调试

(5) 负责区间 AC 0.4kV 开关柜馈线至区间正常照明总箱的电缆采购、敷设及连接，负责区间正常照明总箱的安装及调试

(6) 负责地下区间 AC 0.4kV 开关柜馈线至应急电源装置的电缆采购、敷设及连接，负责应急电源装置的安装、调试

(7) 负责区间动照电缆在车站范围内与车站机电安装专业共用桥架及线槽的采购、安装、封堵

(8) 负责变电所内墙体砌筑、门体安装（含锁具）及接地、墙面粉刷、地面铺装、天花吊顶灯具、挡鼠板设置等工程的实施

(9) 负责变电所内孔洞的临时防护

（10）负责供电专业车站内线缆桥架的喷涂工作

6.7.3.3 供电系统承包商责任

（1）负责 AC 0.4kV 开关柜的设备安装、试验与调试

（2）负责感温光纤的敷设和连接，负责各站隧道感温光纤系统主机柜至区间的光缆敷设、熔接、成端及线缆标识牌制作，负责光缆测试

（3）负责 AC 0.4kV 开关柜馈线至区间动力检修箱及检修箱之间的电缆采购、敷设及连接

（4）负责高架区间正常照明总箱出线开关下口至区间照明灯具的线缆、区间照明灯具的采购及安装

（5）负责地下区间正常照明总箱出线开关下口至区间正常照明分箱、区间正常照明分箱之间的电缆的采购、敷设及连接，负责区间正常照明分箱的安装及区间照明灯具的采购、安装

（6）负责地下车站应急电源装置区间应急照明配电回路出线开关下口至区间应急照明分箱、区间应急照明分箱之间的电缆的采购、敷设及连接，负责应急照明分箱的安装及区间应急照明灯具的采购、安装

（7）负责地下车站应急电源装置区间疏散指示配电回路出线开关下口至区间疏散指示灯具的线缆采购、敷设及连接，负责区间疏散指示灯具的采购及安装

（8）负责供电系统安装结束后的孔洞封堵工作

（9）负责配合车站各系统调试停送电管理工作

6.7.4 与通信系统的界面

6.7.4.1 施工界面

综合支吊架、通信专业双切箱进线侧、通信专业光纤配线架、综合监控前置处理机接线端子进线侧。

6.7.4.2 车站机电安装承包商责任

（1）负责综合支吊架的安装

（2）负责敷设电缆至通信专业双切箱进线侧

（3）负责敷设通信线缆至通信专业配线架接线端子排

（4）负责安装综合监控前置处理机接线端子排

（5）负责车站内通信专业线缆桥架的喷涂工作

（6）负责通信设备房内墙体砌筑、门体安装（含锁具）及接地、墙面粉刷、天花吊顶灯具、挡鼠板设置等工程的实施

（7）负责通信设备房接地端子箱的安装

（8）负责从接地母排至通信设备房接地端子箱的电缆敷设及接地端子箱的安装

6.7.4.3 通信系统承包商责任

（1）负责弱电系统专业电缆防护槽敷设

（2）负责安装通信专业双切箱

（3）负责安装通信专业配线架及接线端子排

（4）负责敷设电缆至综合监控前置处理机接线端子进线侧

（5）负责通信设备房内的防静电地板的采购及安装，包括防静电漆的涂刷及静电地板龙

骨接地

(6) 负责通信系统安装结束后的孔洞封堵工作

(7) 负责设备机柜至接地端子箱的电缆敷设

6.7.5 与信号系统的界面

6.7.5.1 施工界面

综合支吊架、信号专业防雷配电箱进线侧、综合监控前置处理机接线端子进线侧、车站紧急后备盘。

6.7.5.2 车站机电安装承包商责任

(1) 负责综合支吊架的安装

(2) 负责敷设电缆至信号专业防雷配电箱进线侧

(3) 负责安装综合监控前置处理机接线端子排

(4) 负责安装综合监控车站紧急后备盘接线端子排

(5) 负责车站内信号专业线缆桥架的喷涂工作

(6) 负责信号设备房内墙体砌筑、门体安装（含锁具）及接地、墙面粉刷、天花吊顶灯具、挡鼠板设置等工程的实施

(7) 负责从接地母排至信号设备房接地端子箱的电缆敷设及接地端子箱的安装

6.7.5.3 信号系统承包商责任

(1) 负责弱电系统专业电缆防护槽敷设

(2) 负责安装信号专业防雷配电箱

(3) 负责敷设电缆至综合监控前置处理机接线端子进线侧

(4) 负责敷设电缆至综合监控车站紧急后备盘接线端子排

(5) 负责信号设备房内防静电地板的采购及安装，包括防静电漆的涂刷及静电地板龙骨接地

(6) 负责信号专业安装结束后的孔洞封堵工作

(7) 负责设备机柜至接地端子箱的电缆敷设

6.7.6 与公共区装修的界面

6.7.6.1 施工界面

站台以站台门端门、站厅以设备及管理用房的端墙为界划分。

6.7.6.2 车站机电安装承包商责任

(1) 负责公共区天花吊顶标高以上部分、轨行区顶面、电梯井及侧墙结构面喷涂

(2) 负责车站两端公共区与设备区交界处的端墙墙体砌筑及抹灰

(3) 负责公共区卫生间电气管线敷设及防火门的安装，将电气管线敷设至设备终端处，将给水管道、污水管道进口敷入公共区厕所室内 1m

(4) 负责车控室防火观察窗的采购安装

(5) 负责公共区站厅下站台楼梯、电扶梯下区域三角房防火门的安装及终端设备电气管线敷设

(6) 负责设备区紧急疏散通道内灯具、开关、管线敷设、防火门（包括出地面的门）、

出地面墙体砌筑及内墙装修

（7）负责公共区照明、导向、广告灯箱、开关插座、卷帘门等终端设备的电源布线，在终端处至少多留出 1m 电源线

（8）负责冷却塔外立面的钢结构护栏的安装

（9）负责公共区边门及就地控制器的安装及管线埋敷

（10）负责玻璃电梯井道四周不锈钢栏杆的施工

（11）负责出入口自动扶梯并梯间的扶栏顶面外包板收口

（12）负责自动扶梯设备凸台安装

6.7.6.3 公共区装修承包商责任

（1）负责设备区紧急疏散通道出地面的三级踏步砌筑、外墙装修、室外地面恢复

（2）负责站厅层端墙外墙面（靠公共区侧）及天花吊顶标高以下部分的装修

（3）负责站台门端门内（靠公共区侧）及天花吊顶标高以下部分的装修

（4）负责公共区墙、柱面装饰的机电设备的预留开孔

（5）负责公共区照明、导向、广告灯箱、开关插座、卷帘门等终端设备的安装

（6）负责公共区站厅下站台楼梯、电扶梯下区域三角房的墙体砌筑、内外墙装修、灯具、开关等终端设备的安装

（7）负责公共区卫生间墙体的砌筑及装修施工

（8）负责车站出入口、室外广场地面的恢复、绿化

（9）负责车站公共区及出入口的防盗、防火卷帘门的采购、安装

（10）负责车站高风亭结构砌筑及内外墙面的装修施工

（11）负责公共区消火栓、冲洗栓箱门的制作安装

（12）负责公共区门禁设备安装后的装修收口工作

（13）负责 AFC 专业不锈钢线槽检修盒、终端盒处检修盖板的安装及装修收口工作

（14）负责自动扶梯上下踏板处、靠楼梯侧及出入口电梯玻璃井道与装修石材的收口

（15）负责垂直电梯厅门与墙面、地面的收口

（16）负责自动扶梯靠墙侧、站内自动扶梯并梯间的扶栏顶面外包板收口

第 7 章

强化安全质量

7.1 监测监控管理

宁波轨道交通 2 号线二期实行"全员参与，分级管控；全面管控，动态监控；提前预告，实时预警；及时响应，跟踪处理"的结构风险管控基本思路，以监测监控图表法、变形控制指标体系、精细化监测监控技术、分级预警机制为基础，以风险管理培训、施工风险评估及管控、施工监测、第三方抽检巡检、定期专家巡查、信息化监控平台、动态预警分析及评估、监测监控标准化管理为重点，以科研创新为驱动的风险管理体系。

7.1.1 基坑动态监管精细化管理

基于宁波软土地质特点，根据专业化、精细化管理要求，引入第三方单位，实行分层管理，即建设分公司决策层、管理层和实施层三级管理体制。在管理层组建监测监控管理中心，由安全质量部、设计技术部、现场管理部门、第三方监测单位（含风险咨询）、总体设计单位、应急抢险队组成，安全质量部负责对监测监控管理中心进行归口管理。在现场实施层组建现场监测监控分中心，由监理单位、施工单位、勘察单位、施工监测单位、工点设计单位、业主代表、第三方监测单位岗位工程师组成，日常工作由监理单位组织开展。风险管理三级体系如图 7-1 所示。

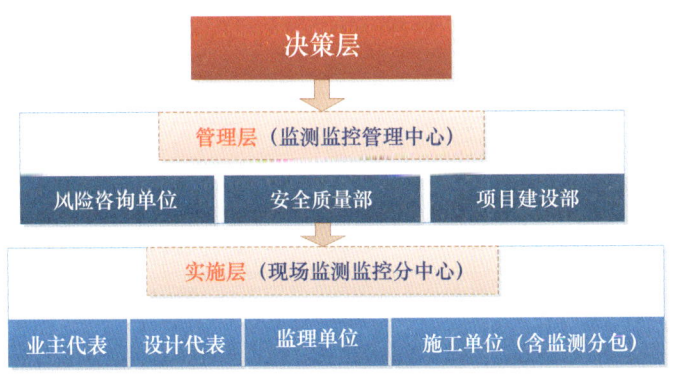

图 7-1 风险管理三级体系图

充分结合现场施工管理、技术管理、风险管理,形成以基坑监测点布置图、基坑开挖纵剖面图、基坑地质纵剖面图、土方开挖无支撑暴露时间表、现场巡检工作内容表、监测监控分中心人员组成及职责表、基坑设计要素统计表为主的基坑风险管控图表体系,通过第三方监测单位对现场预交底和正式交底,完善现场分中心标准化建设,结合日常现场分中心月度标准化检查、季度标准化检查和专项检查,紧密联系两个中心,充分发挥其连接两个中心的纽带作用,实现对现场的精细化监控管理。

7.1.2 监测数据分析

7.1.2.1 线路车站工程地质分析

宁波地区属典型的软土地区,广泛分布厚层状软土,水系发达,河流众多,具有"地下水位高,土层含水率高,压缩性高,强度低,灵敏度高,透水性低"等特点。

根据宁波市轨道交通工程勘察工程地质层分层,依据相关规范和工程经验,本次统计将土层分为稳定土层和不稳定土层。当黏性土土层的压缩系数 $a_{0.1\sim0.2}<0.5\mathrm{MPa}^{-1}$、压缩模量 $E_s \geqslant 4\mathrm{MPa}$ 及液限指数 $\leqslant 0.5$ 时定义为稳定土层,其余为不稳定土层。当砂土、粉土的压缩系数 $a_{0.1\sim0.2}<0.5\mathrm{MPa}^{-1}$,密实度中密以上,定义为稳定土层,其余为不稳定土层。根据表 7-1 中的指数可以看出 2 号线二期基坑基底都处于不稳定地层。

表 7-1 基坑基底(黏性土)土层排序表

土层	土层名称	液性指数平均值	压缩系数平均值(MPa^{-1})	备注
②$_{2a}$层	淤泥	1.59	1.272	流塑、高压缩性、物理力学性质极差
①$_{3b}$层	淤泥质黏土	1.23	1	流塑、高压缩性、物理力学性质极差
②$_{2b}$层	淤泥质黏土	1.25	0.969	流塑、高压缩性、物理力学性质极差
②$_{2c}$层	淤泥质粉质黏土	1.29	0.679	流塑、高压缩性、物理力学性质极差
②$_{2T}$层	黏质粉土	1.16	0.263	流塑、中压缩性、物理力学性质差
③$_2$层	粉质黏土	1.15	0.449	流塑、中压缩性、物理力学性质差
④$_{1b}$层	淤泥质粉质黏土	1.13	0.834	流塑、高压缩性、物理力学性质差
④$_{1a}$层	淤泥质黏土	1.06	0.959	流塑、高压缩性、物理力学性质差
②$_1$层	黏土	0.88	0.677	软塑、高压缩性、物理力学性质差
④$_{2a}$层	黏土	0.86	0.67	软塑、高压缩性、物理力学性质差
④$_{2b}$层	粉质黏土	0.86	0.607	软塑、高压缩性、物理力学性质差
③$_{1T}$层	粉质黏土	0.87	0.472	软塑、中压缩性、物理力学性质较差
⑤$_2$层	粉质黏土	0.61	0.31	软可塑、中压缩性、物理力学性质较差

2 号线二期工程车站基坑基底土层基本以②层~③层淤泥质黏土、淤泥质粉质黏土为主,这些土层普遍存在高压缩性、液性指数高的特点,物理力学性质较差。2 号线二期工程的开挖面土层、基底土层及墙趾土层分别列表见表 7-2,各车站基坑土层见表 7-3。

表 7-2　2 号线二期基坑土层统计表

线路	开挖面土层	基底土层	墙趾土层
2 号线二期	①$_{1a}$、①$_{1b}$、①$_{1c}$、①$_2$、①$_{3c}$、②$_1$、②$_{2b}$、②$_{2c}$、②$_{2T}$、③$_{1b}$、③$_{1T}$	②$_{2b}$、③$_{1b}$	③$_{1b}$、⑤$_{1b}$、⑥$_2$、⑥$_{3a}$、⑦$_1$、⑨$_{1a}$

表 7-3　2 号线二期各车站基坑土层统计表

线路	车站	基底土层	墙趾土层
2 号线二期	枫园站	②$_{2b}$层淤泥质黏土	⑥$_{2t}$砂质粉土层
	聪园路站	②$_{2b}$层淤泥质黏土	⑥$_2$粉质黏土
	招宝山站	③$_{1b}$层粉砂	⑨$_{1a}$层粉质黏土
	红联站	②$_{2b}$层淤泥质黏土	⑥$_{3a}$粉质黏土、⑦$_1$黏土
	五里牌站站后过渡段	②$_{2b}$层淤泥质黏土	⑦$_2$粉质黏土

7.1.2.2 车站变形数据统计分析

由于开挖时土体卸载，在开挖面附近，基坑内外的土体由于不能及时施加支护结构而产生较大压力差，从而导致了基坑变形。围护结构受坑外土体的挤压，产生向坑内的水平位移。同时，坑外的地层会有略微的移动，地表产生明显的竖向位移。另外，在卸载的过程中，坑底外侧土压力会将基坑底部土体向上挤压，产生坑底隆起现象。因此，对于基坑的变形作用，主要可以理解为坑外地表的沉降、围护结构的水平位移及坑底的隆起效应。变形简图如图 7-2 所示。

国内外学者如 Peck、Clough、徐中华等为了准确地预测基坑变形及其对周边环境的影响，将地表沉降分布形态、墙体变形与开挖深度、土层条件联系起来进行总结，以估算墙体的变形及地表的沉降，讨论了开挖深度、支撑系统刚度、坑底抗隆起稳定系数等对基坑变形的影响。

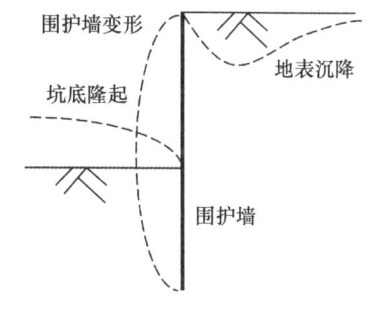

图 7-2　基坑变形简要示意图

虽然宁波轨道交通深基坑工程已积累了一定的经验，但随着深大基坑工程的增多，依旧面临着许多问题。本报告统计了宁波地区 2 号线二期 5 个主体车站测斜、地表沉降监测数据，对地下连续墙的变形性状进行统计分析。

1. 测斜数据统计分析

2 号线二期 6 个主体基坑测斜平均值为 74.47mm，最大测斜平均值为 113.28mm。其中地下两层站 TJ2118 标枫园站变形较大，最大测斜变形为 154.17mm，是各基坑最大测斜平均值的 1.36 倍；地下三层站 TJ2118 标招宝山站测斜变形较大，最大测斜变形为 149.63mm，是各基坑最大测斜平均值的 1.32 倍。2 号线二期基坑围护结构变形统计如图 7-3 所示。

整体来看，随着基坑开挖深度增加，围护结构测斜变形呈逐步增大趋势，垫层浇筑完毕后，变形将明显收敛。枫园站标准段测斜最大值为 154.17mm，平均值为 133.8mm，端头

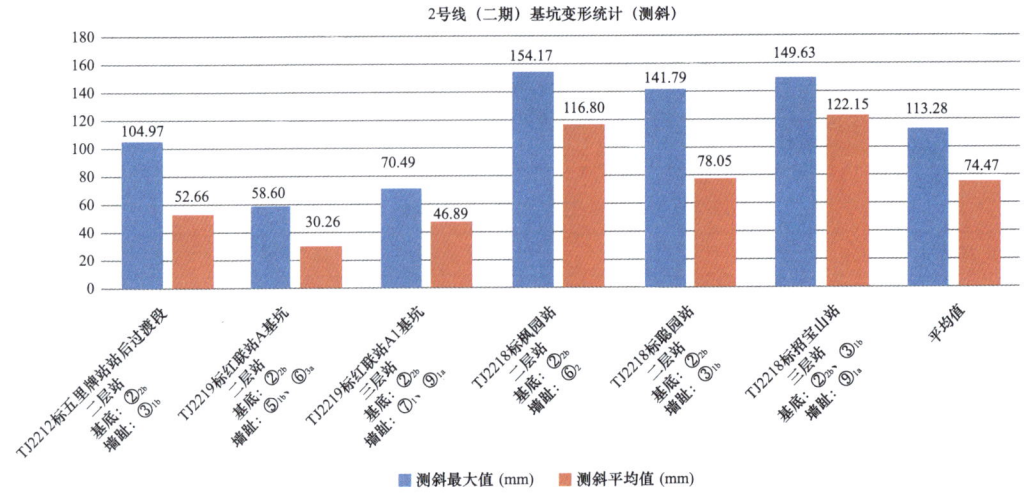

图 7-3 基坑围护结构变形统计直方图

井测斜最大值为 106.9mm，平均值为 85.3mm；聪园路站标准段测最大累计值为 141.79mm，平均值为 86.41mm。端头井测斜最大值为 85.00mm，平均值为 62.14mm；招宝山站标准段测斜最大值为 149.63mm，平均值为 104.42mm，端头井测斜最大值为 99.71mm，平均值为 88.91mm；红联站 A 基坑测斜最大值为 58.6mm，平均值为 30.27mm，B 基坑测斜最大值为 57.67mm，平均值为 23.53mm；五里牌站站后过渡段水泥搅拌桩段测斜最大值为 135.38mm，平均值为 76.28mm，SMW 工法桩段测斜最大值为 101.20mm，平均值为 65.45 mm，钻孔灌注桩段测斜最大值为 110.37mm，平均值为 73.46mm；各车站测斜数据具体统计见表 7-4。

表 7-4 枫园路站测斜统计值

车站	结构形式	位置	测斜统计值（mm）		报警值（mm）	测斜累计值/开挖深度
枫园站	地下二层	标准段	最大值	154.17	±40	3.85‰
			最小值	71.6		1.79‰
			平均值	133.8		3.35‰
		端头井	最大值	106.9	±46	2.32‰
			最小值	53.7		1.17‰
			平均值	85.3		1.85‰
聪园路站	地下二层	标准段	最大值	141.79	±31	4.57‰
			最小值	27.05		0.87‰
			平均值	86.41		2.76‰
		端头井	最大值	85.00	±38	2.24‰
			最小值	41.40		1.08‰
			平均值	62.14		1.65‰

续表

车站	结构形式	位置	测斜统计值（mm）		报警值（mm）	测斜累计值/开挖深度
招宝山站	地下三层	标准段	最大值	149.63	±29	5.16‰
			最小值	80.11		2.76‰
			平均值	104.42		3.60‰
		端头井	最大值	99.71	±31	3.22‰
			最小值	78.25		2.52‰
			平均值	88.91		2.87‰
红联站	地下二层（A、B基坑）	A基坑	最大值	58.6	±35	1.66‰
			最小值	13.6		0.39‰
			平均值	30.27		0.87‰
		B基坑	最大值	57.67	±35	1.65‰
			最小值	13.58		0.39‰
			平均值	23.53		0.67‰
五里牌站站后过渡段	地下二层	水泥搅拌桩段	最大值	135.38	±28	4.84‰
			最小值	42.37		1.51‰
			平均值	76.28		2.72‰
		SMW工法桩段	最大值	101.20	±27	3.75‰
			最小值	28.42		1.05‰
			平均值	65.45		2.42‰
		钻孔灌注桩段	最大值	110.37	±30	3.68‰
			最小值	50.63		1.69‰
			平均值	73.46		2.45‰

2. 地表沉降影响范围分析

2号线二期6个主体基坑地表沉降平均值为−57.19mm，最大地表沉降平均值为−127.86mm。其中地下两层站最大地表沉降为TJ2212标五里牌站站后过渡段，地表沉降最大值为−212.75mm，是各基坑最大地表沉降平均值的1.66倍；地下三层站最大地表沉降为TJ2118标招宝山站，地表沉降最大值为155.27mm，是各基坑最大测斜平均值的1.22倍。基坑开挖引起地表沉降如图7-4所示。

地下二层车站和地下三层车站基坑地表沉降统计如图7-5和图7-6所示。

由图7-5可知，各监测断面地表沉降统计值（包络线）分析，包络折线分为两段A段：$\sigma_v/H = -4.4d/H - 2.90$（$0 < d/H < 0.7$）、B段：$\sigma_v/H = 4.9d/H - 14.5$（$0.7 < d/H < 2.5$），地表沉降最大值出现在距基坑边缘12m的位置，其包络线呈抛物线分布形式，最大影响范围约为3H，符合基坑三倍开挖深度监测范围条件。地表沉降最大值与断面测斜最大值比值范围为0.27~1.55，均值0.83，且地表沉降最大值大部分要略小于同断面测斜值。

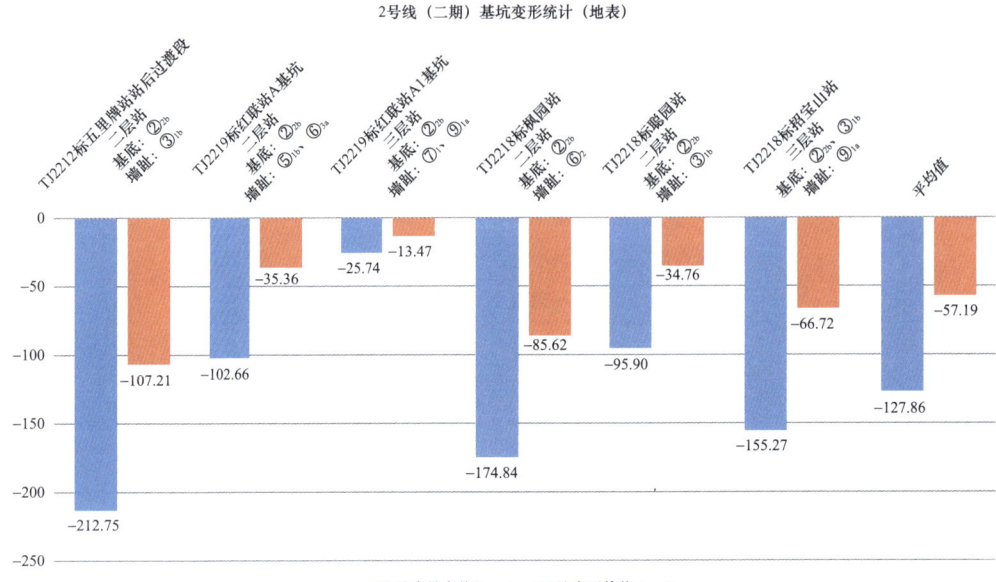

图 7-4　基坑开挖引起地表沉降统计直方图

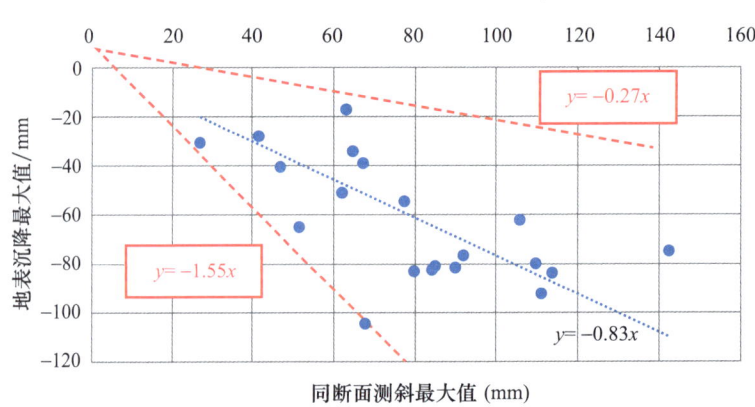

图 7-5　二层车站基坑地表沉降分布范围统计图

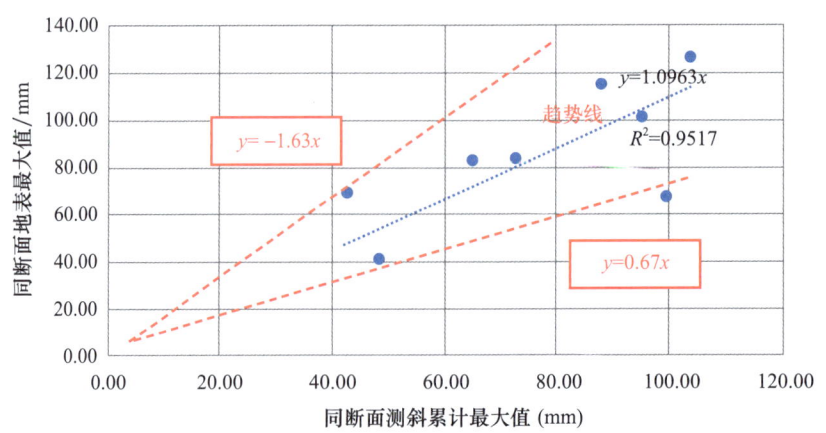

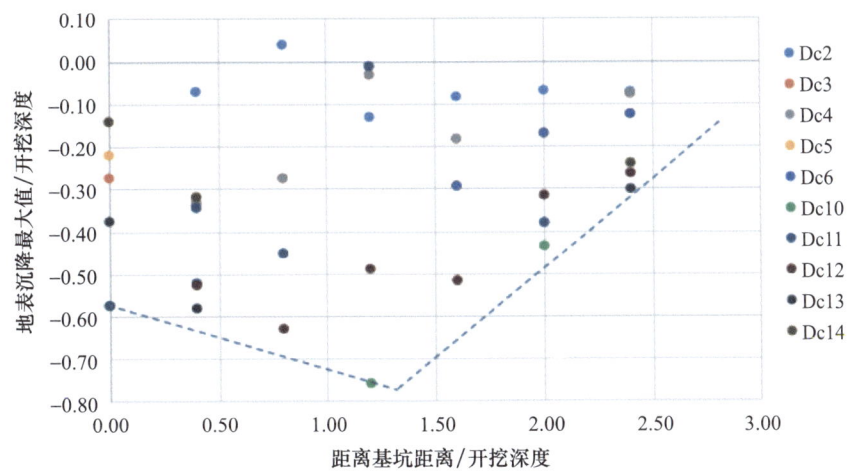

图 7-6 三层车站基坑地表沉降分布范围统计图

由图 7-6 可知,地表沉降最大值出现在距基坑边缘约 15m 的位置,其包络线呈抛物线分布形式,最大影响范围约为 98m,对比基坑开挖深度值(23.88m),其最大影响范围约为 4.2 倍基坑开挖深度。地表沉降最大值与断面测斜最大值比值范围为 0.67~1.63,均值 1.096,其地表沉降最大值略大于同断面测斜值。

7.1.2.3 总结

(1) 2 号线二期工程地下二层车站坑底处于不稳定土层的测斜累计值区间为 27~142mm;地下三层车站坑底处于不稳定土层的测斜累计值区间为 80~124mm

(2) 2 号线二期工程车站施工期间地表沉降影响范围最大约为 $3H$ 的距离范围,其中地表沉降最大值集中于距离基坑 $1.5H$ 范围内,为地表沉降最大值最密集的特征区域

(3) 根据统计结果可知,地下三层站基坑施工完成后测斜与同断面地表沉降的相关系数一般为 1.1,即地表沉降最大值为同断面测斜累计最大值的 1.1 倍

二层站基坑施工完成后测斜与同断面地表沉降的相关系数一般为 0.8,即地表沉降最大值为同断面测斜累计最大值的 0.8。

7.1.3 风险管控总结

7.1.3.1 静态风险评估

1. 静态风险评估目的和方法

(1) 静态风险评估目的

宁波市轨道交通 2 号线二期工程[清水浦站(不含)—红联站区间]全长约 8.477km,其中高架线长约 3.08km,地下线长约 4.81km,敞口 U 型槽约 0.285km,暗埋过渡段 0.13km;本项目 2 号线二期工程共需建设 4 座车站、4 个盾构区间和五里牌站站后过渡段(U 型槽+明挖暗埋+盾构井)。车站具体为枫园站、聪园路站、招宝山站、红联站;区间具体为五里牌站站后过渡段、枫园站前—枫园站类矩形盾构区间、枫园站—聪园路站类矩形盾构区间、聪园路站—招宝山站类矩形盾构区间、招宝山站—红联站单圆盾构区间。本项目施工工艺复杂,周边环境复杂,所需的施工设备繁多,涉及的专业工种与人员众多且相互交

叉，工程建设中容易发生各类风险，风险管理作为减少或降低风险的有效手段，需在整个建设过程中实施。在深入调查宁波轨道交通2号线二期工程的水文地质条件、工程设计、施工工艺、周边环境的基础上，对基坑工程、盾构隧道工程及高架工程在建设过程中可能出现的各种风险识别、估计、评价，提出相应的措施进行规避或转移，并制定应急预案应对可能接受的风险，把工程建设中潜在的各类风险降低到合理、可接受的水平［即ALARP（最低合理可行）原则］，形成技术报告，为施工结构风险的动态管理提供了技术和管理的基础，以期达到控制建设安全和工程质量、减少经济损失和人员伤亡、控制工程建设投资和保障工程建设工期的目的。可见，施工准备期的静态风险评估工作对确保轨道交通工程的顺利施工具有重要意义。

（2）静态风险评估方法

施工准备阶段静态风险评估是轨道交通工程建设风险管理中一个阶段性的工作，主要包括风险辨识、风险估计、风险评价及风险处置和预防措施等工作。

风险辨识：风险评估的第一步，也是风险评估的前提和基础，是对风险进行初步归纳、分析和整理的过程，辨识出工程建设中可能发生的所有安全风险事件及对应的风险因素。本工程采用以WBS-RBS技术为基础的专家调查法。WBS-RBS风险识别将整个待风险评估的工程项目按照工程分部进行分解，分解到足以能够具体分析所产生风险的程度。利用同样的思想，针对委托方所关心的风险内容，将评估范围内的工程风险进行风险结构分解（RBS），然后结合上述工程结构分解（WBS）和风险结构分解（RBS）进行对号入座，将RBS中的具体风险与WBS中的工程部位一一对应，识别出具体风险发生的工程部位和范围，并对可能发生的风险进行因果分析和描述，从而达到识别风险的目的。

风险评估：是通过分析（包括估计和评价）确定衡量风险水平的指标，并对风险分级和排序。通常通过风险量的估计来衡量风险的水平。本工程静态风险评估中的风险水平评定指标为风险系数，它在风险量估计的基础上引入风险重要性权重的排序，并对风险重要性排序进行一致性检验，不仅具有风险量估计的优点，而且进行了科学的验证和判断，在三维空间中对风险水平进行衡量，使风险评估的结果更加准确，更具说服力。

风险分级：本工程静态风险评估根据美国国防部的系统安全纲要评定标准确定，由风险指数的大小在0～25之间划分为4个级别。由定性定量相结合的综合集成法定义风险等级。风险指数、风险等级对应见表7-5。

表7-5 风险指数、风险等级对应表

风险等级	风险指数值（R）
Ⅰ级	$15 \leqslant R \leqslant 25$
Ⅱ级	$9 < R < 15$
Ⅲ级	$4 \leqslant R \leqslant 9$
Ⅳ级	$0 < R \leqslant 4$

2. 静态风险评估实施过程

宁波轨道交通2号线二期工程施工准备阶段，督促施工单位收集勘察、设计、前期评估、周边建（构）筑物、临近既有轨道交通及其他地下工程等施工准备期风险评估基础资料。指导施工、监理单位完成各工点以下工作：

①开展施工影响范围内周边环境核查；②根据工程建设项目的分项、分部、单位、单项工程，界定风险管理对象，划分工程建设风险评估单元，制定工程监测风险等级标准；③根据周边环境核查成果，通过工程结构、风险结构分解，对风险进行初步归纳、分析和整理，识别出具体风险发生的工程部位和范围，列出工程项目中可能发生的所有重要安全风险事件及对应的风险因素，对可能发生的风险进行全面准确、细致深入的分析和描述，形成风险源辨识清单；④根据风险源辨识清单编制静态风险评估报告。《宁波市轨道交通2号线二期工程总体静态风险评估报告》已于2017年5月17日组织评审，并于2017年5月20日完成专家意见修改。根据《宁波市轨道交通2号线二期工程总体静态风险评估报告》和各工点静态风险评估报告最终稿，宁波市轨道交通2号线二期工程重大风险源共有293个：其中Ⅰ级风险0个、Ⅱ级风险89个、Ⅲ级风险204个。工点重大风险源统计见表7-6。

表7-6 风险源统计表

工点	风险类别	分部工程	风险单元	风险等级
枫园站	施工	围护结构施工	地下连续墙	Ⅲ级
			钻孔灌注桩	Ⅲ级
		基坑降水工程	基坑降水	Ⅲ级
		地基处理工程	高压旋喷桩施工	Ⅲ级
			三轴搅拌桩加固施工	Ⅲ级
		基坑开挖工程	土方开挖	Ⅱ级
			支撑体系	Ⅲ级
			围护结构	Ⅲ级
			基坑排水	Ⅲ级
		主体结构与回填	结构施工	Ⅲ级
			土方回填	Ⅲ级
	环境风险	周边管线	给水管线等12条	Ⅱ级
		周边建筑	部队用房等4栋	Ⅲ级
		临近道路	宁镇公路等3条	Ⅲ级
	不良地质	不良地质	软土	Ⅱ级
			人工填土	Ⅲ级
			地下水	Ⅱ级
			暗浜	Ⅱ级
			黏性土	Ⅲ级
	自然风险	自然风险	暴雨	Ⅲ级
			台风	Ⅲ级
			地震	Ⅲ级

续表

工点	风险类别	分部工程	风险单元	风险等级
枫园站前—枫园站盾构区间	施工	洞门加固	土体加固	Ⅲ级
		盾构始发	盾构吊装	Ⅲ级
			洞门破除	Ⅲ级
			盾构出洞	Ⅱ级
		盾构掘进	盾构自身	Ⅱ级
			掌子面	Ⅱ级
			管片	Ⅲ级
			周边地表	Ⅲ级
			隧道注浆	Ⅲ级
		盾构接收	洞门破除	Ⅱ级
			接收设备	Ⅲ级
			盾构进洞	Ⅲ级
	不良地质	不良地质	黏土层	Ⅲ级
			承压水地层	Ⅲ级
			不均匀地层	Ⅲ级
			地下障碍物	Ⅲ级
	环境风险	环境风险	周边建筑物	Ⅲ级
			临近道路	Ⅱ级
			周边管线	Ⅱ级
	自然风险	自然风险	暴雨	Ⅲ级
			地震	Ⅲ级
			台风	Ⅲ级
聪园路站	施工	基坑围护结构施工	地下连续墙施工	Ⅲ级
			钻孔灌注桩	Ⅲ级
		基坑降水工程	基坑降水	Ⅱ级
		地基处理工程	高压旋喷桩施工	Ⅲ级
			三轴搅拌桩施工	Ⅲ级
		基坑开挖工程	土方开挖	Ⅱ级
			支撑体系	Ⅱ级
			围护结构	Ⅱ级
			基坑排水	Ⅲ级
		主体结构与回填	主体结构	Ⅲ级
			土方回填	Ⅲ级
	不良地质	特殊岩土	软土	Ⅱ级
			人工填土	Ⅲ级
			黏性土	Ⅲ级
		地下水	承压水	Ⅱ级

续表

工点	风险类别	分部工程	风险单元	风险等级
聪园路站	环境风险	环境风险	周边建筑物	Ⅱ级
			临近道路	Ⅲ级
			周边管线	Ⅱ级
	自然风险	自然风险	暴雨	Ⅲ级
			台风	Ⅱ级
			地震	Ⅳ级
枫园站—聪园路站盾构区间	施工	洞门加固	土体加固	Ⅲ级
		盾构始发	盾构吊装	Ⅲ级
			洞门破除	Ⅲ级
			盾构出洞	Ⅱ级
		盾构掘进	盾构自身	Ⅱ级
			掌子面	Ⅱ级
			管片	Ⅲ级
			周边地表	Ⅲ级
			隧道注浆	Ⅲ级
		盾构接收	洞门破除	Ⅱ级
			接收设备	Ⅲ级
			盾构进洞	Ⅱ级
	不良地质	不良地质	黏土层	Ⅲ级
			承压水地层	Ⅲ级
			不均匀地层	Ⅲ级
			地下障碍物	Ⅲ级
	环境风险	环境风险	周边建筑物	Ⅲ级
			临近道路	Ⅱ级
			周边管线	Ⅱ级
	自然风险	自然风险	暴雨	Ⅲ级
			地震	Ⅲ级
			台风	Ⅲ级
聪园路站—招宝山站盾构区间	施工	洞门加固	土体加固	Ⅲ级
		盾构始发	盾构吊装	Ⅲ级
			洞门破除	Ⅱ级
			盾构出洞	Ⅱ级
		盾构掘进	盾构自身	Ⅱ级
			掌子面	Ⅱ级
			管片	Ⅲ级
			周边地表	Ⅲ级
			隧道注浆	Ⅲ级

续表

工点	风险类别	分部工程	风险单元	风险等级
聪园路站—招宝山站盾构区间	施工	盾构接收	洞门破除	Ⅱ级
			接收设备	Ⅲ级
			盾构进洞	Ⅱ级
	不良地质	不良地质	黏土层	Ⅲ级
			承压水地层	Ⅲ级
			不均匀地层	Ⅲ级
			地下障碍物	Ⅲ级
	环境风险	环境风险	周边建筑物	Ⅲ级
			临近道路	Ⅱ级
			周边管线	Ⅱ级
	自然风险	自然风险	暴雨	Ⅲ级
			地震	Ⅲ级
			台风	Ⅲ级
招宝山站（原胜利路站）	施工	基坑围护结构施工	地下连续墙施工	Ⅲ级
			钻孔灌注桩	Ⅲ级
		基坑降水工程	基坑降水	Ⅱ级
		地基处理工程	高压旋喷桩施工	Ⅲ级
			三轴搅拌桩施工	Ⅲ级
		基坑开挖工程	土方开挖	Ⅱ级
			支撑体系	Ⅱ级
			围护结构	Ⅱ级
			基坑排水	Ⅲ级
		主体结构与回填	主体结构	Ⅲ级
			土方回填	Ⅲ级
	不良地质	特殊岩土	软土	Ⅱ级
			人工填土	Ⅲ级
			黏性土	Ⅲ级
		地下水	承压水	Ⅱ级
		不良地质	暗浜	Ⅲ级
	自然风险	自然风险	暴雨	Ⅲ级
			台风	Ⅱ级
			地震	Ⅳ级
招宝山站—红联站盾构区间	施工	洞门加固	土体加固	Ⅲ级
		盾构始发	盾构吊装	Ⅲ级
			洞门破除	Ⅲ级
			盾构出洞	Ⅱ级

续表

工点	风险类别	分部工程	风险单元	风险等级
招宝山站—红联站盾构区间	施工	盾构掘进	盾构自身	Ⅱ级
			掌子面	Ⅱ级
			管片	Ⅲ级
			周边地表	Ⅲ级
			隧道注浆	Ⅲ级
		盾构接收	洞门破除	Ⅱ级
			接收设备	Ⅲ级
			盾构进洞	Ⅱ级
	不良地质	不良地质	富水粉砂层	Ⅱ级
			承压水地层	Ⅲ级
			不均匀地层	Ⅲ级
			地下障碍物	Ⅲ级
	环境风险	环境风险	穿越河流	Ⅱ级
			临近道路	Ⅱ级
			周边管线	Ⅱ级
	自然风险	自然风险	暴雨	Ⅲ级
			地震	Ⅲ级
			台风	Ⅲ级
红联站	施工	基坑围护结构施工	地下连续墙施工	Ⅲ级
			钻孔灌注桩	Ⅲ级
		基坑降水工程	基坑降水	Ⅱ级
		地基处理工程	高压旋喷桩施工	Ⅲ级
			三轴搅拌桩施工	Ⅲ级
		基坑开挖工程	土方开挖	Ⅱ级
			支撑体系	Ⅱ级
			围护结构	Ⅱ级
			基坑排水	Ⅲ级
		主体结构与回填	主体结构	Ⅲ级
			土方回填	Ⅲ级
	不良地质	特殊岩土	软土	Ⅱ级
			人工填土	Ⅲ级
		地下水	承压水	Ⅱ级
		不良地质	暗浜	Ⅲ级
	自然风险	自然风险	暴雨	Ⅲ级
			台风	Ⅱ级
			地震	Ⅳ级

续表

工点	风险类别	分部工程	风险单元	风险等级
五里牌站站后过渡段站	施工	围护结构施工	水泥搅拌桩挡土墙施工	Ⅲ级
			SMW工法桩施工	Ⅱ级
			钻孔灌注桩	Ⅲ级
		基坑降水工程	基坑降水	Ⅲ级
		地基处理工程	高压旋喷桩施工	Ⅲ级
			钻孔灌注桩	Ⅲ级
			三轴搅拌桩加固施工	Ⅱ级
		基坑开挖工程	土方开挖	Ⅱ级
			支撑体系	Ⅱ级
		主体结构与回填	结构施工	Ⅱ级
			土方回填	Ⅲ级
	环境风险	周边管线	给水管线等18条	Ⅱ级
		周边建筑	宁波市顺通运输有限公司用房1等3栋	Ⅲ级
		临近道路	宁镇公路	Ⅱ级
	不良地质风险	不良地质	软土	Ⅱ级
			人工填土	Ⅲ级
	自然风险	自然风险	暴雨	Ⅱ级
			台风	Ⅱ级
			地震	Ⅲ级

各工点施工过程中涉及的重大风险源主要有基坑降水排水工程中的基坑降水，基坑开挖工程中的土方开挖及支撑体系，不良地质中的软土、黏性土、富水粉砂及承压水，周边建构筑物、管线，自然风险中台风、暴雨天气。后续线路施工过程中需重点评估此类风险对工程建设的影响。

7.1.3.2 动态风险管控

1. 安全巡检

为确保施工过程中的结构安全，每周进行日常巡检及联合巡检，现场巡检过程中重点关注现场围护结构及支撑体系是否存在缺陷，开挖是否按施工方案、设计图纸要求执行，监测点布设、保护是否满足监测方案要求。基坑开挖期间组织专家组针对重点管控车站及基坑进行巡视和指导。针对巡检过程中发现的问题及整改措施以巡检报告的形式发送给业主、施工、监理及设计单位，要求责任方按规定时间整改并上报整改回复单。

本工程施工期间巡查发现问题451次，其中测点问题128次，占比37%；围护结构缺陷59次，占比14%；基坑未按方案开挖56次，占比7%；支撑架设不及时66次，占比10%；坑内积水120次，占比28%；其他类问题22次，占比4%。现场问题分布如图7-7所示。

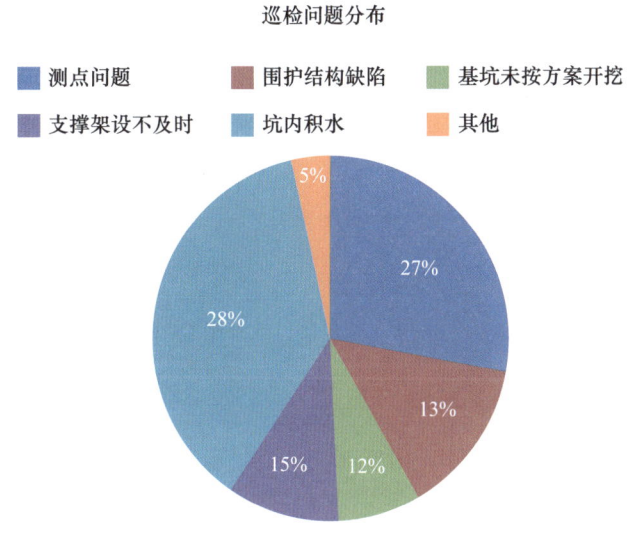

图 7-7 现场问题分布图

根据现场问题统计，现场实施过程中最常见的是坑内积水抽排不及时和监测点保护不到位问题，其次是围护结构存在缺陷和支撑架设不及时问题，后续线路施工过程中应加强坑内积水抽排、监测点及围护结构施工的巡视，加强支撑架设质量管理，避免出现问题。

2. 现场监测

（1）仪器设备管理标准化

通过颁布一系列的标准化文件，要求施工监测单位人员必须满足最少人员配置要求，项目负责人及技术负责人必须具有规定专业职称及相应工作经验。同时按照标准化文件的相关要求，把相关资料报送给相关单位审查，审查合格方能生效，若有人员变更必须提前一个月向相关单位提出变更申请，经同意后方可变更，更换人员资质不得低于原岗位人员。通过上述对人员的管理措施要求，不仅保证了现场作业的基本要求，而且保证了监测管理人员具有较高的专业素养，能够对监测数据进行合理分析，为风险预测提供依据，给地铁施工提供指导，在实施过程中起到了良好的效果。

施工前就施工监测单位资质文件、人员资质、业绩、采用的仪器设备等进行了审核，相关文件进行了备案；施工过程中每月对现场监测人员进行监管，并在每期月报中向指挥部进行反馈，每年度要求施工监测单位对采用仪器进行率定，并重新报审备案。

为了确保现场监测数据的准确性，在监测监控管理工程中，对仪器设备的管理非常重要，要求所有监测仪器具有足够的精度，同时要求施工监测单位严格按照《宁波市轨道交通工程监测监控标准化手册》执行报审，审查批准后方可进场使用。对重新检定的测量仪器，应将仪器检定证明报相关单位备案。在使用过程中除要求监测单位做好仪器设备管理台账及使用记录外，还需根据使用情况按照相关要求定期（一年）进行检定，对检定过期、不合格的测量仪器应做好标识，严禁使用。通过对仪器、设备的管理能够保证数据的准确性、连贯性。报审的监测仪器精度见表 7-7。

表 7-7 施工监测单位、第三方监测单位报审监测仪器精度表

序号	监测项目	监测仪器名称	精度要求
1	表面水平位移	全站仪	测角精度≤1″，测距精度≤1mm+2ppm·D
2	沉降	水准仪	$M\Delta$≤±0.3mm/km
3	深层水平位移	测斜仪	系统误差优于 0.25mm/m 分辨率不宜低于 0.02mm/500mm
4	支撑轴力	钢筋应力计	综合误差小于 0.5%[F.S（满量程）] 分辨率不宜低于 0.2%（F.S）
5	支撑轴力	轴力计	综合误差小于 0.5%（F.S） 分辨率不宜低于 0.2%（F.S）
6	支撑轴力	频率仪	综合误差小于 0.01%（F.S） 分辨率：0.1Hz
7	地下水位	水位计	测量误差小于±10mm
8	隧道收敛仪	收敛计	测量误差宜小于 0.1mm
9	隧道收敛仪	测距仪	测量误差宜小于 1mm

（2）监测方案管理标准化

宁波轨道交通 2 号线二期工程在实施过程中，针对施工监测方案的管理，形成了从交底、编制、审查、评审到备案整套管理流程。在项目开工前，第三方监测单位编制监测方案、交底文件及监测方案评审要素并进行现场交底，通过交底指导施工监测方案编制更完善、指导性更强。完成后，施工监测根据静态风险评估成果、设计、施工、勘察资料等文件组织编制工点监测方案，并由有关各方组织初步审查，第三方监测复审完成后组织专家评审，评审完成后施工监测单位根据专家评审意见修改完善方案后报施工单位审核、监理单位审批，最终方案报送建设单位备案。施工监测方案管理统计见表 7-8。

表 7-8 施工监测方案管理统计

序号	工点名称	审查意见（份）	组织专家评审时间	方案备案时间	备注
1	枫园站	1	2017.7.31	2017.8.6	
2	聪园路站	1	2017.4.15	2017.4.22	
3	招宝山站	1	2017.7.22	2017.7.30	
4	红联站	1	2018.12.6	2018.12.13	
5	五里牌站站后过渡段	1	2017.1.10	2017.1.17	
6	枫园站前—枫园站区间	1	2018.6.2	2018.6.15	
7	枫园站—聪园路站区间	1	2018.8.3	2018.8.8	
8	聪园路站—招宝山站区间	1	2018.7.27	2018.8.4	
9	招宝山站—红联站区间	1	2018.5.14	2018.5.28	

实施过程中根据设计变更或周边环境发生变化的情况对监测方案进行研讨修订，充分起到动态监测及监测管理的效果。通过方案管理保证了监测工作有序开展、有据可依，有效指导了现场监测工作的开展，做到了信息化施工，确保了基坑工程安全。

（3）监测点布设及验收管理标准化

2 号线工程二期建设初期测点损坏极为普遍，有些标段破坏率甚至超过 50%，尤其是施

工过程中的测斜管破坏，导致监测数据无法正常延续。经调查，主要是相关单位对测点保护不够重视、场地限制、工期紧张等原因造成的。针对这种情况，在监测监控科的组织领导下，修订了《宁波市轨道交通监测监控标准化手册》，并下发了《关于加强支护桩（墙）体深层水平位移测斜管埋设及保护的要求》工程联系单，联系单中明确了测斜管材质要求、布设原则、埋设、验收及保护要求相关规定。此外，通过各参建单位进行定期巡查及立功竞赛考核等措施有效推进了测点布设标准化工作，提高了参建单位测点保护的意识，现场测点破坏数量减少，测点质量得到提高。

测点质量直接关系到监测成果的好坏，是监测工作能否顺利完成的前提。测点布设标准化的推进对监测点的管理非常重要，宁波今后的轨道交通建设还应在此基础上不断提高改进，确保测点质量满足甚至高于规范要求。为规范现场测点布设，保证后续监测数据的准确性、连续性、及时性，宁波轨道交通加强了测点验收管理，规定了测点验收组织者、验收范围、验收申请时间、验收程序等。工点开工前由监理单位组织第三方监测、施工监测、施工单位开展现场测点验收，并形成各方签字的测点验收意见表。后续执行过程中通过现场宣贯测点验收的重要性，并不断在测点验收执行过程中检查督促整改，基本上确保监测单位能够按照测点验收标准化执行，保证在工点开工节点验收前完成测点布设及初值采集工作。

测点验收工作是监测工作比较重要的一个环节，是工点条件验收前的最后一道程序。测点验收工作的好坏直接关系到监测质量。在今后的轨道交通建设中，测点验收工作要在程序和质量上严格把关，必须按照《宁波市轨道交通监测监控标准化手册》的要求，在节点验收前3至4天完成。只有按照此时间节点，现场才能有时间对有问题的测点进行整改。

（4）工后沉降观测及停测管理标准化

结合宁波轨道交通2号线的实际情况，严格遵守建设分公司安全质量部下发的《关于进一步做好土建施工期地下车站结构工后沉降监测工作的通知》相关要求执行，地下车站主体及附属结构每块底板浇筑完成后立即沿左、右线路中心线位置对称布设结构沉降监测点，纵向间距为10m，每块底板不少于2个点；对于不同结构型式、存在不良地质或病害、复杂周边环境及影响范围内有其他工程活动的区段，根据实际情况加密或调整测点位置。测点布设完后按照1次/月的测试频率进行测试，且监测周期不少于6个月，当影响范围内重要建（构）筑物最后100天沉降速率小于0.025mm/d时，认为建（构）筑物基本稳定，可停止监测（具体见《宁波市轨道交通工程监测监控标准化手册》）。第三方监测已经按照要求完成了结构工后沉降监测，监测数据基本满足停测要求，已按照相关程序提交了停测申请。

工后沉降工作的开展是一项非常必要的监测项目，主体结构做完后，后续到底会发生多少沉降，沉降多长时间后稳定，这些都需要经过工后监测才能对其有所认识。后期沉降的多少，沉降是稳定，直接影响到宁波轨道交通的运营，在今后的轨道交通建设中，工后沉降必须严格按照《宁波市轨道交通工程监测监控标准化手册》执行，才能真实地反映工后沉降情况。

（5）信息成果反馈标准化

为规范宁波地铁建设施工安全监测信息反馈报表报告的内容，形成统一标准的编写格式，以及时提供监测数据，开展现场监测数据分析，并明确监测信息反馈程序，切实、有效、及时地开展宁波地铁建设监测信息反馈管理工作。在2号线二期工程的监测管理过程中，对信息成果的分类、内容、编制、反馈时间、反馈流程、保密制度等做了明确的规定。反馈的信息主要分为两类：第一类是以微信、电话等快速沟通方式每日反馈基坑各项监测数据情况，动态跟踪基坑变形情况；第二类是报表和报告，包括每日动态风险评估表、巡检报告、监测日报、监测周报、监测月报等。本项目实施期间共反馈监测日报615份，巡检报告209份，周报296期，月报69份，较好地遵照合同及方案要求完成了信息反馈工作。

在实施过程中每一份报告必须按照规定要求完成相关内容编制，编制的格式进行了统一，同时按照制定流程在规定的时间反馈给业主或者其他参建单位，并加强了监测成果的保密工作。

在整个2号线二期工程管理过程中，信息成果的质量和反馈的时间非常重要，质量的好坏及反馈是否及时直接关系到业主及其他参建单位信息的掌握程度，直接关系到监测监控的管理。在今后的监测管理中要严格把控信息成果质量，明确规定信息成果反馈的时间节点。

3. 风险提示及预消警

(1) 建立预报警管理体系

预警管理为宁波市轨道交通土建工程风险管理的重要组成部分，包括单项预警和综合预警两大类。综合预警是由监测监控管理中心结合现场监测数据、巡视信息和风险情况，通过核查、综合分析和专家咨询等，及时判定工程风险大小，确定相应预警级别，发出综合预警信息。

单项预警：当监测"双控"指标（累计变化量、变化速率）超控制值时（控制值参照方案、设计文件及相关规范文件执行），或巡检发现支护结构、主体结构、周边环境出现影响风险工程自身及周边环境安全的异常情况时，现场监测监控分中心启动单项预警，及时召开数据超标分析会。

综合预警等级：是由定量的监测数据指标和定性的风险事件程度（根据突发风险事件可能造成的社会影响性、危害程度、紧急程度、发展势态和可控性等情况）综合确定，按工程风险状态由小到大分为蓝色预警、黄色预警、橙色预警和红色预警。其判别标准见表7-9，预警加密监测频率见表7-10。

表7-9 预警判别标准表

预警级别	判别标准
黄色预警	当日监测数据超标或巡检发现支护结构、主体结构、周边环境出现影响风险工程自身及周边环境安全的异常情况时，综合分析判断风险事故后果一般，对工程可能造成破坏的范围较小或有较少人员伤亡；综合判断为可接受风险，现场须采取防范措施。为一般级别的风险预警
橙色预警	当日监测数据超标或巡检发现支护结构、主体结构、周边环境出现影响风险工程自身及周边环境安全的异常情况时，综合分析判断风险事故后果很严重，可能在较大范围内对工程造成破坏或有人员伤亡；且周边环境复杂，综合判断为不愿接受风险，工程处于不安全状态，须立即采取措施。为较高级别的风险预警
红色预警	当日监测数据超标或巡检发现支护结构、主体结构、周边环境出现影响风险工程自身及周边环境安全的异常情况时，综合分析判断工程处于临界状态，风险事故后果是灾难性的，并造成恶劣社会影响和政治影响；综合判断为不可接受风险，须立即采取抢险措施。为最高级别的风险预警

表7-10 预警加密监测频率

序号	预警等级	施工监测频次	第三方监测频次
1	蓝色	原频率增加1次/天	
2	黄色	原频率增加2次/天	
3	橙色	原频率增加3次/天	
4	红色	根据现场情况确定	

(2) 建立消警管理体系

预警发出后,在现场采取有效措施的情况下,连续多日(至少 3 日)监测数据显示收敛趋势,警情得到有效控制或解除后,方可申请消警。

由施工单位提出申请,监理单位、设计单位初审,第三方监测单位复核后,根据不同等级的预警消警流转至对应预警等级的建设单位管理部门审批。具体流程如图 7-8～图 7-11 所示。

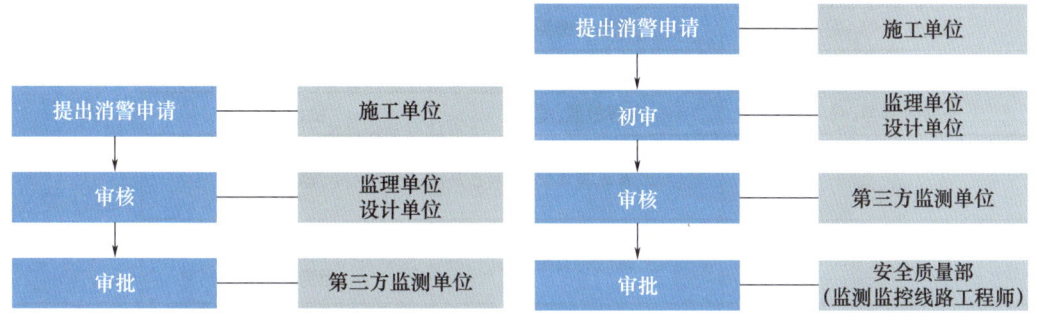

图 7-8 蓝色预警消警流程　　　　　图 7-9 黄色预警消警流程

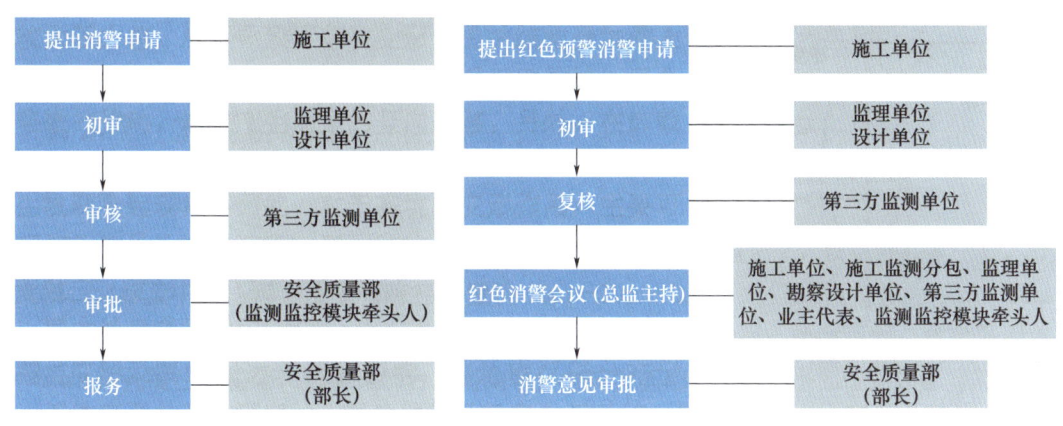

图 7-10 橙色预警消警流程　　　　　图 7-11 红色预警消警流程

(3) 风险提示及预报警情况统计、原因分析

基坑围护结构施工、土方开挖等关键节点及超规危大工程施工前,第三方监测单位对监测监控分中心进行关键节点交底。交底内容主要为工程自身及周边环境风险提示、关注重点及管控措施建议等。对于基坑周边存在高边坡、超载、偏载、围护结构质量检测发现存在Ⅲ类墙/桩、开挖面存在③$_1$ 粉砂层或岩层等特殊地质、基坑开挖受承压水影响(需进行承压降水)、基坑开挖主要影响区内存在文保建(构)筑物、老旧建筑物、特殊管线等情况,在相应阶段组织风险管控对接会时应提出针对性管控措施建议,并发出施工风险提示联系单。基坑封底后,由监测监控管理中心组织分中心成员全面梳理分析结构施工期间存在的风险,综合确定下阶段监测及风险管控措施。

基坑开挖关键节点验收通过后,立即组织业主、设计、勘察、施工、监理、施工监测等单位召开基坑开挖风险管控对接会,明确施工过程中各阶段的工程自身风险、施工风险、周边环境风险，与各单位进行详细交底并以工程联系单的形式告知各方，提醒相关单位做好风险预控，确保基坑安全稳定。2号线二期工程共计发出风险提示及各级预警37次。从预警级别分，其中蓝色预警29次，黄色预警7次，橙色预警1次，红色预警0次。

对宁波市轨道交通2号线二期工程预警事件进行分析，原因分布如图7-12所示。

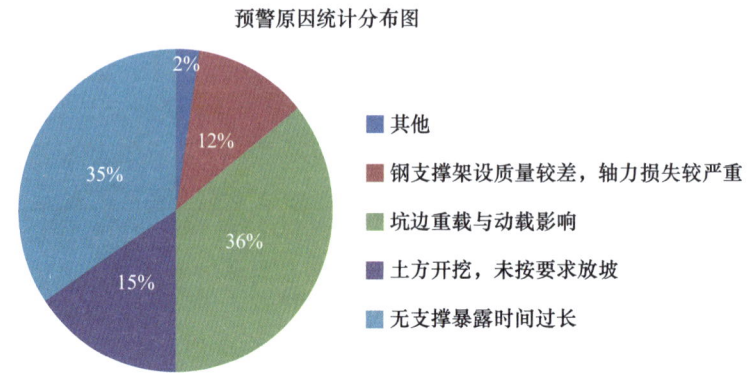

图7-12 预警事件原因分布图

根据预警事件原因分布图分析如下：

① 无支撑暴露时间过长、堆载影响、钢支撑轴力损失严重、地基加固效果不理想和不良地质中的软土是引起基坑报警的主要原因。

② 导致无支撑暴露时间过长的原因中，基坑一次开挖或收底作业面过长、出土不连续导致基坑开挖时间过长是主要原因。因此，施工现场应严格按照时空效应理论施工，基坑分层分块开挖，钢支撑提前预拼，尽量减少无支撑暴露时间。

③ 通过现场试验及现场调查，发现施工现场钢支撑安装质量欠佳，存在支撑与墙面接触不平整、钢楔块插入不紧密、钢支撑端板变形较大等现象，钢支撑轴力损失严重。针对上述现象，提出支撑处墙面用细石混凝土填塞密实的施工质量要求、钢楔块正反楔拼装方式、轴力计与钢支撑加钢垫板等控制措施，以减小钢支撑轴力损失量，以达到控制基坑变形在基坑预警指标范围之内的目的。

④ 项目实施过程中普遍存在基坑周边土体滑动面内长期堆载大量钢支撑、停靠重载车辆的现象，该现象会导致地连墙附加土压力明显增大，从而增大围护结构变形。针对上述现象，建议施工前规划场地应充分考虑现场施工情况，合理规划钢支撑、钢筋堆放场地，减少基坑开挖区域的周边重载。

7.1.4 建立健全风险分级管控制度

为强化风险意识，抓住关键环节，采取预防措施，防范安全风险演变成事故隐患、隐患未及时发现和治理演变成事故，宁波轨道交通强调安全生产的关口前移，从隐患排查治理前移到安全风险管控，先后出台并多次修订了《宁波市轨道交通工程施工安全风险分级管控管理规定》。为确保施工前各项节点风险辨识完整、管控措施到位，宁波轨道交通多次修订《宁波市轨道交通工程关键节点风险管控条件验收管理规定》。

宁波轨道交通深基坑风险管控均采用分级管理的模式。安全风险分级管控管理规定明确了"全员参与，分级管控，责任到人"的管控原则、风险分级标准，并从风险辨识与评估、风险处置、风险告知、风险跟踪与管控、新增风险源处置、预警与应急六大方面明确了风险管控内容。目前宁波轨道交通风险共分4级：Ⅰ级风险由设计单位制定风险设计专项方案并组织技术论证，采取专项设计措施后将风险降级或消除，原则上经处置后施工阶段不存在Ⅰ级风险；Ⅱ级风险由施工单位制定风险专项处置方案，监理单位审批，并报风险咨询单位备案，监理单位监督方案落实；Ⅲ级、Ⅳ级风险由施工单位制定风险处置措施，监理单位审批并监督管控措施落实。

7.1.5 细化施工准备期风险评估与预判预控措施

在施工准备阶段，组织各单位梳理前期各阶段风险评估成果，进行周边环境核查，对基坑施工阶段风险源进行全面辨识和评估，列出风险源清单，提出风险控制措施，编制工点静态风险评估报告。

风险辨识主要采用（工程结构分解-风险结构分解）WBS-RBS方法，对辨识后的风险源采用层次分析法（AHP）与专家打分法相结合的定量分析方法，得出量化的风险指数与风险量，进行风险评级，之后专项研究风险管控措施，形成静态风险评估成果文件，后期根据风险源变化修正以保证时效性、准确性。

在各工点风险评估成果的基础上，监测监控管理中心梳理完善并汇编形成线路《2号线二期施工准备期静态风险评估报告》，经专家论证后作为设计方案优化、施工专项方案编制、风险监控跟踪及动态管控的基本依据。在基坑开挖基坑围护结构施工、土方开挖或其他重要工序等关键节点前，由监测监控管理中心对现场分中心进行风险预控交底，提出管控措施建议，逐一核查预控措施落实情况。

为深入辨识，发现易忽视的风险，解决"想不到"的问题，避免管控盲区，2号线二期自施工以来，监测监控管理中心进一步细化了风险动态跟踪工作，在月度、季度及半年度风险源梳理工作的基础上，根据现场边界条件变化、关键施工阶段及敏感时段，组织参建各方参加基坑开挖等关键工序风险讨论会，更细、更深入地辨识出特殊风险、易忽视的风险，动态调整、更新风险源清单及针对性控制措施。特别对于设计方案的可行性、施工组织计划的严密性、新技术新工艺的匹配性、新装备的适应性等方面存在的风险进行深入分析，并对各风险因素之间的耦合作用及动态不确定性进行了分析。

7.1.6 关键节点与关键工序风险管控

通过施工准备期静态风险评估内容，结合工程风险监控跟踪情况，当施工现场边界条件发生变化时，对施工风险进行动态调整和补充更新。针对施工期各关键节点、关键工序、关键部位等关键风险点，要求由监测监控管理中心组织分中心成员对现场进行相关风险交底，提前全面梳理分析施工期间存在的风险，提出针对性的管控措施建议，施工过程中结合日常巡查、联合巡查、专家巡查进行风险和管控措施落实情况动态跟踪。

基坑围护结构施工、土方开挖等关键节点及超规危大工程施工前，第三方监测单位对监测监控分中心进行关键节点交底。交底内容主要为工程自身及周边环境风险提示、关注重点及管控措施建议等。

对于基坑周边存在高边坡、堆载、围护结构检测存在质量问题、开挖面存在不利特殊地质、基坑开挖受承压水影响、基坑开挖影响文保建（构）筑物和老旧建筑物及特殊管线等情况，应在正式施工前，提出针对性管控措施建议，施工中密切监测监控，必要时发出施工风险提示联系单。

基坑封底后，由监测监控管理中心组织分中心成员全面梳理分析结构施工期间存在的风险，综合确定下阶段监测及风险管控措施。

附属基坑薄弱部位开挖前条件验收：在附属基坑坑中坑、下沉段开挖前，业主代表组织设计、施工、监理、施工监测、第三方监测单位相关负责人及安全质量部监控监测模块人员，共同商定开挖时机、开挖前提条件。

7.1.7 加强日常巡查管理

利用图表法、变形控制指标、精细化监测监控技术等，对各地下工程开展日常监测监控工作，便于各相关参建单位能及时准确地了解现场安全风险动态。

巡查是监测监控管理中心人员发现工程隐患、查看现场分中心运作情况及了解现场工程状况的有效途径及重要监督机制。通过巡查，监测监控管理中心人员能够及时发现工程管理过程中存在的问题及隐患，及时预警、纠正、改进，促进动态监控管理系统的有效运作，逐步提高监控管理中心动态监控管理水平。

监测监控中心在日常巡检、联合巡检、预警巡检、节假日、复工复产等特殊情况专项巡检的基础上，定期组织开展专家巡查活动，邀请行业内专家进行各在建线路现场巡视，对安全风险进行把脉问诊，找出关键性风险、隐蔽风险，提出决策建议，避免风险管理盲区。

在日常监测监控工作的基础上，加大巡查力度，组织第三方单位全面深入现场，检查设计图纸及施工方案落实情况，将支护体系稳定性、开挖施工时空效应控制、周边荷载控制等作为结构风险管控重点，细化落实各个工序的风险控制措施；对于违反设计及方案施工、问题整改不及时不彻底、问题反复出现的，加大问责处置力度，切实解决"管不住"的问题。督促风险控制措施落实，对施工风险进行全面、实时、动态监控管理，降低风险事故发生的可能性和影响。重点对台风、雨季汛期、节假日等重要节点及特殊时段工程加强风险管控，合理调配资源，加强现场巡视、监测、数据复核、动态分析、信息反馈及预警管理等工作。

7.1.8 引入新技术保障实效性

传统监测方法主要以人工监测为主，人员素质参差不齐，现场监测数据人为误差比较大；且人工监测频率存在空窗期，在台风等特殊情况下更是长时间断测，达不到实时监测的目的。为了减少监测人员误差，提高监测频率，保证特殊情况下监测的连续性，减少安全事故发生，后续周边环境保护等级为一级的采用全基坑测斜＋轴力自动化监测。

普通钢支撑预加轴力后在其活络端打入钢楔块以锁定轴力，锁定过程中由于钢楔块的变形会带来瞬间的轴力损失，并且钢支撑在受地下连续墙挤压后会产生弹性压缩，不能自动调整钢支撑的轴力和长度，只能被动受压，易造成轴力损从而导致基坑变形。

目前宁波轨道交通对于处于深厚淤泥质地层中、周边环境复杂、保护要求高的基坑第三道及以下钢支撑逐步开始使用伺服钢支撑，通过支撑头内部设千斤顶，24h不间断自动实时监测支撑体系受力状态，智能地根据设定的程序进行钢支撑轴力和位移的调控，从而达到控制基坑变形、保证基坑安全的目的。

7.1.9 进一步完善信息化平台建设

为进一步提高工作效率，宁波轨道交通研发、投入了符合宁波轨道交通管理要求的基坑工程安全风险分级管控平台，如图 7-13 所示。

图 7-13 基坑工程安全风险分级管控平台

基坑工程安全风险分级管控平台利用先进的信息化手段，通过加强对基坑工程项目人材机法环的管理，规范基坑工程日常工作，明确监测工作的重点和要点，对监测数据进行智能分析研判与预警，把控基坑施工进度及风险，保障项目施工安全与质量，提高基坑施工的安全性。

7.1.9.1 预警信息管理

监测监控管理中心确定需要发出预警时，第三方监测和风险咨询单位人员负责利用基坑工程安全风险分级管控平台系统预警管理功能进行预警发起。

需发布预警的工点，在该工点层级利用【预警管理】—【预警发布】功能，选择预警等级，根据监测监控管理中心要求编辑预警信息，上传预警部位图片、现场图片，单击发布后完成发布。发布后该信息将以 WEB、App、短信和 OA 推送消息方式同步发送；监理单位负责基坑工程安全风险分级管控平台系统预警分析处置，各单位可根据要求及平台提示进行预警跟踪、预警升级、预警降级操作。

通过信息化平台实现了工程预消警全过程线上流程，大大节省了线下流程处理进度，通过线上、线下相结合，形成全过程闭合，哪一环节出现问题做到有迹可循、有据可依。

7.1.9.2 每周风险汇总

【风险管理】—【每周重点关注】第三方监测单位岗位工程师每周汇总工点风险信息，请求审核后流转至第三方监测单位线路管理人员进行审核；审核通过后流转至监测监控模块，监测监控模块可对每周汇总的风险进行查看和编辑。同意推送，分等级推送到 OA 系统，指定领导可以查看。通过信息化平台可动态全面掌握现场工程施工风险，对于风险较大需重点关注的工点做到提前管控、过程跟踪、针对性提醒。

7.1.9.3 动态风险评估

系统每天自动根据监测数据汇总数据，施工单位和监理单位每日分别填写相关信息，由第三方监测岗位工程师最终给出评估结论。监测频率一天一次，只需要进行动态风险评估。加密监测期间，监测频率提高，上传完加密监测数据后要进行加密监测评估。

7.2 隐患排查治理

7.2.1 隐患排查系统概述

宁波轨道交通按照"全方位覆盖、全过程闭环、全面留痕迹"的原则，推行全员全过程安全质量隐患排查治理，实行明确责任主体，落实职责分工的"决策层、监管层和实施层三级管理机制"：决策层即建设分公司经营层，全面统筹安全质量隐患排查治理工作；监管层即建设分公司各部门，负责组织实施安全质量隐患排查治理工作；实施层即其他参建单位层，包括各个建设工程所对应的施工单位、监理单位、安全监理、第三方协作单位、勘察单位、设计单位及其他参建单位，具体实施安全质量隐患排查治理工作。

隐患排查方式分为日常排查、专项排查、定期排查、综合性排查、季节性排查、节假日前后排查、开复工排查及专家巡查等。

宁波轨道交通深基坑隐患排查采用分级管理的模式。隐患排查治理管理规定明确了工程建设过程中的隐患排查方式、频次要求、治理要求及相关考核内容，经过不断完善，目前宁波轨道交通隐患分为重大隐患、一般隐患（Ⅰ级）、一般隐患（Ⅱ级），共补充完善2700余种安全质量隐患，隐患内容涵盖土建、机电施工全过程可能出现的安全质量隐患。其中重大隐患整改情况短信通知至分管领导，一般隐患（Ⅰ级）整改情况短信通知至部门部长，一般隐患（Ⅱ级）整改情况短信通知至业主代表，整改超时均短信通知均提升一级，通过领导督办形式落实隐患整改。平台系统页面如图7-14所示。

图7-14 隐患排查治理信息系统平台

系统同时开发了移动端App，在移动端（手机、平板等）安装应用系统，可以完成隐患查询、隐患上报、隐患整改和批示等操作。移动端App具有随手拍、随时拍、随时处理、随时查询功能，实现了便捷高效的移动办公功能。

在现有管理办法、制度和宁波轨道交通第一轮建设发生的各类隐患及编制的系列标准化文件的基础上，根据施工阶段、施工工法及施工工艺，加以深入研究分析，以专业覆盖为基本方法，编制建立隐患清单，将安全质量隐患分为 4 个大类、62 个小类。根据隐患可能导致事故的人员伤亡、经济损失、社会影响程度、发生的概率及整改难度等对隐患进行分级管理，将隐患按照严重程度从高到低分为一级、二级、三级三个等级。4 个大类分别是土建施工安全（车辆段/停车场）、土建施工质量（包括装饰装修工程）、机电设备安装施工安全（包括轨道工程、装饰装修工程）、机电设备安装施工质量（包括轨道工程、装饰装修工程）。其中土建施工安全包括 20 个小类，土建施工质量包括 10 个小类，机电设备安装施工安全包括 16 个小类，机电设备安装施工质量包括 16 个小类，共 62 个小类，隐患排查要点库内总计 2752 条隐患。2752 条隐患中土建安全隐患 1266 条，土建质量隐患 571 条，机电设备安装工程安全质量隐患 915 条；一级隐患 75 条，二级隐患 781 条，三级隐患 1896 条。在完成隐患分级、分类，建立完善工程隐患库之后，各参建单位人员在工程建设过程中采取排查、上报、整改、复核、确认、消除等行动。安全质量隐患排查治理包括排查、上报、整改、复核、确认消除及计分考核。

根据不同级别，隐患闭环治理采取不同的流程，科学决策。其中一级隐患排查治理闭合流程如图 7-15 所示。

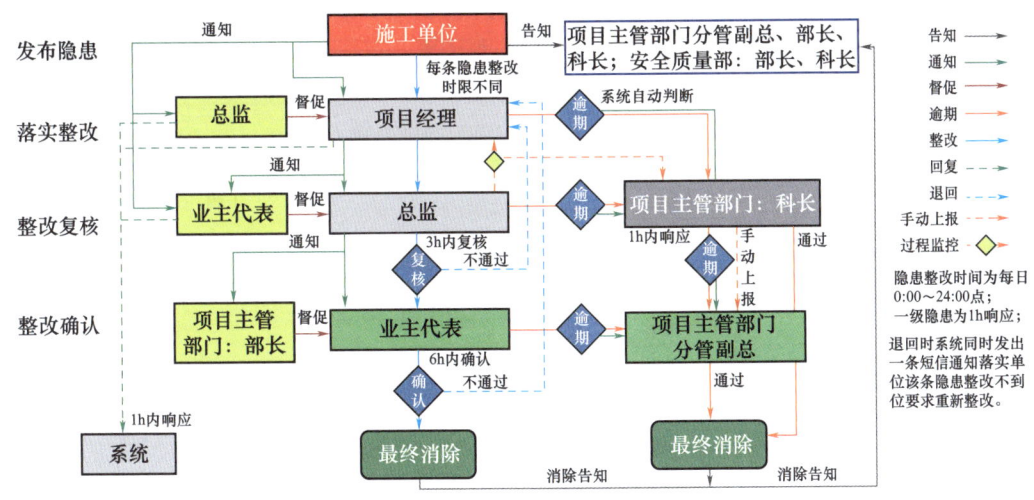

图 7-15 一级隐患排查治理闭合流程图

对隐患治理过程中的每一个未按频次排查和整改超时情况进行智能扣分，实现不同层级隐患排查治理工作情况和效果的考核评分，按月、季、年生成评分报告。

建设单位根据各参建单位隐患排查治理工作开展、落实（含系统使用）情况进行考核，并采取签发安全质量整改通知单、暂停施工、专项通报、约谈、违约处罚等措施，要求责任单位落实隐患排查治理工作。

7.2.2 隐患排查工作总结

自 2 号线二期开工以来，共计 3 个施工项目部均使用了隐患排查治理信息系统，包括业主方、建设分公司各个部门、施工单位、监理单位，以及公司领导关键部门用户等 270 余人参与了 2 号线二期隐患排查治理工作，共排查上报隐患 17580 余条。

隐患信息系统通过制定隐患分级标准，建立隐患排查项目数据库，实现隐患全面排查、分级管控与闭合管理。并通过严格考核，强化施工单位、监理单位和相关主责人员的安全责任落实的监督管理，不断提高参建各方人员的安全意识、专业技能和责任心，为宁波市轨道交通工程建设保驾护航。

7.3 标准化建设

7.3.1 管理制度建立

在制度安全文明标准化工地建设方案中，完善安全文明管理体制、建立健全安全文明管理制度、安全文明管理机构和安全文明生产责任制是安全文明管理的重要内容，是实现安全文明生产目标管理的组织保证。安全文明管理工作中，实行三级安全文明管理：建设单位—项目部—专业/劳务分包，并制定各级安全文明生产责任制，制定严明、职责明确，项目部成立安全文明标准化施工领导小组，保证对安全文明从上至下层层把关、面面俱到。

7.3.2 项目部驻地标准化建设

7.3.2.1 办公区建设

现场周围设库房、门卫室等，办公区、生活区与施工现场隔离，实现施工作业区与办公、生活区明显划分的目标。工程项目经理部建设规范化实例如图7-16所示。

7.3.2.2 办公区大门设置

原则为外观大气，但不奢华；材料规格选用常用规格和尺寸，尽量做到可循环利用。大门设置要求：大门采用伸缩式电动门，视现场情况原则上总宽度不小于5m。

7.3.2.3 驻地环境建设

项目部驻地除硬化面以外的空地要做好绿化，选用草坪或低矮盆栽灌木、花卉，以便给职工提供更好的健身活动场地，丰富广大职工业余文化生活。员工生活休息区域建设实例如图7-17所示。

图7-16 工程项目经理部建设规范化实例

图7-17 员工生活休息区域建设实例

7.3.3 施工现场标准化建设

7.3.3.1 大门设置

施工大门设置原则：外观大气，但不奢华；大门设置要求：施工区域主大门为推拉钢大门,视现场情况原则上总宽度不小于8m,其上边沿应和围墙(围挡)保持平齐。大门与围挡结合处可采用砌筑,其高度高出围挡不小于0.2m,并与围墙(围挡)紧密连接;门墩应确保牢固、稳定。砖砌门墩应使用预拌砂浆进行砌筑和抹面。大门应保持清洁、无锈痕、无破损和无开启障碍,大门上有施工单位名称,如"中铁×局"标志,字体必须正确规范、工整美观。

7.3.3.2 围挡设置

施工现场围挡严格按施工总平面图布局、样式,围挡的高度不低于2.5m。围挡可根据现场实际情况连续设置,使用金属定型材料的围挡要确保支撑牢固,挡板保持不变形、无破损、无锈蚀。施工围挡上要做公益等方面的宣传时,宣传部分由建设分公司统一考虑。施工围挡建设实例如图7-18所示。

图7-18 施工围挡建设实例

7.3.3.3 节能减排(雨水收集净化、无塔自动供水技术)

现场设置储水池,将雨水、工地废水收集起来,经过沉淀、过滤、处理后循环使用,充分利用再生资源。减少污水排放,响应国家号召,合理利用水资源,实现可持续发展,降雨较少,通过水泵抽取河道内的水进行净化存储,少时补。降雨较多,蓄水池存储满净化后的水通过预留的溢水孔进行排放,多时溢。施工现场节能减排示意图如图7-19所示。

 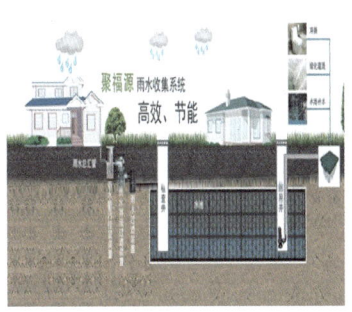

图7-19 施工现场节能减排示意图

7.3.3.4 临时用电

施工现场按三级配电形式布置,总配电室→一级配电箱→二级配电箱→三级开关箱→用电设备。供电方式采用三相五线制 TN-S 系统，配电箱、开关箱按现场顺时针逐一编号。二级配电箱采用航空式防爆插拔插头，可减少二级配电箱接电作业，从源头上杜绝非电工接电作业现象。

7.3.3.5 钢筋数控加工中心

钢筋原材料、半成品、成品分区存放，实现场地 100% 利用。实现机械化减人、自动化替人，提高钢筋加工工作效率及生产能力。同时有效避免钢筋加工噪声影响周边居民正常生活，实现乳化油等废物对土体零污染。钢筋数控加工如图 7-20 所示。

图 7-20　钢筋数控加工

7.3.3.6 扬尘控制

为保证施工现场文明施工，控制扬尘，项目部采购自动洒水车、雾化机。施工现场重载道路全部硬化处理，场内施工便道全部按照重载道路施工，确保设备安全。未硬化的场地及未及时外运的土方皆采用防尘网或者绿草皮覆盖，最大限度地减少工地扬尘对环境的影响。地基加固期间水泥、泥浆固化扬尘大多采用了全封闭搅拌。现场扬尘控制措施如图 7-21 所示。

图 7-21　现场扬尘控制措施

7.3.3.7 起重吊装安全标准化执行情况

宁波轨道交通工程建设施工现场安全质量标准化管理手册之《机械设备管理标准》，要求各项目部在施工过程中一直遵循手册要求，设备在进场后组织人员对设备、人员证件进行自查，在自查合格后按要求上报监理单位登记报验，如是特种设备项目部，及时在"宁波市起重机械设备管理系统"登记备案后可投入使用。起重设备管理标准如图 7-22 所示。

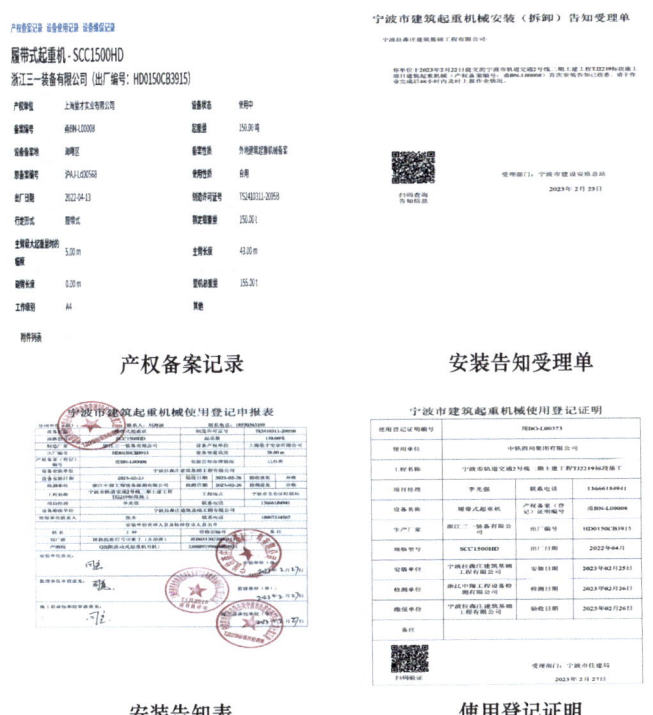

图 7-22　起重设备管理标准

业主督促施工单位项目部加强与专业安全检测技术公司建立长期合作关系，定期对现场起重机械设备进行检测。

7.4　应急管理

进一步建立健全突发事件应急工作体系和应急工作机制，健全综合、专项应急预案和相关组织构架，完善了应急组织和应急信息报送，全面统筹了专业应急救援队与参建单位应急救援队物资资源，提高了突发事件的应对处置能力，确保应急工作及时、高效、有序进行。加强应急综合基地建设，强化区域间应急联动，开展应急排险专题演练，提升快速机动响应能力、除险排险能力和善后处置能力。

7.4.1　建立健全应急预案

为建立、健全宁波轨道交通建设生产安全事故应急机制，及时处置各类生产安全事故，最大限度地减少人员伤亡和财产损失，保障轨道交通工程建设安全有序推进，结合实际，制定了安全生产事故综合应急预案和防台防汛专项应急预案，修订和完善了《宁波市人民政府办公厅关于印发宁波市轨道交通工程突发事故综合应急预案》《宁波市人民政府办公厅关于印发宁波市轨道交通运营突发事故应急预案》市级层面的应急预案，建立健全轨道交通工程建设、运营的生产安全事故应急机制，及时处置各类生产安全事故，维护工程建设稳定。各分子公司根据职责，及时制定分子公司级综合应急预案和防台防汛预案等相关制度，实现无缝衔接。通过体系建设,进一步提高突发事件应急处理信息水平。同时,认真梳理轨道交通在建项目的结构本体和环境风险,每年分别发布上下半年度重大风险源清单,提示风险管控重点,提出管控建议,提醒参建各方加强风险关注,并强化了施工指导、规避了施工风险,保障了危大工程施工安全。

7.4.2 强化区域间应急联动

为进一步提高在建工程应急管理能力,深入推进应急抢险区域联动、应急物资统筹配置,提升应急响应时应急物资的匹配度和调配效率,宁波轨道交通建立了以应急抢险为主的应急综合基地,各线路根据工程进度、风险情况划分了应急联动区域,提升快速机动响应能力、除险排险能力和善后处置能力。应急抢险区域联动如图 7-23 所示。

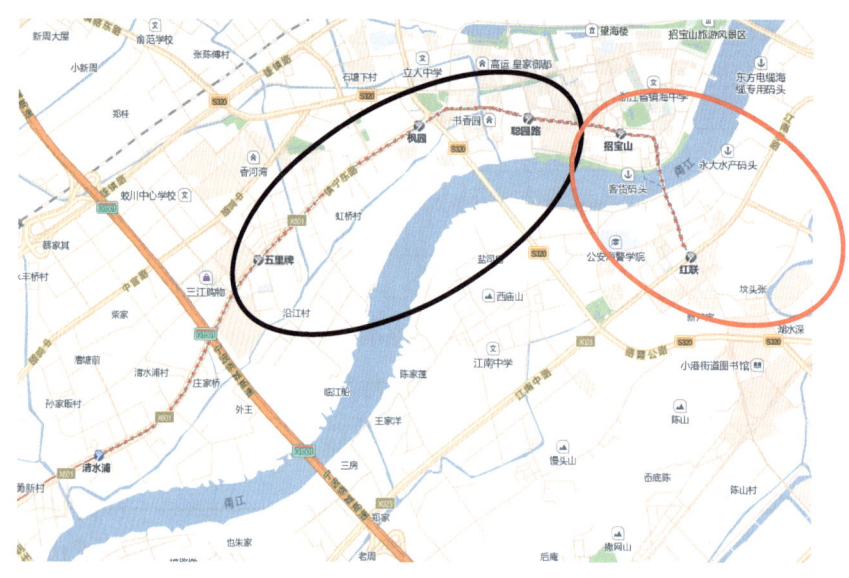

图 7-23 应急抢险区域联动示意图

应急物资材料储备清单见表 7-11。

表 7-11 应急物资材料储备清单

分类	序号	设备名称	型号或功率	数量	备注
堵漏设备	1	转注一体机	2CY-2.1/25-1	1台	—
	2	油溶性聚氨酯	kg	500	
	3	三乙胺	kg	20	
	4	水玻璃	t	1	
	5	注浆锌管	1.5	20	
抽水设备	6	水泵	40m扬程,15kW	4台	各自配备100m水管及电缆
大型设备	7	挖掘机	—	2台	施工现场备用
	8	工程车	—	4辆	
	9	汽车吊	—	1台	

续表

分类	序号	设备名称	型号或功率	数量	备注
备用物资	10	发电机	175kW 以上	1台	备用
	11	空气压缩机	50L	2台	应急库房
	12	小型电焊机	ZX7-400	2台	应急库房
	13	编织袋	—	3000只	应急库房
	14	钢板	10mm	10m²	现场
	15	水泥	t	2	现场
	16	碎石	—	6m³	现场
	17	黄沙	—	6m³	现场
	18	双快水泥	t	1	现场
其他	19	铁锹	把	30	—
	20	镐	把	5	—
	21	小推车	辆	4	—
	22	手电钻	把	2	—
	23	膨胀螺丝	20φ	500	应急库房
	24	氧气乙炔	套	2	现场
	25	千斤顶	5t	2	应急库房
	26	防毒面具	—	6套	应急库房
	27	手动切割机	220V,1500W	1套（10套刀片）	应急库房
	28	电缆盘	16平方	1个	
	29	头灯	—	10个	应急库房
	30	照明灯具		3套	
	31	防潮照明灯	电池式	5只	
	32	对讲机	5km	10只	应急库房
	33	铁锤	4磅（1.81kg）	1把	—
	34	棉纱	—	400kg	

7.4.3 应急演练

根据工程实际，集团公司积极开展应急演练，先后开展了市级层面的 2020 年宁波市轨道交通工程盾构涌水突发事故应急演练、防台防汛专项应急演练和隧道突发变形、盾构盾尾突涌、钻孔注浆"双盲"演练等应急演练，检验了应急体系的科学性及可操作性，提高了应急处置自救互救能力。为检验应急抢险队对突发险情的响应速度、协同配合及专业处置能力，宁波轨道交通根据各阶段工程进度、季节性风险特点，不定期组织应急事件处置演练、应急抢险"双盲"演练，切实提升应急抢险队的实战水平，练就一支能真正解决工程突发事件的队伍。2 号线二期工程各参建单位结合项目实际，开展了多方面的专项演练，涵盖高处坠落、基坑变形、消防、触电等内容，累计开展演练 100 多次。

7.5 质量管理

7.5.1 地下连续墙质量管理

7.5.1.1 导墙施工

(1) 导墙施工前,应平整场地,清除施工范围内的地面、地下障碍物,并测放出导墙位置

(2) 导墙的结构形式应根据地质条件、地下水位、施工荷载、挖槽方法、地下障碍物等情况确定

(3) 导墙脚应坐落于原状土层上,导墙砼要对称浇筑,强度达到70%后方可拆模,导墙内墙面垂直,导墙顶面保持水平

(4) 在导墙混凝土养护期间,严禁重型机械在导墙附近行走、停置或作业

(5) 现浇混凝土导墙拆模后,应立即在两片导墙间按一定间距加设支撑,防止导墙产生位移

7.5.1.2 泥浆制作

泥浆质量的好坏直接影响到墙体质量。泥浆的性能参数及技术指标应严格按照规范的要求制备。泥浆施工质量控制要点如下:

(1) 泥浆选用环保型泥浆

泥浆搅拌严格按照操作规程和配合比要求进行,新拌制的泥浆应在槽中存放24h以上,并不断地用泵搅拌,使膨胀土充分水化后方可使用。

(2) 在成槽施工中,泥浆会受到各种因素的影响而降低质量

为确保护壁效果,应对槽段被置换后的泥浆进行分离净化处理,符合标准后方可使用。对不符合要求的泥浆进行处置,直至各项指标符合要求后再使用。

(3) 对严重水泥污染及超比重的泥浆作废浆处理,用密闭车辆运到指定地点,不得污染环境

(4) 施工期间,严格控制泥浆液体

保证槽内泥浆液位必须高于地下水位1.5m以上,而且不低于导墙顶面0.5m。在容易产生泥浆渗漏时,应及时堵漏和补浆,使槽内泥浆液面保持正常高度。

7.5.1.3 成槽施工

1. 成槽机垂直度控制

(1) 成槽过程中利用成槽机的显示仪进行垂直度跟踪观测

做到随挖随纠,达到设计的垂直度要求。

(2) 合理安排每个槽段中的挖槽顺序,使抓斗两侧的阻力均衡

(3) 消除成槽设备的垂直度偏差,根据成槽机的仪表控制垂直度

(4) 成槽结束后,利用超声波检测仪检测垂直度,如发现垂直度没有达到设计和规范要求,及时进行修正

2. 成槽

挖槽过程中,抓斗出入槽应慢速、稳当,根据成槽机仪表及实测的垂直度及时纠偏。抓

斗出入导墙口时轻放慢提，防止泥浆的大幅度波动影响导墙下面和背后土层的稳定，并及时补浆，保证槽内泥浆液面高度。单元槽段完毕后，应立即将相关机械移开作业槽段。

3. 槽深测量及控制

（1）挖槽时应做好施工记录

详细记录槽段定位、槽深、槽宽等，若发生问题，及时分析原因，妥善处理。

（2）槽段平面位置偏差检测

用测锤测槽段两端的位置，两端实测位置线与该槽段分幅线之间的偏差即为槽段平面位置偏差。开槽前严格复测槽段平面位置。

（3）槽段挖至设计高程后，应及时检查槽位、槽深、槽宽等，合格后方可进行清底

（4）成槽过程中利用成槽机的显示仪进行槽深跟踪观测

做到随挖随纠，达到设计要求。

（5）槽深采用标定好的测绳测量

每幅根据其宽度测 2～3 点，同时根据导墙标高控制挖槽的深度，以保证设计深度。

（6）清底应自底部抽吸并及时补浆

清底后的槽底泥浆比重不应大于 1.15，沉淀物淤积厚度不应大于 100mm。

4. 槽段分段部位控制

槽段划分应综合考虑工程地质和水文地质情况、槽壁的稳定性、钢筋笼重量、设备起吊能力、混凝土供应能力等条件。槽段分段接缝位置应尽量避开转角部位，并与后浇带或诱导缝位置相重合。

5. 导墙拐角部位处理

成槽机械在地下墙拐角处挖槽时，即使紧贴导墙作业，也会因为抓斗斗壳和斗齿不在成槽断面之内，而使拐角内留有该挖而未能挖出的土体。为此，在导墙拐角处根据所用的挖槽机械端面形状相应延伸出去 30cm，以免成槽断面不足，妨碍钢筋笼下槽。

6. 入岩深度控制

首幅地下连续墙沉槽，首先进行地质勘探取孔，岩层深埋地下，情况极其复杂，判断是否进入持力层不仅重要，而且有一定难度。如果判断不准，不仅影响工程造价，还将会对单桩承载力产生影响，甚至造成工程的结构安全隐患。

（1）在整个桩基施工前，甲方、乙方、监理、勘察设计应一起确定桩基持力层基岩判定原则，制定相关标准

（2）仔细阅读工程地质勘探资料，绘制出每个桩体持力层顶端标高等高线，待施工中钻孔深度达到等高线附近时可进行判别

由于等高线为根据钻孔资料推测绘制而成，当持力层岩面起伏较大时可能相差较大。

（3）认真进行钻孔记录，详细了解钻进情况

根据现场观察，桩基入岩后往往钻进较平稳，不会出现跳钻、别钻现象，钻进速率在强风化层中一般为 20～50cm/h，在中风化层中为＜20cm/h。钻进速率一般与桩机型号及钻头种类、钻头磨损程度有关。

（4）仔细检查岩样（钻进返渣）

强风化层岩样一般棱角不明显，多为次棱及次圆形，粒径一般为 5～12cm，硬度较低，矿物风化蚀变较强，多见石英及长石颗粒；中风化层岩样多为棱角形及刃角形，粒径为 3～

8cm，硬度较高，矿物较新鲜。碎石层岩样一般成分较杂。

（5）如果桩深变化很大或甲方对持力层入岩有怀疑时，可以采用钻芯取样的方法鉴定

7. 筋笼制作安装

（1）钢筋笼应在平台上制作成型，纵向应预留导管位置，并上下贯通；

（2）钢筋笼底端应在0.5m范围内的厚度方向上做收口处理。吊点焊接应牢固，并保证钢筋笼起吊刚度；

（3）钢筋笼应设定位垫块，确保设计对保护层厚度的要求；

（4）钢筋笼接头的连接质量应满足规范要求；

（5）预埋件应与主筋连接牢固，外露面包扎严密；

（6）直螺纹加工丝头应满足表7-12中的要求。

表7-12 直螺纹加工丝头规格表　　　　　　　　单位：mm

φ	滚丝轮型号	T	剥肋尺寸	M	L	牙数
18	A20	2.0	16.9±0.15	18.2	20.5	9～10
20	A25	2.5	18.8±0.15	20.2	22.5	9～10
22	A25	2.5	20.8±0.15	22.2	24.5	10～11
25	A30	3.0	23.7±0.15	25.4	28	10～11
28	A30	3.0	26.6±0.15	28.4	31	11～12
32	A30	3.0	30.5±0.15	32.2	35	12～13

（7）直螺纹连接拧紧力矩应满足表7-13中的要求。

表7-13 直螺纹连接拧紧力矩检测指标表

钢筋直径（mm）	≤16	18～20	22～25	28～32	36～40
拧紧扭矩（N·m）	100	200	260	320	360

8. 筋笼吊放

起吊设备：采用1台350t履带吊（主吊）和1台180t履带吊抬吊（辅吊）。

（1）吊装前对钢筋笼焊接质量及吊点焊接质量进行自检、报检

重点检查焊缝长度、饱满度及有无烧伤母材等指标，确保钢筋笼质量。

（2）将钢筋笼放入槽中，施工接头安装固定合格自检后，通知监理工程师对槽段进行验收，检验合格后，方可灌注水下混凝土

（3）主钩起吊至钢筋笼顶部，副钩起吊至钢筋笼下中部，多组葫芦主副钩同时工作，使钢筋笼缓慢吊离地面，控制钢筋笼垂直度，对准槽段位置缓慢入槽并严格控制其标高

9. 材料进场管理

（1）材料进场时检查其质保书、合格证、外观质量、品牌规格数量等情况，并进行标识

（2）材料进场必须进行检验，合格后方可使用

（3）材料堆放远离基坑边，并在其底部设置托架，防止钢筋原材受潮锈蚀，影响质量

10. 工序控制

（1）施工过程中，坚持自检、互检、交接检程序，落实"三检"制度

（2）组织开展施工班组间以工前教育、工中自检、工后讲评为主要内容的"三工"活

动，提高质量管理的实际效果

（3）工序完成后由班组长进行自检，自检合格后向项目部质检员报验，根据该工程重点控制要点进行复查，合格后报监理工程师报验

7.5.2 钻孔灌注桩及格构柱

7.5.2.1 测量放样

采用 RTK 桩桩位进行逐桩放样定位。围护结构首桩、角桩应由监理组织复测并出具报告后方可施工，以保证结构位置的准确性。

1. 控制点测设

根据测量控制网点，将钻孔桩中心线测设于地面，避开桩位、道路、料场等位置，做好保护措施并由监理工程师复核。

2. 桩位测设

由专业测量人员测设桩位中心，钉入钢筋，并设置桩位外放控制点。在施工钻孔过程中，钻孔桩每进深 5m 左右，用全站仪实测一下深入桩底且悬空的钻锤钢丝绳距设计桩中心的偏位情况，然后进行调整。

3. 桩位放样偏差控制在 10mm 以内

7.5.2.2 定位孔

围护结构的桩定位采用 C20 素混凝土结构，内模采用 4mm 厚铁皮弯制而成，外模采用组合钢模。

（1）素混凝土定位孔厚度 300mm，直径较护筒外径大 100mm

（2）定位孔施工前，要确保地基基础压实度满足要求

（3）定位孔混凝土浇筑完成后表面要及时进行收光

7.5.2.3 护筒

（1）应准确埋设护筒，使护筒中心与桩中心一致，并保持垂直

（2）顶部准确竖直，护筒孔口平面位置与设计偏差应小于 10mm

（3）护筒底部与土层相接处及护筒外用黏土夯实，内径比桩径大 200mm，度视土层情况而定；填满、夯实，护筒顶宜高出施工地面 0.3m，严防地表水渗入护筒

7.5.2.4 泥浆

应根据工程的地质情况制备泥浆，确保泥浆的性能指标，防止孔壁的缩径和坍塌。

（1）泥浆性能指标符合设计及《地下铁道工程施工及验收规范》（GB/T 50299—2018）的要求

（2）根据地质资料及工程实际，宜选用优质黏土、膨润土及化学黏合剂造浆进行护壁

（3）浇筑混凝土时的回收浆应先放入沉淀池（宜采用钢制的泥浆箱）沉淀，测试指标后进行调整，达到要求方可使用

7.5.2.5 清孔

桩底沉渣厚度不超过设计及规范要求。清孔宜分两次完成，第一次在成孔后钢筋下放前，第二次在灌注混凝土前完成，确保孔底沉渣厚度满足要求。桩底清渣时应增加泥浆比重

和送浆压力,以便清除少部分沉渣及调整泥浆性能指标,使孔底淤积符合设计及规范要求。

(1) 钢筋笼下放安装好后,混凝土灌注前,对泥浆指标、钻孔进行检测;

(2) 由于钢筋笼下放时间较长,部分砂粒会沉淀,若沉淀厚度大于规范要求,需进行二次清孔;

(3) 清孔采用导管循环的方法进行,在导管口安装泥浆泵向导管内注入泥浆,使孔内泥浆循环,砂粒在沉淀池内沉淀;

同时对泥浆指标及桩孔进行检测,合格后方可进行混凝土浇筑。

7.5.2.6 钢筋笼加工

钢筋笼加工接头连接形式可采用机械连接或焊接,并均应进行接头连接的工艺试验和力学性能试验。

1. 机械连接

(1) 施工准备

参加直螺纹施工的人员必须进行技术培训,经考核合格后方可上岗操作;所用机具设备应调试完成。

(2) 连接钢筋调直、断料、断头切平

(3) 丝头加工质量符合表 7-14 规定

表 7-14 钢筋丝头加工质量控制表

钢筋直径(mm)	有效螺纹数量(扣)	有效螺纹长度(mm)	螺距(mm)
18	9	20.5~25.5	2.5
20	9	22.5~27.5	2.5
22	10	24.5~29.5	2.5
25	10	28~34	3.0
28	11	31~37	3.0
32	12	35~41	3.0

(4) 丝头螺纹应采用塑料保护帽或套筒进行保护

(5) 现场进行连接安装,并用扭力扳手检查接头是否拧紧,拧紧力矩应满足规范规定

(6) 应预先进行机械连接接头型式检验,合格后方可进行施工,机械连接接头施工满足《滚轧直螺纹钢筋连接接头》(JG 163—2004)及《钢筋机械连接技术规程》(JGJ 107—2016)中的规定

2. 焊接

(1) 焊接施工人员必须进行技术培训,经考核合格后方可持证上岗操作

(2) 焊接前,钢筋宜预弯,以保证两根钢筋的轴线在同一直线上,使接头受力性能良好

(3) 钢筋接头宜采用双面焊

焊缝高度为 $0.35d$,焊缝宽度为 $0.8d$,焊缝应密实,不具备双面焊的情况下可采用单面焊,双面焊接头搭接长度 $L \geqslant 5d$,单面焊接头搭接长度 $\geqslant 10d$,d 为钢筋直径。

(4) 制作安装时主筋接头按 50%错开布置,接头错开长度不小于 $35d$,且不小于 500mm

(5) 焊接接头施工应满足《钢筋焊接及验收规范》(JGJ 18—2012)中的规定

(6) 钢筋焊接前,应预先进行焊接工艺性能检验,合格后方能施焊

现场应放置标识牌，标明焊工姓名、钢筋型号、焊接接头等信息。

7.5.2.7 钢筋笼安装

（1）钻孔桩成孔检验合格后，可进行钢筋笼的吊装施工

为保证钢筋笼起吊时不变形，每节钢筋笼可采用多点起吊。钢筋笼下放时需严格检查钢筋笼保护层，确保其满足设计要求。

（2）两节钢筋笼对接时，按照钢筋标记进行安装，使各钢筋的对位准确

在钢筋笼的接长、安放过程中，应始终保持骨架垂直。

（3）钢筋笼安装过程中应采取有效措施确保钢筋笼准确定位和防止碰撞孔壁，作为永久结构的桩基应采用圆饼滚轮式高强度砂浆垫块保证保护层的厚度，防止主筋锈蚀

当下放困难时，应查明原因，不得强行下放。不得将变形的钢筋笼放入孔内。对接时工序要衔接迅速。

（4）钢筋笼安装到位后应及时用吊筋吊住，防止脱落

在钢筋笼主筋端头套设白色 PVC 套管保护。

（5）吊筋的长度应通过标高计算确定，钢筋笼定位时使钢筋笼中心与桩位中心重合，并对钢筋笼位置、标高进行复核

（6）采用超声波进行质量检测时，声测管安装完成后，管内宜注入清水，注满后加盖配套保护盖，确保桩基施工完成后管内无淤泥及其他杂物

7.5.2.8 导管安装

导管使用前，应对其进行水密性试验，试验合格后方可投入使用。

1. 水密性试验

应根据桩径、孔深选择钢导管直径。分节吊装时，应采用丝扣式快速接头连接。导管吊装前应先试拼，并进行水密性试验，试验压力不小于孔底静水压力的 1.3 倍，同时不小于导管壁和焊缝可能承受灌注混凝土时最大压力的 1.3 倍。

2. 导管安装

（1）下导管前，应根据孔深和导管单节长度进行配算，保证导管底口与孔底距离控制在 0.3~0.5m 之间。

（2）导管应采用无缝钢管制成，方便连接和调节漏斗高度，导管内壁应光滑、顺直，各管节内径应一致，偏差不大于±2mm。

7.5.2.9 混凝土灌注

混凝土灌注前，应先检测孔底沉渣厚度是否满足要求，若不满足要求，应进行二次清孔。

（1）根据不同的孔深配置导管长度，下放导管时，应先放到孔底，复测孔深后再提管 300~500mm 待浇

（2）采用混凝土运输车直接送至孔口下料，初灌时应保证有足够的初灌量，随后连续不断地下料，以使导管一次埋深满足设计及规范要求

（3）浇筑过程中，应随时测量孔内混凝土面的上升情况，控制导管埋深在 1.5~3m 之间，防止拔空与埋管，终浇时应多点测量混凝土面高程，保证混凝土超灌长度及桩顶质量

（4）混凝土应具有良好的和易性、流动性，坍落度应控制在 180~220mm 之间；钻孔灌注桩的充盈系数不小于 1.0，且不宜大于 1.3

(5) 为防止浮笼，当灌注混凝土顶面距钢筋笼底部 1m 时，应降低混凝土灌注速度；当灌注混凝土面高于钢筋笼底口 4m 以上时，提升导管，使导管底口高于钢筋笼底口 2m 以上，即可恢复正常灌注速度

(6) 桩身混凝土灌注顶面一般高出设计桩顶 0.5m 以上，以保证桩头混凝土强度

7.5.2.10 格构柱施工

立柱桩、格构柱制作与安装要求如下：

(1) 格构柱型钢加工时焊缝质量应满足要求，焊缝厚度≥10mm

(2) 格构柱插入立柱桩钢筋笼内的长度应满足设计图纸要求，并应与立柱桩钢筋可靠连接

(3) 立柱桩钢筋笼下放完成后应采用定位架对格构柱进行准确定位，确保角度和位置的准确

7.5.3 高压旋喷桩、三轴搅拌桩质量管理

7.5.3.1 高压旋喷桩

1. 施工准备

清除障碍：清除施工范围内场地及地下障碍物，可采用专用引孔机引孔。

平整场地：先将施工场地加以平整，确保桩机正常行走，工作面宽度必须保证桩机正常施工，要求施工水源充足，通电正常，施工现场布置合理。

测量放样：应对控制点和水准基点进行复测，并通知监理工程师进行复核。对经监理工程师复核确认后的测量控制点和基准点做好保护。

2. 试桩及确定工艺参数

为保证施工质量，应严格遵守试桩要求，在展开大批量制桩前进行试桩，以校验施工工艺参数是否合理。

3. 钻机就位

把钻机移至钻孔位置，对准孔位找平，立轴垂直，垫牢机架，保证钻机的垂直度满足精度要求，经检测合格后方可开钻。施工时旋喷管的允许倾斜度不得大于 1.5%。如发现钻机倾斜，则停机找平后再开钻。

4. 水泥浆配置

浆液的搅拌时间应不短于 3min、不长于 2h，采用两次搅拌法，并随制随用。

5. 旋喷桩施工

钻孔：钻机就位后，进行钻孔作业。钻进过程中应详细记录，钻孔结束后，进行质量检查，合格后方可移位进行下一孔的钻进。

插管：将喷射台车移至成孔处，先在地面进行浆、气试喷，检查各项工艺参数符合设计要求后，将喷射管下至设计深度，经检验后进行下步工序施工。

喷射作业：制浆用水必须保证清洁无污染，符合拌制水的要求；按试验配合比进行浆液搅制，在制浆过程中应随时测量浆液比重，每孔喷浆结束后应统计该孔的材料用量。浆液用高速搅拌机搅制，拌制浆液必须连续均匀，搅拌时间不小于 30s，一次搅拌使用时间应控制在 4h 以内。

旋转和提升：在喷嘴达到设计标高时，即可喷射注浆。在喷射注浆参数达到规定值后，随即按旋喷的工艺要求提升喷射管，由下而上旋转喷射注浆。

施工记录：施工中钻孔、高压喷灌浆的各道工序应详细、及时、准确记录，所有记录应按要求使用统一表格。

冲洗移机：喷射施工完毕后，应及时将注浆管等机具设备冲洗干净，管内机内不得残存水泥浆。

7.5.3.2 三轴搅拌桩

1. 施工准备

清除障碍：清除施工范围内的场地及地下障碍物。

平整场地：先将施工场地加以平整，确保桩机正常行走，工作面宽度必须保证桩机正常施工，施工要求水源充足，通电正常，合理布置施工现场。

桩位放样：根据测量点准确放好桩位，并复检，做好桩位定点标记。

2. 试桩施工

搅拌桩机共试桩3组，主要确定钻进速度、地层变换后电流的变化值、喷浆量大小、桩的深度、成桩时间、搅拌次数，为正式施工提供较准确的参数。

3. 开挖沟槽及桩机就位

开挖沟槽：参照三轴搅拌桩桩位中心线，挖机型号和沟槽尺寸可根据实际情况适当调整，并清除地下障碍物。开挖导向沟槽时余土应及时处理，以保证桩机能水平行走。

桩机就位：校正桩机垂直度时，在桩架上焊接一半径为50mm的铁圈，10m高处悬挂一铅锤，利用全站仪校直钻杆垂直度，使铅锤正好通过铁圈中心。每次施工前必须适当调节钻杆，使铅锤位于铁圈内，即把钻杆垂直度误差控制在0.5%内。按照测放的桩位，将桩机移至桩位上，桩尖对准桩位，桩位偏差不大于50mm，调平机台，用线垂调整机身垂直度，垂直误差小于0.5%。

4. 三轴搅拌桩后台布置

三轴搅拌桩后台采用钢结构型式全封闭空间，确保水泥在存放和使用过程满足安全文明施工要求。

5. 水泥浆制拌

按照设计要求的掺入比、桩长等，将规定的水泥用量放入搅拌池中，加规定的水进行搅拌配制浆液，浆液的搅拌时间不短于3min，不长于2h，采用两次搅拌法，随制随用。

6. 三轴搅拌桩施工

防泥浆外溅：桩机钻杆处安装铁皮隔离板，防止成桩施工过程中泥浆外溅。搅拌成桩：将桩机钻头尖部对准桩位下钻，一边打开送浆泵送浆至钻头出浆口，一边搅拌成桩。成桩过程需均匀喷浆，搅拌桩桩身全长范围内为两喷四搅。成桩过程中根据桩长和下沉速度控制喷浆压力和喷浆量。

钻进搅拌提升：三轴水泥搅拌桩地基加固，水泥和原状土须均匀搅拌，下沉喷浆过程中要注意控制浆液的均匀性，防止水泥浆液发生离析，同时严格控制下沉和提升速度，使其与设计参数相匹配，提升至桩顶标高0.5m应停浆，下钻至桩底标高应停留钻动30s，在桩底部分宜重复搅拌喷浆。每根桩开钻后应连续作业，不得中断喷浆。严禁在尚未喷浆的情况下进行钻杆提升作业。储浆罐内的储浆量应不小于一根桩的设计用量。

7.5.4 冠梁

7.5.4.1 桩头破除
(1) 开挖至冠梁底标高,破除桩头超灌混凝土至设计标高,清除桩顶的余土、浮渣,将桩顶混凝土凿毛,并用清水清洗干净
(2) 冠梁底模超出桩基范围宜浇筑混凝土垫层,厚度不小于50mm,绑扎钢筋前铺设纸胎油毡覆盖隔离层,便于脱模
(3) 桩头破除时应注意测斜管等成品保护

7.5.4.2 冠梁钢筋施工
根据设计要求制作冠梁钢筋加工下料单,钢筋加工满足规范及设计要求。

1. 冠梁钢筋加工

机械连接的钢筋端头首先要对原材端头进行切除,并对端头进行打磨,保证端头平整。对进场的车丝机进行调试,丝头采用通止规检查合格后,再进行丝头加工,丝头长度必须满足规范要求。

(注:通止规是量具的一种,是用通规和止规来测量在实际生产中大批量的产品是否在合格度量范围内的定型量具。例如尺寸要求为10.0止规是量,则通规可以做到9.9,止规做到10.1,通过即代表产品合格)。

2. 钢筋安装

(1) 对钢筋笼主筋机械连接进行扭力值检查,根据规范要求抽检10%
(2) 钢筋焊接满足规范要求,焊缝长度单面焊$10d$,双面焊$5d$
(3) 钢筋接头设置应满足设计和规范要求

7.5.4.3 冠梁模板施工
侧模可采用厚度不小于15mm的竹胶板,主次楞骨体可采用100mm×100mm的方木和$\phi48$mm的钢管,并用对拉螺栓上下两排间距不大于0.6m进行加固。地连墙的冠梁迎土面侧模可直接采用原导墙混凝土外表面,钢筋绑扎前需清理地连墙墙顶浮浆、废渣,并用水冲洗干净,确保混凝土表面无残渣浮浆。

7.5.4.4 冠梁混凝土浇筑及养护
(1) 冠梁混凝土应一次浇筑完成。冠梁洒水养护的时间不少于14d
(2) 冠梁施工时应同时考虑钢筋混凝土支撑梁同步施工

7.5.5 混凝土支撑

一级基坑的第一道支撑宜采用钢筋混凝土支撑。

1. 底模施工

(1) 土方不应超挖,若有超挖,应用道渣回填至设计标高并压实,遇有障碍物部位应将其挖除,采用道渣回填压实
(2) 支撑底模设计标高以上200mm必须采用人工挖除,避免扰动原状地基土,影响承载力
(3) 为保证混凝土浇筑后支撑底面成型质量,当土质较差时应采取在支撑范围内换填,并浇筑混凝土(或石子振动灌浆)垫层作支撑底模,土质较好时可直接采用砂浆找平以作垫层,在垫层上铺设一层油毡等隔离层,防止混凝土垫层与支撑在开挖时无法分离,对以后主

体施工留有安全隐患

2. 浇筑支撑混凝土垫层

(1) 采用混凝土或石子振动灌浆作垫层时,应对其作充分养护(面层强度达到1.2MPa)后,方可进行下道工序施工

(2) 为了保证浇筑混凝土后支撑底标高符合规范要求,支撑底持力层允许承载力应达到300kPa以上,否则应采用级配碎石或素混凝土换填加固。底模标高平均预抛高2~3mm,并按大跨度梁的构造要求,以跨中1‰~3‰L(L为支撑长度)预留拱度

3. 模板施工

(1) 模板可采用竹胶板或钢板,侧模应采用对拉螺栓进行加固,确保能抵抗混凝土浇筑时产生的冲击力

(2) 混凝土侧模拆除应在不损坏混凝土棱角的情况下进行

4. 混凝土浇筑及养护

(1) 混凝土浇筑、振捣、养护

① 混凝土浇灌宜采用泵送入模、连续施工,接缝不应超过混凝土初凝时间。

② 混凝土施工缝宜留置在支撑受力较小且便于施工的位置。浇筑混凝土时,要注意避免直接靠近缝边下料,已浇筑的混凝土抗压强度不应小于$1.2N/mm^2$。

③ 现浇支撑应及时有效养护,夏季可选用浇水养护方法,养护时间不得小于规范要求。

(2) 混凝土支撑成品保护可采用角钢包边,降水井管沿线槽布置

7.5.6 钢支撑

1. 钢支撑、钢围檩进场验收

(1) 钢支撑、钢围檩进场前应全面检查验收

重点对钢管长度、壁厚和钢管接头焊缝质量进行检查,经验收合格后才能进行下一步施工,不得使用有明显外观缺陷的钢管、钢围檩。

(2) 支撑安装前应进行试拼

拼装后两端支点中心线偏心不应大于20mm,安装后总偏心量不应大于50mm。拼装应在硬化的平整区域进行。

2. 牛腿及钢围檩安装

(1) 土方开挖至钢支撑设计位置后,及时安装牛腿及钢围檩

牛腿通过膨胀螺栓固定在围护桩上。牛腿安装时,必须测量放线,并在围护桩上做好标记,确保牛腿顶面标高符合设计要求。

(2) 钢围檩安装应与牛腿密贴,并按设计要求固定

(3) 允许偏差:钢围檩标高±30mm

(4) 在钢围檩与围护桩之间应灌注强度不小于C30的细石混凝土并捣实,使围护桩受力均匀

钢支撑的预应力应在细石混凝土强度达到设计强度的80%后施加。

3. 钢支撑安装

(1) 钢支撑格构柱严格按设计要求与钢支撑连系梁焊接牢固,同时按设计要求焊接拉杆及剪刀支撑

(2) 允许偏差：立柱标高±30mm，立柱平面位置 50mm

(3) 钢支撑与连系梁应密贴，应严控焊接及拼装质量

(4) 钢支撑钢管分节在地面拼装后，整体吊起安装，吊装过程严禁触碰格构柱、降水井及已架设就位的钢支撑

(5) 钢支撑与钢围檩应密贴，且连接牢固

(6) 允许偏差：支撑标高 50mm，支撑平面位置 100mm，支撑安装时间符合设计要求

4. 防坠落措施

(1) 钢支撑和钢围檩的防坠落措施应分别设置，钢支撑防坠落钢丝绳应采用花篮螺栓拉紧，并满足设计角度

(2) 钢支撑应采用"上吊下托"的双重防坠落措施，上吊宜采用钢丝绳，方便安装、拆除和重复利用

5. 钢支撑施加预应力

(1) 每根支撑均在一端设置千斤顶支座和承力牛腿

安装就位后，用吊车吊住钢支撑的吊环，然后用工程千斤顶和液压泵对支撑施加预应力，预应力施加到位后，用钢楔块撑紧端头处的缝隙并焊接牢固。

(2) 钢支撑预应力应按照设计要求分级施加

同时根据安装的钢支撑应力计判断是否需要补加预应力，第一次施加预加应力 12h 后，观测预应力损失及围护结构位移，并复加预应力至设计值。

(3) 允许偏差：预应力±50kN

6. 钢支撑的拆除施工

(1) 钢支撑拆除应根据结构施工进度，自下而上分段拆除

在结构混凝土强度达到设计要求或 80% 设计强度后，才可拆除。

(2) 钢支撑拆除时应分步卸载预应力

(3) 钢支撑拆除过程中，应保证吊机始终吊紧钢支撑，避免钢支撑滑落

卸载后，由吊机吊出基坑分拆。

(4) 拆除过程中加强围护结构的各项监测，根据监测情况实时调整拆除方案

7.5.7 土方开挖

基坑开挖过程中应充分考虑"时空效率"。开挖应分层分段均匀对称进行，遵循"竖向分层、纵向分段，先支后挖"的原则。

(1) 当施工场地有条件采用放坡开挖时，应设置多级平台分层开挖

坡顶或坑边不宜堆土或堆载，遇有不可避免的附加荷载时，应将稳定性验算计入附加荷载的影响。基坑边坡必须经过验算，以保证边坡稳定。

(2) 放坡开挖施工前，须根据总平面图和基础平面图进行测量放线，设置控制定位轴线桩或水平桩，放出开挖边线

(3) 提前准备好边坡支护材料，以便随挖随支，确保基坑稳定安全，开挖过程中应经常测量和校核开挖平面位置、水平标高和边坡坡度

土方开挖应遵循由上而下、分层分段开挖的顺序进行。放坡开挖的坡度、分级平台的设置及分级平台的宽度必须满足设计要求。放坡开挖应严格控制好边坡的坡度，根据施工图纸

中的坡比施工，同时还要控制好坡面的平整度，以及每级边坡的标高。超过一定时间未继续开挖的坡面应素喷混凝土进行保护。

（4）质量检验。

① 槽底标高与设计标高允许偏差+200mm，不得扰动原状土，各层间标高允许偏差150mm，边坡允许偏差+200mm，严禁亏坡，挖土机严禁碰撞边坡支护体系，必须随时测量，保证基底标高和基坑线。

② 坡比应符合设计要求，采用观察或坡度尺检查，坡面平整度允许偏差±20mm。

7.5.8 综合接地及垫层

1. 材料及现场准备

（1）应按计划保证材料的及时供应

（2）可采用小型挖掘机挖槽或深坑埋设接地体

（3）铜排接头为放热对焊，放热焊接模具、模具夹及工具箱应提前进场

（4）应做好基坑底部的平整工作，可采用石灰线标识出综合接地装置的位置，并确保接地网安装位置准确

2. 接地网沟槽开挖

（1）每段主体结构底板土方开挖至基底平整后进行测量放线

（2）测定接地网设置的位置，并用白灰粉按其分布情况做出标志

检查接地线的材质是否符合设计要求。用水准仪核对基底标高，确定地网沟开挖深度。沟槽开挖的深度和宽度应符合设计、规范要求。

（3）按设计路径及位置开挖地网沟，挖一部分敷设一部分，以避免沟壁坍塌，并清理沟内石块等杂物

（4）接地体回填土可使用黄黏土，并分层夯实

3. 水平接地体安装

（1）当基坑开挖至基底面时，测量放样出综合接地网的水平接地体的位置，并做好标记，接地网沟开挖完成后放入水平接地体

水平接地体应立放，铜排之间应采用放热焊接。

（2）安装好的水平接地体检查合格后，宜采用物理降阻剂包裹接地体，降阻剂与水可按2∶1（质量比）调制，降阻剂填充完成后，再用素土或黏土回填，并夯实

（3）采用放热焊进行各段之间及与垂直接地体之间的焊接

4. 接地引出线的制作与安装

接地引出线主要由绝缘固定环、止水环、引出铜母线、非磁性钢管、硅橡胶和固定块组成。接地网引出时设置非磁性钢管接地引出线，确保接地引出线不与结构钢筋接触。止水环密封焊接在钢管外壁上，不得渗漏水，固定块焊接在钢管内壁上。钢管外表应涂防锈漆（环氧煤焦油厚浆型防锈漆），其内硅橡胶应填充密实，保证0.3MPa水压试验不渗水，钢管应比顶板顶面高出100mm，引出线预留长度出钢管口400mm。

5. 接地装置接地体的连接

（1）接地极之间的连接采用焊接方法采用放热焊接（热熔方式）

焊接采用SBB系列专用模具、模具夹及配套工具箱。

（2）无论哪种连接方式，铜排应立放

对于水平接地极与连接带之间的连接，可以先将连接带扁铜平弯（厚度方向弯曲），再采用第一种连接方式熔接。平弯时，其弯曲半径应大于 2 倍厚度；搭接长度不得小于 200mm，并不得损伤芯线；焊接处应做防腐处理，为保证施工质量，可用接地引入一体化装置。接地引入线在保护管内不得有接头，穿墙管严禁与隧道结构钢筋接触。

6. 接地电阻的测量

（1）根据设计提供的土壤电阻率，对接地装置进行接地电阻阻值测量，测量结果应符合设计要求

（2）如接地电阻检测显示不能满足设计要求，则在余下部分接地网敷设中采取相应的补救措施

7. 接地引出线的保护

（1）接地引入线保护管与隧道穿墙管法兰盘连接应绝缘，绝缘电阻应大于 100MΩ

（2）接地引入线在保护套管内不得有接头。隧道穿墙管严禁与隧道结构钢筋接触

（3）接地引入线保护管根据引入线尺寸选择钢管加工而成

8. 垫层混凝土浇筑

（1）地基验槽合格后，垫层混凝土浇筑应采取分段进行，为了保证后续施工垫层混凝土浇筑，应在主体结构施工节段长度两端加长 2m 以上

（2）如基底有渗漏水，应在坑内做好排水沟、集水井抽排水

（3）垫层模板可采用方木或小钢模拼装，支撑可采用钢筋头打入土中支撑

（4）混凝土外观质量允许偏差

轴线位置 20mm，表面平整度 8mm，高程±30mm。支模允许偏差：轴线位置 5mm，表面平整度 5mm，高程±5mm，相邻两板表面高低差 2mm，模板的侧向弯曲 1/1500 且小于 15mm，两模板内侧宽度－5～+10mm。

7.5.9 钢筋

1. 钢筋原材料进场检验

（1）钢材进场时，必须对其质量指标进行全面检查

包括直径、延米重，并抽取试件做屈服强度、抗拉强度、伸长率和冷弯试验。

（2）检验数量

以同牌号、同炉罐号、同规格的钢筋，每 60t 为一批，不足 60t 也按一批计。

（3）钢材进场应分类码放，并设置对应材料标识牌

2. 钢筋调直

（1）应按调直钢筋的直径，选用适当的调直块及传动速度

调直块的孔径应比钢筋直径大 2～5mm。

（2）当钢筋送入后，手与曳引轮应保持一定的距离，不得接近。

（3）送料前，应将不直的钢筋端头切除

导向筒前应安装一根 1m 长的钢管，钢筋应先穿过钢管再送入调直前端的导孔内。

（4）切断 3～4 根钢筋后，应停机检查其长度，当超过允许偏差时，应调整限位开关或定尺板

3. 钢筋切断

(1) 钢筋根据下料单确定截取长度

并用石笔做出标识，切断短料时，手和切刀之间的距离应保持在 150mm 以上；否则，应采用套管或夹具将钢筋短头压住或夹牢。接送料的工作台面应和切刀下部保持水平，工作台的长度可根据加工材料长度确定。

(2) 切断细钢筋时，应将钢筋摆直，不能形成弧线

4. 钢筋弯曲

(1) 将要弯曲的钢筋分段尺寸用石笔标记在钢筋上，钢筋的标记长度应符合设计图纸的要求

(2) 应清除表面杂物

钢筋应平直，无局部折曲。

(3) 操作时应按加工钢筋的直径和弯曲半径的要求，装好相应规格的芯轴和成型轴、挡铁轴

弯制钢筋宜从中部开始，逐步弯向两端，应一次弯成。

5. 钢筋套丝

(1) 不同直径的钢筋，在两端头处加工的丝头长度不同，由调整滑板限位螺钉伸出的长度来调整加工丝头的长度

长度调整合适后，应将限位螺钉的锁母锁紧。

(2) 丝头加工应采用水溶性切削液，严禁用油性切削液

6. 半成品钢筋

(1) 钢筋的弯制和末端的弯钩应符合设计要求

(2) 用光圆钢筋制成的箍筋，其末端应有弯钩（半圆形、直角形或斜弯钩）

弯钩的内直径应大于受力钢筋直径，且不应小于箍筋直径的 2.5 倍。对一般结构，箍筋弯钩的弯折角度不应小于 90°，弯钩平直部分的长度不宜小于箍筋的 $5d$。对有抗震要求的结构，圆形箍筋的接头必须采用焊接，焊接长度不小于 $10d$。矩形箍筋端部应有 135°弯钩，弯钩深入核心混凝土的平直部分长度不应小于 200mm。

(3) 允许偏差

受力钢筋全长±10mm，弯起钢筋的弯折位置±20mm，箍筋内净尺±5mm。

7.5.10 混凝土

1. 施工缝凿毛

(1) 应凿除已浇筑混凝土表面的水泥砂浆和松弱层，凿除后露出的新鲜混凝土面积不低于总面积的 75%

凿毛时，混凝土强度应符合下列要求：人工凿毛时，不低于 2.5MPa；用风动机等机械凿毛时，不低于 10MPa。

(2) 经凿毛处理的混凝土面应用水冲洗干净，但不得存有积水

在浇筑新混凝土前，对垂直施工缝宜在旧混凝土表面刷一层水泥砂浆，对水平施工缝宜在混凝土表面铺一层 10~20mm、水胶比略低于混凝土、胶砂比为 1:2 的水泥砂浆；或铺设一层厚约 30mm 的新鲜混凝土，其粗骨料宜比新浇筑混凝土少 10%。施工缝为斜面时旧混凝土应浇筑成台阶状。

(3) 对有防水要求的施工缝凿毛验收合格后，在浇筑混凝土之前应在施工缝表面均匀涂

刷混凝土界面剂

2. 混凝土坍落度试验及试块制作

(1) 混凝土运至现场后

应及时做混凝土坍落度试验，并查看混凝土和易性，主体结构混凝土坍落度一般控制在120～160mm，满足要求后方可进行混凝土浇筑。

(2) 普通混凝土标准条件养护试块每浇筑 100m³ 制作一组

如一次浇筑不足 100m³，也应制作一组。现浇混凝土的每一结构部位，取样不得少于一次。试验龄期为 28d，如大体积或其他要求低水化热混凝土，龄期可延长至 56d 或 90d。

(3) 当设计对混凝土抗渗等级有要求时，其抗渗等级应符合设计要求

抗渗标准条件养护试件的试验龄期为 28～90d，抗渗试件应在混凝土浇筑地点随机抽样制作。每 500m³ 同配合比、同施工工艺的混凝土至少制作抗渗检查试件一组，不足 500m³ 也应制作一组。混凝土试块制作应振捣密实，收面平整。

3. 混凝土浇筑

(1) 浇筑混凝土前，应检查模板、钢筋、保护层和预埋件等的尺寸、规格、数量和位置

大体积混凝土应检查冷却管系统是否符合要求。

(2) 浇筑过程中，应有效控制混凝土的均匀性、密实性和整体性

(3) 混凝土运输、浇筑及间歇的全部时间不应超过混凝土的初凝时间

(4) 监理单位、检测单位应按相关规定和要求对到场混凝土拌和物的工作性能进行检查

(5) 不同配合比或不同强度等级的泵送混凝土在同一时间段交替浇筑时，输送管中的混凝土不得混入其他不同配合比或不同强度等级混凝土

(6) 应根据混凝土拌和物特性及混凝土结构选择适当的振捣方式和振捣时间

高度超过 4m 的结构侧墙宜采用附着式振捣器，并应采取措施保证侧模的刚度。

(7) 混凝土自由倾落高度超过 3m 时，应采用串筒、斜槽、溜管下料，避免混凝土分层离析

在浇筑过程中，应控制混凝土浇筑的均匀性和密实性，不能出现露筋、空洞、冷缝、夹渣等现象。

(8) 夏季搅拌混凝土时，应采取加冰等措施控制混凝土入模温度

有条件的情况下，尽可能在傍晚和夜间生产混凝土，以降低混凝土的入模温度；大体积混凝土的入模温度不得超过 30℃，且应不高于气温 5℃。冬季施工时混凝土入模温度不宜低于 5℃，且应对混凝土采用适当的保温养护措施。

(9) 大体积混凝土浇筑前应在混凝土核心区设置冷却管，以降低水化热

新浇混凝土与钢模、邻接的已硬化混凝土或周边介质之间的温差不得超过 15℃；混凝土浇筑体在入模温度基础上的温升值不宜大于 50℃；混凝土浇筑体降温速率不宜大于 2.0℃/d；混凝土浇筑体的里表温差（不含混凝土收缩的当量温度）不宜大于 25℃，混凝土表面和环境温差不超过 20℃。

(10) 混凝土浇筑完毕后

在混凝土终凝前应进行二次抹压并进行覆盖，边抹压边覆盖；最后一次抹压时，采取"边掀开、边抹压、边覆盖"的措施，覆盖材料应与混凝土表面严密粘贴，以抑制混凝土由于塑性沉降和表面失水过快而产生非结构性表面裂缝。已经出现的表面裂缝，应在混凝土终凝前予以修整。

4. 混凝土养护

（1）应根据结构、环境条件、混凝土的性能等，提出施工养护方案报监理审批，并严格执行

（2）混凝土振捣完成后，应及时对混凝土暴露面进行紧密覆盖（可采用篷布、塑料布等进行覆盖），尽量减少暴露时间，防止表面水分蒸发

（3）混凝土带模养护期间，应采取带模包裹、浇水、喷淋、洒水或蒸汽等措施进行保湿、潮湿养护

（4）车站的底板、中板和顶板混凝土宜采用覆盖并洒水的方式养护，顶板宜采用蓄水方式养护

（5）对于采用硅酸盐水泥、普通硅酸盐水泥配制的混凝土，采用浇水和潮湿覆盖的养护时间不得少于7d，且达到混凝土设计强度75%以上

大体积混凝土和抗渗混凝土保湿养护的持续时间不得少于14d。

（6）混凝土养护期间

应对大体积混凝土进行温度监控，定时测量混凝土芯部温度、表面温度及环境气温、相对湿度、风速等参数，做好详细记录，必要时，应根据参数变化及时调整养护方案，避免产生裂缝等。

5. 试块制作及养护

（1）同条件试块每次取样应与抗压标养试块、抗渗试块取自同一运输车的混凝土

取样时应在卸料量的$\frac{1}{4}$处、$\frac{1}{2}$处、$\frac{3}{4}$处分别取样，从第一次取样到最后一次取样，不宜超过15min，然后人工搅拌均匀，每次取样应满足试件所需用量的1.5倍，且不少于20L。

（2）结构实体检验用同条件养护试件取样组数

同强度等级不少于3组，即底板3组、中板3组/层、顶板3组、侧墙3组/边、柱3组/层。结构实体检验同条件养护试件应在达到等效养护龄期时进行强度试验。

（3）试件的取样，应根据《混凝土强度检验评定标准》（GB/T 50107—2010）的检验评定方法要求制定检验批的划分方案和相应的取样计划

（4）同条件混凝土试块拆模后，需要放置在浇筑混凝土结构的同等位置，为便于保管，通常将试块装在特制的钢筋笼内并放置在相应的位置

（5）严格按《混凝土结构工程施工质量验收规范》（GB 50204—2015）要求进行同温度、同湿度环境的同条件养护，达到等效养护龄期时进行强度试验，作为结构验收的重要依据

现场应在等效养护期间做好每日的温度记录，对于标准养护法试件采用28d龄期的混凝土，等效养护龄期可取按日平均温度逐日累计达到600℃·d时所对应的龄期；对于标准养护法试件采用56d龄期的混凝土，等效养护龄期可取按日平均温度逐日累计达到1200℃·d时所对应的龄期，0℃及以下龄期不计入。

（6）等效养护龄期不应小于14d，也不宜大于60d

同条件养护试块抗压强度值评定："同条件养护试块"强度代表值除以系数0.88后，按《混凝土强度检验评定标准》的规定进行评定，评定合格，该分部工程混凝土实体强度才能判定为合格。

参考文献

[1] 刘国彬,王卫东.基坑工程手册[M].2版.北京:中国建筑工业出版社,2009.

[2] 朱瑶宏,张付林,何山.地下工程安全风险智能化监测与管控[M].北京:人民交通出版社,2018.

[3] 中华人民共和国住房和城乡建设部.建筑基坑工程监测技术标准:GB 50497—2019[S].北京:中国计划出版社,2020.

[4] 中华人民共和国建设部.城市轨道交通工程测量规范:GB 50308—2008[S].北京:中国计划出版社,2008.

[5] 中华人民共和国住房和城乡建设部.建筑结构荷载规范:GB 50009—2012[S].北京:中国建筑工业出版社,2012.

[6] 中华人民共和国住房和城乡建设部.混凝土质量控制标准:GB 50164—2011[S].北京:中国建筑工业出版社,2012.

[7] 中华人民共和国住房和城乡建设部.混凝土结构工程施工质量验收规范:GB 50204—2015[S].北京:中国建筑工业出版社,2015.

[8] 中华人民共和国住房和城乡建设部.地下铁道工程施工质量验收标准:GB/T 50299—2018[S].北京:中国建筑工业出版社,2019.

[9] 钻孔灌注桩施工规程:DG/TJ 08-202—2007[S].

[10] 中华人民共和国住房和城乡建设部.地下工程防水技术规范:GB 50108—2008[S].北京:中国计划出版社,2009.

[11] 中华人民共和国住房和城乡建设部.建筑与市政工程地下水控制技术规范:JGJ 111—2016[S].北京:中国建筑工业出版社,2017.

[12] 中华人民共和国住房和城乡建设部.地下防水工程质量验收规范:GB 50208—2011[S].北京:中国建筑工业出版社,2012.

[13] 中华人民共和国住房和城乡建设部.建筑地基基础工程施工质量验收标准:GB 50202—2018[S].北京:中国计划出版社,2018.

[14] 中华人民共和国住房和城乡建设部.建筑地基处理技术规范:JGJ 79—2012[S].北京:中国建筑工业出版社,2013.

[15] 中华人民共和国住房和城乡建设部.城市轨道交通地下工程建设风险管理规范:GB 50652—2011[S].北京:中国建筑工业出版社,2012.

[16] 朱瑶宏.宁波轨道交通土建工程初期建设的关键技术[M].上海:同济大学出版社,2014.

[17] 王中.地应力与井壁稳性关系研究[D].北京:中国地质大学(北京),2010.

[18] 曹学礼.浅析宁波市地面沉降及监测[C]//宁波市测绘设计研究院(浙江).中国测绘学会第七次全国会员代表大会论文集.2001:434-437.

[19] 何山.宁波地铁3号线仇毕站基坑工程地下水控制数值分析[J].施工技术,2017,46.

[20] 中华人民共和国住房和城乡建设部.岩土锚杆与喷射混凝土支护工程技术规范:GB 50086—2015[S].北京:中国计划出版社,2016.

[21] 中华人民共和国建设部.建筑变形测量规范:JGJ 8—2007[S].北京:中国建筑工业出版社,2008.

[22] 冶金工业建筑研究总院.建筑基坑工程技术规范:YB 9258—1997[S].北京:冶金工业出版

社，2004.
[23] 中华人民共和国住房和城乡建设部. 建筑基坑支护技术规程：JGJ 120—2012 [S]. 北京：中国建筑工业出版社，2012.
[24] 中华人民共和国建设部. 建筑地基基础工程施工质量验收规范：GB 50202—2002 [S]. 北京：中国计划出版社，2002.
[25] 何山. 宁波软土地区地铁深基坑施工风险评估与管控研究 [J]. 建井技术，2017（6）.
[26] 中华人民共和国建设部. 建筑工程施工质量验收统一标准：GB 50300—2001 [S].
[27] 中华人民共和国住房和城乡建设部. 建设工程施工现场供用电安全规范：GB 50194—2014 [S]. 北京：中国计划出版社，2014.
[28] 陈斌，张栋梁，张春进，等. 宁波深厚软土动力特性研究及其地震响应分析 [J]. 地震工程学报，2016，38（3）.
[29] 何山，张世华，张晓乐，等. 软土区受地铁基坑开挖影响的古建筑沉降预测研究 [J]. 路基工程，2015（4）.
[30] 中华人民共和国住房和城乡建设部. 城市轨道交通工程监测技术规范：GB 50911—2013 [S]. 北京：中国建筑工业出版社，2013.
[31] 郑刚，焦莹. 深基坑工程设计理论及工程应用 [M]. 北京：中国建筑工业出版社，2010.
[32] 何山. 宁波软土地质盾构推进过程地表三维变形规律分析研究 [J]. 中国工程咨询，2018（2）.
[33] 梁青槐. 地铁工程勘察设计质量安全管理与技术 [M]. 北京：中国建筑工业出版社，2013.
[34] 王洪德，马云东，崔铁军. 地铁施工过程数值仿真及安全性分析 [M]. 北京：清华大学出版社，2013.
[35] 向伟明. 地下工程设计与施工 [M]. 北京：中国建筑工业出版社，2013.
[36] 何山. 深基坑首道混凝土支撑受力分析及风险管控应用 [J]. 铁道勘察，2017，12（6）.
[37] 郝捷峰. 深基坑工程周边建筑物的沉降控制 [C] // 中国老教授协会土木建筑. 第九届建筑物改造与病害处理学术研讨会论文集. 2011：268-270.
[38] 叶俊能，刘干斌. 宁波地区深基坑工程施工预警指标及风险评估研究 [J]. 地下空间与工程学报，2012，08（a01）.
[39] Betty E, Biringer, Rudolph V, et al. Security Risk assessment and management: a professional practice for protecting buildings and infrastructures [M]. 北京：中国建筑工业出版社，2012.
[40] 何山. 软土地区地铁深基坑施工风险管控实例. 建筑技术，2018（8）.
[41] 黄宏伟. 地下工程动态反馈与控制 [M]. 上海：同济大学出版社，2012.
[42] 徐林. 浙江省安全生产论文集（2018）[R]. 杭州：浙江工商大学出版社，2019：195-202.
[43] 中华人民共和国住房和城乡建设部. 危险性较大的分部分项工程安全管理办法：建质〔2009〕87号 [S].
[44] 中华人民共和国住房和城乡建设部. 关于印发《城市轨道交通工程安全质量管理暂行办法》的通知：建质〔2010〕5号 [S].
[45] 中华人民共和国住房和城乡建设部. 城市轨道交通工程监测技术规范：GB 50911—2013 [S]. 北京：中国建筑工业出版社，2013.
[46] 中华人民共和国住房和城乡建设部. 建设工程施工现场供用电安全规范：JB 50194—2014 [S]. 北京：中国计划出版社，2014.
[47] 中华人民共和国住房和城乡建设部. 混凝土结构工程施工质量验收规范：GB 50204—2015 [S]. 北京：中国建筑工业出版社，2014.
[48] 何山，吴波，李积栋，等. 城市轨道交通工程施工风险信息化管理实践 [M]. 北京：中国建筑工业出版社，2020.
[49] International Project Management Association: ICB-IPMA Competence Baseline, Eigenverlag, 1999.

［50］吴逢春．地铁盾构施工对周边结构影响的时间相关性研究［D］．南京：东南大学，2006．

［51］赵保建．盾构法地铁施工的数值模拟及对邻近建筑物影响的研究［D］．天津：天津大学，2007．

［52］魏新江，魏纲，丁智．盾构施工与邻近不同位置建筑物相互影响分析［J］．岩土力学，2007，28（S1）．

［53］魏纲，周琰．邻近盾构隧道的建筑物安全风险模糊层次分析［J］．地下空间与工程学报，2014，10（4）．

［54］任建喜，杨锋，朱元伟．邻近建筑物条件下西安地铁盾构施工风险评估［J］．铁道工程学报，2016，33（7）：88-93．

［55］陈馈．盾构设计与施工［M］．北京：人民交通出版社股份有限公司，2019．

［56］LIANG X，QI T，JIN Z，et al．Risk assessment system based on fuzzy composite evaluation and a back-propagation neural network for a shield tunnel crossing under a River［J］．Advances in Civil engineering，2020（21）．

［57］龚珍．地铁隧道施工对邻近建筑物的风险评估与控制研究［D］．西安：西安工业大学，2019．

［58］王天瑜，徐德宇，张孝广，等．盾构隧道开挖面塌方的可拓评价预警［J］．安全与环境学报，2020，20（6）．

［59］中国项目管理研究委员会．中国项目管理知识体系与国际项目管理专业资质认证标准［S］．北京：机械工业出版社，2001．

［60］戚安邦．现代项目管理［M］．北京：对外经济贸易大学出版社，2001．

［61］H．詹姆斯·哈林顿，等．项目变革管理［M］．唐宁玉，等，译．北京：机械工业出版社，2001．

［62］冯之楹，何永春，廖仁兴．项目采购管理［M］．北京：清华大学出版社，2000．

［63］斯蒂夫·迈克康奈尔．快速软件开发：有效控制与完成进度计划［M］．席相霖，等，译．北京：电子工业出版社，2000．

［64］左美云，周彬．实用项目管理与图解［M］．北京：清华大学出版社，2002．

［65］Pankaj Jalote．软件项目管理实践［M］．施平安，译，左美云，审．北京：清华大学出版社，2003．

［66］王梦恕．对21世纪我国隧道工程建设的建议［J］．现代隧道技术，2001，38（1）．

［67］周传波，陈建平，罗学东，等．地下建筑工程施工技术［M］．北京：人民交通出版社，2008．

［68］刘劭堂，肖海文．隧道拱顶下沉监测［J］．地下空间与工程学报，2007，3（8）．

［69］李玉宝，刘胜春，李玉才．应用FBGS的海底隧道结构检测系统设计［J］．武汉理工大学学报，2009，31（15）．

［70］何山，阮大伟，石雷．轨道交通工程风险分级管控和隐患排查治理双重预防机［M］．北京：中国建材工业出版社，2020．